Aktuelle Dokumente

Herausgegeben von Professor Dr. Ingo von Münch

Vermögensbildung
Vermögensverteilung

Zusammengestellt von

Peter Pulte

1973

Walter de Gruyter · Berlin · New York

ISBN 3 11 004504 4

Printed in Germany.

Satz und Druck: Druckerei Chmielorz, 1 Berlin 44

Inhalt

Einleitung 7

A. Geltendes Recht und Gesetzentwürfe 13

1. Privatisierungsgesetze am Beispiel der VW-Privatisierung 13

a) Gesetz über die Überführung der Anteilsrechte an der Volkswagenwerk Gesellschaft mit beschränkter Haftung in private Hand vom 21. 7. 1960 und 2. 8. 1966 13

b) Auszug aus dem Einführungsgesetz zum Aktiengesetz vom 6. 9. 1965 19

c) Auszug aus dem Zweiten Gesetz zur Änderung des Gesetzes über die Überführung der Anteilsrechte an der Volkswagenwerk Gesellschaft mit beschränkter Haftung in private Hand vom 31. 7. 1970 20

2. Entwurf eines Gesetzes über die Beteiligung der Arbeitnehmer am Produktivvermögen und zur Verbesserung der Kapitalstruktur der Wirtschaft, insbesondere des Mittelstandes (Beteiligungslohngesetz — BLG) 21

B. Beschluß der Bundesregierung zur Vermögensbildung, Kabinettsbeschluß vom 11. Juni 1971 53

C. Stellungnahmen der Parteien 54

1. Christlich-Demokratische Union 54

a) „Wirtschaftspolitische Leitsätze der CDU“ — Düsseldorfer Leitsätze vom 15. 7. 1949 (Auszug) . . 54

b) „Offenburger Erklärung“ der Christlich-Demokratischen Arbeitnehmerschaft, beschlossen auf der Bundestagung am 9. 7. 1967 in Offenburg (Auszug) . 56

c) „33 Oldenburger Thesen“ der Christlich-Demokratischen Arbeitnehmerschaft, beschlossen auf der Bundestagung am 6. 7. 1969 in Oldenburg (Auszug) . 58

d) Beschlüsse des Deutschlandtages 1971 der Jungen Union Deutschlands zur Vermögensbildung, beschlossen auf dem Deutschlandtag, Oktober 1971 in Bremen 59

e) „Berliner Programm — 2. Fassung", verabschiedet auf dem 18. Bundesparteitag vom 25. bis 27. 1. 1971 in Düsseldorf (Auszug) 62

2. Sozialdemokratische Partei Deutschlands 64

a) Grundsatzprogramm der SPD, beschlossen vom Außerordentlichen Parteitag der SPD in Bad Godesberg vom 13. bis 15. 11. 1959 (Auszug) 64

b) Jungsozialisten — Vermögenspolitik, beschlossen auf dem Bremer Bundeskongreß vom 11. bis 13. 12. 1970 65

c) Wahlprogramm der SPD 1972, beschlossen vom Außerordentlichen Parteitag am 13. 10. 1972 in Dortmund (Auszug) 67

d) Leitsätze der SPD zur Beteiligung der Arbeitnehmer am wachsenden Produktionsvermögen 1972, vorgelegt von der Kommission „Vermögensbildung" beim Parteivorstand der SPD 68

3. Freie Demokratische Partei 70

a) Freiburger Thesen der F.D.P. zur Gesellschaftspolitik, beschlossen vom Bundesparteitag am 25. bis 27. 10. 1971 in Freiburg (Auszug) 70

b) Flugblatt zur Vermögensbildung — „Vermögen bilden um frei zu sein" Nr. 7/72 79

D. Gewerkschaftliche Stellungnahmen 84

1. Deutscher Gewerkschaftsbund 84

a) Grundsatzprogramm des DGB, beschlossen auf dem Außerordentlichen Bundeskongreß des DGB am 21./22. 11. 1963 in Düsseldorf (Auszug) 84

b) Vermögenspolitische Grundsatzerklärungen des DGB-Bundesvorstandes 84

c) Referat von Heinz O. Vetter auf dem 9. Bundeskongreß des DGB am 28. 6. 1972 in Berlin (Auszug) . 88

2. Deutsche Angestellten Gewerkschaft 90

a) Forderungen zur Beteiligung der Arbeitnehmer am Produktivvermögen (Auszug) 90

b) Programm der DAG zur Gesellschaftspolitik vom November 1971 (Auszug) 92

3. Christliche Gewerkschaften Deutschland 98

a) Eigentumsvorstellungen der Christlichen Gewerkschaften 98

E. Stellungnahmen der Arbeitgeberorganisationen 101
1. Stellungnahme der Arbeitsgemeinschaft Selbständiger Unternehmer e. V. (ASU) zur Vermögensbildung, April 1971 101
2. Erklärung der Bundesvereinigung der Deutschen Arbeitgeberverbände zur Vermögenspolitik vom 10. 11. 1972 . 110

F. Kirchliche Stellungnahmen 119
1. Enzyklika „Mater et Magistra" — Über die jüngsten Entwicklungen des gesellschaftlichen Lebens (Auszug) . 119
2. Denkschrift der Evangelischen Kirche in Deutschland zur Eigentumsfrage. „Eigentumsbildung in sozialer Verantwortung" vom 6. 4. 1962 124
3. Die Evangelisch-Katholische Gutachter-Denkschrift „Empfehlungen zur Eigentumsfrage" vom Januar 1964 . 137

G. Das „Vierer Programm" der parlamentarischen Staatssekretäre 150

H. Vermögensbildungspläne — Vorstellungen und Vorschläge zu einer gerechteren Vermögensverteilung 154
1. Der „Büttner-Plan"
a) Eigentumsstreuung über Sozialkapital 154
b) Vermögensbildung durch Umverteilung 159
2. Der „Burgbacher-Plan"
Grundsätze für die Eigentumspolitik und ihre Förderung 170
3. Der „Deist-Plan"
Sechs Thesen zur Vermögensbildung 172
4. Der „Ehrenberg-Plan"
Eigentumsformen und Denkmodell für eine breite Streuung des Eigentums 177
5. Der „Föhl-Plan"
a) Koordination der Lohnpolitik und aller verteilungswirksamer Maßnahmen 184
b) Vermögensbildung in Arbeitnehmerhand zu Lasten der Unternehmergewinne 189
6. Der „Gleitze-Plan"
a) Die Bildung und Verteilung von Sozialkapital . . . 191
b) Lohnpolitik und Vermögensverteilung 198

7. Der „Häussler-Plan"
a) Miteigentum der Arbeitnehmer am Kapital der Wirtschaft (Auszug) 205
b) Jedem sein Eigentum — Vermögensbildung in der modernen Gesellschaft 209
8. Der „Krelle-Plan"
Überbetriebliche Ertragsbeteiligung der Arbeitnehmer . 212
9. Der „Leber-Plan"
Das Programm zur Vermögensbildung der Arbeitnehmer im Baugewerbe 219
10. Beispiele für eine betriebliche Gewinnbeteiligung
a) Das „Pieroth-Modell" 221
b) Das „Porst-Modell" 227

Einleitung

Zu den unabdingbaren Bestandteilen einer modernen Gesellschaftspolitik gehört eine aktive und gerechte Vermögensbildung. Die Vermögensbildung, bzw. die gerechtere Verteilung des Vermögens soll durch Reformen erreichen, daß auf dem wirtschaftlichen Sektor mehr Gerechtigkeit und weniger Machtkonzentration, auf dem individuellen Sektor hingegen mehr Mitspracherecht, persönliche Freiheit und Unabhängigkeit geschaffen wird.

Eine gerechtere Verteilung des Volkseinkommens ist nicht nur eine Frage tariflicher Lohnabsprachen, sondern auch eine Frage politischer Initiativen und gesetzlicher Regelungen. Das politische Ziel, mehr Gerechtigkeit in diesem Bereich zu schaffen, wird heute von allen Bundestagsfraktionen unterstützt, und es gibt kaum organisierte Gruppen in unserer Gesellschaft, die sich nicht zu diesem Thema geäußert haben.

Die staatlichen Maßnahmen zur Vermögensbildung lassen sich weit zurückverfolgen. Es begann mit Steuervergünstigungen nach dem 2. Weltkrieg, die jedoch Nachteile für die Bezieher kleiner Einkommen mit sich brachten. Das erste Wohnbaugesetz (1950) beabsichtigte neben dem Abbau der Wohnungsnot gleichzeitig, daß weite Kreise der Bevölkerung Einzeleigentum bilden konnten (§ 1 (2) WobauG). Das Wohnungsbauprämiengesetz vom 17. März 1952 entwickelte eine neue Form der Sparförderung in der Bundesrepublik, indem die Möglichkeit geschaffen wurde, eine Prämie für Bausparleistungen zu erhalten. Diese Prämie wurde nach dem Familienstand und der Kinderzahl gestaffelt. 1959 wurde das Sparprämiengesetz verabschiedet, das die gleichen Möglichkeiten für das Kontensparen eröffnete.

Neue Formen der Vermögensbildung für breite Schichten der Bevölkerung wurden durch die Privatisierung von Preußag, VW und VEBA geschaffen. Aus Platzmangel konnte in diese

Dokumentensammlung nur das VW-Privatisierungsgesetz mit aufgenommen werden. Auch mußten andere Gesetze bzw. Auszüge hieraus leider weggelassen werden.

Vollständig aufgenommen wurde das 3. Vermögensbildungsgesetz, in dem nicht nur die Einführung von vermögenswirksamen Leistungen des Arbeitgebers (2. Vermögensbildungsgesetz) in den Tarifverträgen verankert, sondern auch eine Arbeitnehmersparzulage geschaffen wurde.

Die einzelnen Gesetze zur Vermögensbildung der Arbeitnehmer und die bisherigen Maßnahmen zur Sparförderung haben die ihnen gestellte Aufgabe erfüllt. Um aber auch eine stärkere Beteiligung der Arbeitnehmer am Produktivvermögen zu schaffen, reichen diese Maßnahmen nicht aus.

Aus diesem Grunde wurde 1963 vom Bundesminister für Arbeit und Sozialordnung eine Kommission berufen, der zum ersten Mal die Aufgabe übertragen wurde, in einem Gutachten aufzuzeigen, wie sich zur Zeit die Vermögensverhältnisse in der Bundesrepublik darstellen. Das 1968 veröffentlichte Krelle-Gutachten errechnete, daß 1,7 % der Bevölkerung 70 % des Produktivkapitals besitzen. Dieses Verhältnis hat sich nach einem neueren Gutachten des Krelle-Mitarbeiters Siebke noch verschlechtert: danach besitzen 1,7 % der Bevölkerung bereits 74 % des Produktivkapitals!

Die Richtigkeit dieser Zahlen ist in der Bundesrepublik häufig angezweifelt worden, doch geht es bei dieser Diskussion in der Regel nur um einige Zehntel Prozent. Sinn und Zweck dieser Dokumentensammlung ist es nicht zu prüfen, ob diese Zahlen stimmen, bzw. ob diese Diskussion berechtigt ist. Wichtig für diese Dokumentation ist es allerdings, daß allgemein Einigkeit darüber besteht, daß fast das gesamte Produktivvermögen sich in der Hand eines verschwindend geringen Prozentanteiles der Gesamtbevölkerung befindet.

Diese beängstigende Situation auf einem Teil des Vermögenssektors ist nur unter Berücksichtigung der historischen Entwicklung und der unterschiedlichen Einkommensverteilung bereits vor dem 2. Weltkrieg zu verstehen.

Bei der Währungsreform 1948 waren beispielsweise 90 % aller Aktiengesellschaften in der Lage, ihr Kapital im Verhältnis

1 : 1 oder noch besser umzustellen. Die stillen und offenen Reserven verminderten die Kriegsfolgen und stellten gegenüber der Abwertungsrate von 10 : 1 bei Bargeld und Bankguthaben einen erheblichen Vorteil dar. Hinzu kamen steuerliche Vergünstigungen und erhebliche Abschreibungsmöglichkeiten.

Bedeutsam war hierbei der zwischen 1945 und 1948 geleistete Wiederaufbau und die hiermit verbundene Unterbezahlung der Arbeitnehmer. Das Produktivvermögen, das sich auf diese Weise bildete, wurde noch durch zahlreiche steuerliche Erleichterungen vermehrt, die zum Teil noch heute bestehen, obwohl sich die Situation grundlegend geändert hat. Der Zuwachs an Vermögen kumulierte dort, wo bereits große Vermögen angesammelt waren.

Die Lohnquote, als Bruttoeinkommen aus unselbständiger Arbeit zum Volkseinkommen, wuchs zwar von 1950 (58,6 %) bis 1969 (65,2 %) um 6,6 %, wenn aber der Struktureffekt beachtet und somit die Quote von 1969 um die Zunahme der Zahl der Arbeiter und Angestellten neu errechnet wird, so ist die dann entstehende Pro-Kopf-Quote in Wirklichkeit von rund 59 % auf ca. 56 % gesunken (hierzu Sozialbericht 1970, S. 12).

Obwohl der Anteil der Lohn- und Gehaltsabhängigen an der Gesamtheit der Erwerbstätigen stark anstieg — von 56,8 % (1950) auf 81,7 % (1969) — erhöhte sich der Anteil der Bruttoarbeitseinkommen am gesamten Bruttosozialprodukt nur von 45 % auf 49,2 %. Dementsprechend stieg das jährliche Durchschnittseinkommen der Abhängigen, wozu auch die Schicht der Generaldirektoren gehört, weitaus weniger stark als das der Selbständigen. Wenn hierbei berücksichtigt wird, daß zu den Selbständigen auch die kleinen und kleinsten Handwerker und Bauern gehören, sind diese Zahlen noch erschreckender.

Aus diesem Grunde kann auch auf die Dauer eine produktivitätsorientierte Lohnpolitik nicht beibehalten werden. Zwar wird dadurch der relative Abstand großer und kleiner Einkommen beibehalten, der absolute Abstand jedoch vergrößert sich unaufhörlich.

Die oben genannten Zahlen genügen, um zu zeigen, daß die Sparfähigkeit nie gleich war und es auch heute nicht ist, und daß unter diesem Gesichtspunkt mit einer größeren Gerechtigkeit auf dem Vermögenssektor nicht gerechnet werden kann. Aus grundsätzlichen Überlegungen heraus darf eine Vermögensbildung und eine gerechtere Vermögensverteilung auch nicht mit Konsumverzicht verbunden werden. Dies einmal deshalb, weil das bereits bestehende Vermögen selten durch Konsumverzicht geschaffen wurde, zum anderen weil auch die Bevölkerungsteile zu einem Vermögen gelangen sollen, die nicht in der Lage sind, ihren Minimumkonsum einzuschränken.

So sehr diese Zahlen und Tatsachen als Begründung für mehr Gerechtigkeit ausreichen, so muß letztlich jedoch die Forderung nach „Eigentum für alle“ staatspolitisch gestellt werden.

Der heutige moderne Staat hat seine Tätigkeit auf vielerlei Bereiche ausgedehnt, und diese staatliche Tätigkeit hat auch von sich aus verändernd und gestaltend auf unsere Ordnung einzuwirken. Die umfassenden Gestaltungs- und Ordnungsfunktionen müssen auch für die Besitzverhältnisse gelten, da gerade diese eine jegliche Gesellschaftsordnung maßgeblich formen. Eigentumspolitik ist ein Teil der Gesellschaftspolitik, die stets bemüht sein muß, ein Höchstmaß an Gleichheit und Gerechtigkeit zu schaffen.

Während heute in allen übrigen Bereichen der Politik ein Bewußtsein für die Notwendigkeit der Chancengleichheit besteht, wird die Ungleichheit der Besitzverhältnisse weitgehend noch als mit unserem Demokratieverständnis vereinbar empfunden. An dieser desolaten Situation haben unsere Parteien ein gehöriges Maß an Mitschuld. Es kann kein Ausbau unserer Demokratie vollzogen werden, wenn nicht auch im Bereich der Vermögensverteilung dieselben Prinzipien gelten, wie in allen anderen Bereichen der Politik.

Unter Vermögen im angesprochenen Sinne ist nicht das Vermögen zu verstehen, welches die materielle Basis bildet, sondern das Vermögen an Produktionsmittel, jenes Vermögen, welches die höchste Rendite erlangt, vom Währungsschwund nicht betroffen wird und den einzelnen Menschen vom Objekt zum Subjekt der Entscheidungen und Verantwortung im Wirtschaftsprozeß umgestaltet. So kann auch die bestehende Sparprämiengesetzgebung nicht schon als ein wirkliches Vermögensbildungsgesetz aufgefaßt werden.

In der Vergangenheit bildeten Arbeitnehmer fast nur Geldvermögen, während Arbeitgeber Produktivvermögen ansammelten. Auch dienten die bisherigen Maßnahmen zur Vermögensbildung schon von ihrer Anlage her fast ausschließlich der Bildung von Geldvermögen und langlebigen Gütern. Dieses gilt sowohl für die Spar- und Bausparprämiengesetze als auch für die Vermögensbildungsgesetze, deren Leistung vorwiegend nach den Bestimmungen der Spar- und Bausparprämiengesetze angelegt wurden.

So wurden die Investitionen der Arbeitgeber zum größten Teil von den Spareinlagen der Arbeitnehmer finanziert. Der Arbeitnehmer trug also in zweifacher Hinsicht zum Wachstum der Produktivvermögen bei: einmal durch seine Arbeit, zum anderen durch seinen Konsumverzicht.

Eine Änderung der Verhältnisse kann also keineswegs auf dem Wege des Konsumverzichts erreicht werden. Gerade die eigentumsschwachen Bevölkerungsschichten müssen Anteil an dem nicht verzehrbaren Teil des Sozialproduktes erhalten.

Aus diesem Grund muß neben dem vorhandenen Konsumlohn ein Investiv- oder Beteiligungslohn geschaffen werden. Das heißt: ein Zuschlag zum Arbeitsentgelt muß nach tariflicher Vereinbarung oder gesetzlicher Verpflichtung für den Arbeitnehmer vermögenswirksam angelegt werden. Die Realisierung der derzeitigen Gesetzgebung mag zwar vermögensbildend wirken, vermögensverteilend wirkt sie allerdings sicher nicht.

Um eine bessere und gerechtere Verteilung des Produktivvermögens zu erreichen, müssen die Arbeitnehmer direkt oder indirekt an Gewinn und Ertrag beteiligt werden. Wird ein bestimmter Prozentsatz des Gewinnes für den Arbeitnehmer vermögenswirksam in Produktivvermögen angelegt, so werden diese Beträge, die direkt bei der Einkommensentstehung ansetzen, auch vermögensumverteilend wirken.

Der Vorteil der Gewinnbeteiligung besteht in der Tatsache, daß die Arbeitnehmer durch das von ihnen geschaffene Betriebsergebnis auch an dem Vermögenszuwachs beteiligt sind. Zwar müssen noch einige Probleme, wie die der überbetrieblichen Zusammenfassung, die Errichtung von entsprechenden Fonds etc. geklärt werden, aber es handelt sich bei einer solchen Form sicher um einen Ansatz zur gleichmäßigeren Vermögensbildung. Damit ist das Problem der Vermögensumverteilung jedoch noch nicht gelöst.

Die Forderung nach einer Teilhabe am Produktivvermögen hat zur Vorlage eines Beteiligungslohngesetzes geführt (siehe Burgbacher-Plan-Gesetzentwürfe). Die Diskussion um diesen Plan, wie auch um die Vorschläge anderer Personen und Kreise ist noch nicht abgeschlossen. Soweit diese Pläne von Bedeutung sind, und es der Umfang erlaubte, sind sie mit in diese Sammlung aufgenommen worden. Sie stellen für die meisten Leser wahrscheinlich den wertvollsten Teil dieses Buches dar, da bisher eine Sammlung fehlte, die es ermöglichte, daß sich der einzelne Bürger über die Möglichkeiten und Vorschläge umfassend informiert.

A. Geltendes Recht und Gesetzesentwürfe*

1. Privatisierungsgesetze am Beispiel der VW-Privatisierung

a) Gesetz über die Überführung der Anteilsrechte an der Volkswagenwerk Gesellschaft mit beschränkter Haftung in private Hand

Vom 21. Juli 1960**

(i. d. Fassung d. Ges. vom 2. August 1966 und 31. Juli 1970)

§ 1

Umwandlung in eine Aktiengesellschaft

(1) Die Volkswagenwerk Gesellschaft mit beschränkter Haftung ist unverzüglich in eine Aktiengesellschaft umzuwandeln.

(2) Das Grundkapital ist unter Auflösung eines Teils der Rücklagen so festzusetzen, daß die Rücklagen in einem angemessenen Verhältnis zum Grundkapital stehen.

* Aus Raumgründen wurde davon abgesehen, folgende Teile des geltenden Rechts zur Vermögensbildung abzudrucken, die in Gesetzessammlungen leichter zugänglich sind:

1. Zweites Wohnungsbaugesetz vom 23. Juni 1965 in der Fassung vom 1. September 1965 (BGBl. I, S. 523; 1617/1858), zuletzt geändert durch das Wohnungsbauänderungsgesetz vom 17. Dezember 1971 (BGBl. I, S. 1993): §§ 1—15, 18.
2. Zweites Wohnungsbauprämiengesetz in der Fassung vom 18. September 1969 (BGBl. I, S. 1678), geändert durch Gesetz vom 27. Juni 1970 (BGBl. I, S. 925).
3. Spar-Prämiengesetz in der Fassung vom 23. August 1972 (BGBl. I, S. 1539).
4. Drittes Gesetz zur Förderung der Vermögensbildung der Arbeitnehmer in der Fassung vom 27. Juni 1970 (BGBl. I, S. 930).

** Abdruck nach BGBl. I, Nr. 39 v. 27. 7. 1960, S. 585.

„(3) Die Aktien der Gesellschaft dürfen nicht auf einen höheren Nennbetrag als einhundert Deutsche Mark und nicht auf Namen lauten."[1]

(4) Im übrigen finden auf die Umwandlung der Gesellschaft die §§ 269 bis 276 des Aktiengesetzes Anwendung.

§ 2

Stimmrecht, Stimmrechtsbeschränkung

(1) Gehören einem Aktionär Aktien im Gesamtnennbetrag von mehr als dem fünften Teil des Grundkapitals, so beschränkt sich sein Stimmrecht auf die Anzahl von Stimmen, die Aktien im Gesamtnennbetrag des zehntausendsten Teils des Grundkapitals gewähren[2].

(2) Zu den Aktien, die einem Aktionär gehören, rechnen auch die Aktien, die ein Dritter für Rechnung des Aktionärs innehat. Ist ein Unternehmen Aktionär, so rechnen zu den Aktien, die ihm gehören, auch die Aktien, die ein beherrschendes, ein von ihm abhängiges oder ein mit ihm konzernverbundenes Unternehmen, oder die ein Dritter für Rechnung solcher Unternehmen innehat.

(3) Zur Umgehung der Stimmrechtsbeschränkung dürfen Aktien der Gesellschaft nicht übertragen werden. Die Rückforderung verbotswidrig übertragener Aktien ist ausgeschlossen.

§ 3

Vertretung bei der Stimmrechtsausübung

(1) Niemand darf das Stimmrecht im eigenen Namen für Aktien ausüben, die ihm nicht gehören. Wer das Stimmrecht für Aktien ausübt, die ihm nicht gehören, bedarf, sofern er nicht gesetzlicher Vertreter des Aktionärs ist, einer schriftlichen Vollmacht des Aktionärs. Die Vollmacht gilt nur jeweils für die

[1] lt. Gesetz zur Änderung des Gesetzes über die Überführung der Anteilsrechte an der Volkswagenwerk Gesellschaft mit beschränkter Haftung in private Hand vom 2. August 1966 (BGBl. I, Nr. 34 v. 6. 8. 1966, S. 461).

[2] Geändert lt. Gesetz v. 31. Juli 1970, Zweites Gesetz zur Änderung des Gesetzes über die Überführung der Anteilsrechte an der Volkswagenwerk Gesellschaft mit beschränkter Haftung in private Hand (BGBl. I, Nr. 75 v. 4. 8. 1970, S. 1149).

nächste Hauptversammlung; die Vollmachtsurkunde ist der Gesellschaft vorzulegen und bleibt in ihrer Verwahrung.

(2) Wer Aktionäre geschäftsmäßig vertritt, kann Personen, die nicht seine Angestellten sind, Untervollmacht nur erteilen, wenn die Vollmacht dies ausdrücklich vorsieht und er am Ort der Hauptversammlung weder einen Wohnsitz noch eine Niederlassung hat.

(3) Wer Aktionäre geschäftsmäßig vertritt, darf das Stimmrecht auf Grund einer Vollmacht nur ausüben, wenn der Aktionär ihm gleichzeitig mit der Vollmacht schriftlich Weisungen zu den einzelnen Gegenständen der Tagesordnung erteilt hat. Bei der Einholung von Vollmacht und Weisungen hat er dem Aktionär die Tagesordnung und etwaige Vorschläge der Verwaltung für die Abstimmung mitzuteilen.

(4) Wer Aktionäre vertritt, hat der Gesellschaft eine alphabetisch geordnete Liste der von ihm vertretenen Aktionäre mit der Angabe des Vor- und Zunamens, des Wohnorts und des Betrages der Aktien und der Stimmen jedes vertretenen Aktionärs zu überreichen. Die Liste ist vor der ersten Abstimmung zur Einsicht auszulegen; sie ist dem Teilnehmerverzeichnis als Anlage beizufügen. In das Teilnehmerverzeichnis (§ 110 des Aktiengesetzes) ist nur der Vertreter aufzunehmen; er hat den Betrag und die Gattung der Aktien, die ihm nicht gehören, sowie die Zahl der von ihm vertretenen Stimmen zur Aufnahme in das Verzeichnis gesondert anzugeben.

(5) Niemand darf in der Hauptversammlung das Stimmrecht für mehr als den fünften Teil des Grundkapitals ausüben. Die Beschränkung auf diesen Höchstbetrag gilt nicht für Aktien der Bundesrepublik Deutschland und des Landes Niedersachsen[2].

§ 4

Verfassung der Gesellschaft

(1) Die Bundesrepublik Deutschland und das Land Niedersachsen sind berechtigt, je zwei Aufsichtsratsmitglieder in den Aufsichtsrat zu entsenden, solange ihnen Aktien der Gesellschaft gehören.

[2] Vgl. Fußnote 2 auf Seite 14.

(2) Die Errichtung und die Verlegung von Produktionsstätten bedürfen der Zustimmung des Aufsichtsrats. Der Beschluß bedarf der Mehrheit von zwei Drittel der Mitglieder des Aufsichtsrats.

(3) Beschlüsse der Hauptversammlung, für die nach dem Aktiengesetz eine Mehrheit erforderlich ist, die mindestens drei Viertel des bei der Beschlußfassung vertretenen Grundkapitals umfaßt, bedürfen einer Mehrheit von mehr als vier Fünftel des bei der Beschlußfassung vertretenen Grundkapitals der Gesellschaft.

§ 5

Verkaufspflicht

Die Bundesregierung hat Aktien im Gesamtnennbetrag von sechzig vom Hundert des Grundkapitals nach Maßgabe der §§ 6 bis 9 zu veräußern. Sie hat die Aktien für die Dauer von zwei Monaten zunächst den in §§ 6 und 7 bezeichneten Personen anzubieten. Der Bundesminister für wirtschaftlichen Besitz des Bundes setzt den Veräußerungskurs fest.

§ 6

Verkauf mit Sozialrabatt

(1) Erwirbt eine natürliche Person, die im Inland einen Wohnsitz oder ihren gewöhnlichen Aufenthalt und bei Ablauf der in § 5 bezeichneten Frist das achtzehnte Lebensjahr vollendet hat, auf Grund des Angebots nach § 5 Satz 2 von der Bundesrepublik Deutschland Aktien bis zum Gesamtnennbetrag von fünfhundert Deutsche Mark, so erhält sie auf den Kaufpreis einen Nachlaß

a) von zwanzig vom Hundert, wenn sie unverheiratet ist und ihr steuerpflichtiges Jahreseinkommen 1959 6 000 DM,
sie verheiratet ist und das steuerpflichtige Jahreseinkommen beider Ehegatten zusammen 1959 12 000 DM,

b) von zehn vom Hundert, wenn sie unverheiratet ist und ihr steuerpflicht. Jahreseinkommen 1959 8 000 DM,
sie verheiratet ist und das steuerpflichtige Jahreseinkommen beider Ehegatten zusammen 1959 16 000 DM
nicht überstiegen hat.

(2) Hat der Erwerber mehr als zwei Kinder (§ 32 Abs. 2 Nr. 3 des Einkommensteuergesetzes), die bei Ablauf der in § 5 bezeichneten Frist das achtzehnte Lebensjahr noch nicht vollendet hatten, so erhöht sich der nach Absatz 1 zu gewährende Nachlaß um fünf vom Hundert.

(3) Soweit in dem steuerpflichtigen Jahreseinkommen Zuschläge und Beihilfen für Kinder enthalten sind, die auf Grund der Besoldungsgesetze, besonderer Tarife oder ähnlicher Vorschriften gewährt werden, bleiben sie bei der Feststellung des Einkommens unberücksichtigt.

§ 7

Verkauf an die Belegschaft

Ist der Erwerber Arbeitnehmer der Gesellschaft, so erhält er unter den Voraussetzungen des § 6 den dort vorgesehenen Nachlaß auf den Kaufpreis beim Erwerb von Aktien bis zum Gesamtnennbetrag von eintausend Deutsche Mark. Die Kaufanträge der Arbeitnehmer der Gesellschaft sind vorweg zu berücksichtigen.

§ 8

Allgemeiner Verkauf

(1) Nach Ablauf der in § 5 bezeichneten Frist sind die nicht nach den §§ 6 und 7 veräußerten Aktien für die Dauer von zwei Monaten allgemein zum Kauf anzubieten. An den einzelnen Erwerber dürfen höchstens Aktien im Gesamtnennbetrag von eintausend Deutsche Mark veräußert werden. Die nach den §§ 6 und 7 erworbenen Aktien sind hierbei anzurechnen.

(2) Kaufanträge von Arbeitnehmern der Gesellschaft sind vorweg zu berücksichtigen.

§ 9

Börsenzulassung, Verkauf an der Börse

(1) Nach Ablauf der in § 8 bezeichneten Frist ist unverzüglich die Zulassung der Aktien zum Börsenhandel zu beantragen; § 41 des Börsengesetzes ist nicht anzuwenden.

(2) Soweit die nach § 5 zu veräußernden Aktien nicht nach den §§ 6 bis 8 veräußert worden sind, hat die Bundesregierung sie entsprechend der Börsennachfrage zu veräußern.

§ 10

Sperrfrist

Veräußert ein Erwerber, dem nach den §§ 6 und 7 ein Nachlaß auf den Kaufpreis gewährt worden ist, die Aktien vor Ablauf von zwei Jahren seit dem Ende der in § 5 bezeichneten Frist, so hat er eine Nachzahlung in Höhe des gewährten Nachlasses zu leisten.

§ 11

Anwendbarkeit des Spar-Prämiengesetzes

Aufwendungen für den Erwerb von Aktien der Gesellschaft bei ihrer ersten Veräußerung durch die Bundesrepublik Deutschland gelten als Aufwendungen nach § 1 Abs. 2 Nr. 3 des Spar-Prämiengesetzes vom 5. Mai 1959 (Bundesgesetzbl. I S. 241).

§ 12

Ermächtigungen

Der Bundesminister für wirtschaftlichen Besitz des Bundes wird ermächtigt, durch Rechtsverordnung Vorschriften über das Verfahren zur Gewährung und zur Nachzahlung des gemäß den Bestimmungen der §§ 6, 7 und 10 zu gewährenden Kaufpreisnachlasses zu erlassen.

§ 13

Berlin-Klausel

Dieses Gesetz gilt nach Maßgabe des Dritten Überleitungsgesetzes vom 4. Januar 1952 (Bundesgesetzbl. I S. 1) auch im Land Berlin. Rechtsverordnungen, die auf Grund dieses Gesetzes erlassen werden, gelten im Land Berlin nach § 14 des Dritten Überleitungsgesetzes.

§ 14

Inkrafttreten

Dieses Gesetz tritt am Tage nach seiner Verkündung in Kraft.

b) Einführungsgesetz zum Aktiengesetz Vom 6. September 1965*

(Auszug)

§ 38

Gesetz über die Überführung der Anteilsrechte an der Volkswagenwerk Gesellschaft mit beschränkter Haftung in private Hand

(1) § 3 des Gesetzes über die Überführung der Anteilsrechte an der Volkswagenwerk Gesellschaft mit beschränkter Haftung in private Hand vom 21. Juli 1960 (Bundesgesetzbl. I, S. 585) wird wie folgt geändert:

1. Absatz 1 erhält folgende Fassung:

„(1) Niemand darf das Stimmrecht im eigenen Namen für Aktien ausüben, die ihm nicht gehören. Wer das Stimmrecht für Aktien ausübt, die ihm nicht gehören, bedarf, sofern er nicht gesetzlicher Vertreter des Aktionärs ist, einer schriftlichen Vollmacht des Aktionärs. Die Vollmacht gilt nur jeweils für die nächste Hauptversammlung."

2. Absatz 2 wird aufgehoben.

3. Absatz 3 Satz 2 erhält folgende Fassung:

„Die Vollmacht und Weisungen dürfen frühestens mit den Mitteilungen nach § 128 des Aktiengesetzes eingeholt werden."

4. Absatz 4 erhält folgende Fassung:

„(4) Die Vollmachtsurkunde muß den Namen, den Wohnort sowie den Betrag der Aktien und der Stimmen des vertretenen Aktionärs enthalten. Der Vertreter hat die Vollmachtsurkunden der von ihm vertretenen Aktionäre alphabetisch geordnet der Gesellschaft vorzulegen. Die Vollmachtsurkunden sind in der Hauptversammlung vor der ersten Abstimmung zur Einsicht für alle Teilnehmer auszulegen. In das Teilnehmerverzeichnis (§ 129 des Aktiengesetzes) ist nur der Vertreter aufzunehmen; er hat den Betrag und die Gattung der Aktien, die ihm nicht gehören, sowie die Zahl der von ihm vertretenen Stimmen zur Aufnahme in das Verzeichnis gesondert anzuge-

* Abdruck nach BGBl. I, Nr. 48 v. 11. 9. 1965, S. 1185.

ben. Die Gesellschaft hat die Vollmachtsurkunden drei Jahre nach der Hauptversammlung aufzubewahren; ist bei Ablauf der Frist eine Klage auf Anfechtung eines in der Hauptversammlung gefaßten Beschlusses rechtshängig, so verlängert sich die Frist, bis über die Klage rechtskräftig entschieden ist oder sie sich auf andere Weise endgültig erledigt hat. Jedem Aktionär ist auf Verlangen Einsicht in die Urkunden zu gewähren."

(2) Die in den bisherigen Hauptversammlungen der Volkswagenwerk AG überreichten Listen der vertretenen Aktionäre sind drei Jahre nach der jeweiligen Hauptversammlung aufzubewahren; ist bei Ablauf der Frist eine Klage auf Anfechtung eines in der Hauptversammlung gefaßten Beschlusses rechtshängig, so verlängert sich die Frist, bis über die Klage rechtskräftig entschieden ist oder sie sich auf andere Weise endgültig erledigt hat. Jedem Aktionär ist auf Verlangen Einsicht in die Listen zu gewähren.

c) Zweites Gesetz zur Änderung des Gesetzes über die Überführung der Anteilsrechte an der Volkswagenwerk Gesellschaft mit beschränkter Haftung in private Hand

Vom 31. Juli 1970*

(Auszug)

3. Die §§ 5 bis 12, 13 Satz 2 werden gestrichen. Die Bestimmungen der Satzung der Volkswagenwerk Aktiengesellschaft, die dem bisher geltenden Wortlaut der durch Satz 1 Nr. 1 und 2 geänderten Vorschriften entsprechen (§ 24 Abs. 1 Satz 2, § 25 Abs. 4 Satz 1) werden unwirksam, soweit sie von dem geänderten Wortlaut abweichen; die Bestimmungen der Satzung, die den durch Satz 1 Nr. 1 und 2 gestrichenen Vorschriften des in Satz 1 genannten Gesetzes entsprechen (§ 24 Abs. 3, § 25 Abs. 4 Satz 2) werden unwirksam.

(2) Für eine Hauptversammlung, die nach dem Inkrafttreten dieses Gesetzes stattfindet, bleibt es bei § 3 Abs. 5 des in Absatz 1 genannten Gesetzes in der bisher geltenden Fassung,

* Abdruck nach BGBl. I, Nr. 75 v. 4. 8. 1970, S. 1149.

wenn die Hauptversammlung vor dem Inkrafttreten dieses Gesetzes einberufen worden ist.

§ 2

Dieses Gesetz gilt nach Maßgabe des § 13 Abs. 1 des Dritten Überleitungsgesetzes vom 4. Januar 1952 auch im Land Berlin.

2. Entwurf eines Gesetzes über die Beteiligung der Arbeitnehmer am Produktivvermögen und zur Verbesserung der Kapitalstruktur der Wirtschaft, insbesondere des Mittelstandes* (Beteiligungslohngesetz — BLG)

A. Problem

Die bisherigen Maßnahmen zur Förderung der Vermögensbildung, insbesondere die Prämien- und Vermögensbildungsgesetze, haben den Arbeitnehmern zwar eine beachtliche Steigerung ihrer Ersparnisbildung ermöglicht. Jedoch sind diese gesetzlichen Möglichkeiten nicht genug genutzt worden, um die zwei wesentlichen Ziele einer in die Soziale Marktwirtschaft eingebetteten Vermögenspolitik zu verwirklichen, nämlich

— erstens, allen Schichten der Bevölkerung die Bildung von Vermögen zu ermöglichen,
— und zweitens, die unselbständig Tätigen nicht nur an der Geldersparnis, sondern auch am Produktivvermögen in der Wirtschaft zu beteiligen.

B. Lösung

Die bestehenden Ungleichgewichte in der Verteilung des Produktivvermögens können dadurch abgebaut werden, daß auch die unselbständig Tätigen am Zuwachs des Produktivvermögens beteiligt werden und dadurch am Ertrags- und Wertzuwachs der expandierenden Wirtschaft teilhaben.

Der vorliegende Entwurf sieht deshalb einen gesetzlichen Beteiligungslohn vor, d. h. ausnahmslos alle unselbständig Beschäftigten erhalten vermögenswirksame Leistungen, die zweck-

* Abdruck nach Deutscher Bundestag, 6. Wahlperiode, Drucksache VI/616.

gebunden in Beteiligungswerten anzulegen sind. Diese Leistungen können auch auf Tarifverträgen, Betriebsvereinbarungen oder Einzelverträgen beruhen. Eine Anlage dieser vermögenswirksamen Leistungen in Beteiligungswerten ist unverzichtbar; dadurch wird ein wesentlicher Beitrag zur Sicherung von Vollbeschäftigung, Wirtschaftswachstum und Preisstabilität geleistet und außerdem dazu beigetragen, die Finanzstruktur der Unternehmen zu verbessern.

Für die vermögenswirksamen Leistungen wird den Arbeitnehmern eine einheitliche Vermögensbildungszulage gewährt. Das System der Vermögensbildungszulage wird — anstelle der bisherigen Befreiung von Steuern und Sozialabgaben — auch in das Zweite Vermögensbildungsgesetz übernommen, das im übrigen unberührt bleibt.

Mittel- und Kleinbetriebe erhalten für die gesamten von ihnen aufgebrachten vermögenswirksamen Leistungen steuerliche Vergünstigungen. Selbständige bis zu einem bestimmten Jahreseinkommen werden in diesem Gesetzentwurf erstmals in die Förderung der Vermögensbildung einbezogen und erhalten dieselben Vergünstigungen wie Arbeitnehmer.

Durch eine Reihe unterstützender Maßnahmen wird das Beteiligungslohngesetz zu einem praktikablen und sofort wirksamen vermögenspolitischen Instrument ausgebaut und dadurch zu einem in sich geschlossenen und umfassenden Gesamtkonzept der Vermögensbildung abgerundet.

Dabei handelt es sich insbesondere um folgenden Maßnahmenkatalog:

1. Neuemissionen von Aktien, die an den begünstigten Personenkreis verkauft werden, werden hinsichtlich der Dividenden dem Fremdkapital steuerlich gleichgestellt.

2. Für diese Neuemissionen wird die Gesellschaftsteuer gesenkt.

3. Es sind steuerliche Anreize für die breite Streuung bisher „eingefrorener" Aktienbestände und zur Verwendung der Veräußerungsgewinne in zukunftsorientierten Wachstumsinvestitionen vorgesehen.

4. Jedem Unternehmen wird es unabhängig von seiner Rechtsform ermöglicht, seinen Arbeitnehmern Beteiligungswer-

te (nicht nur eigene Aktien und auch nicht nur Aktien) zu einem Vorzugskurs zu geben.

5. Die aktienrechtlichen Bestimmungen für Kapitalerhöhungen werden erleichtert.

C. Alternativen

Keine, die gewährleistet, daß alle unselbständig Beschäftigten am Produktivvermögen in der Wirtschaft beteiligt werden.

D. Kosten

Der gesetzliche Beteiligungslohn bringt je Arbeitnehmer eine geringere Belastung als der von der Bundesregierung eingebrachte Entwurf eines Dritten Vermögensbildungsgesetzes (Bundestagsdrucksache VI/601). Eine Mehrbelastung ergibt sich nur dadurch, daß — anders als im Regierungsentwurf — alle Arbeitnehmer vermögenswirksame Leistungen erhalten. Das wiederum ist das Ziel des Gesetzes.

Dem Kreislauf der Wirtschaft wird kein Eigenkapital entzogen. Für die Maßnahmen zur Verbreiterung des Angebotes an Beteiligungswerten sind keine oder nur unbedeutende Steuerausfälle anzusetzen.

Antrag der Fraktion der CDU/CSU

Der Bundestag wolle beschließen:

Entwurf eines Gesetzes über die Beteiligung der Arbeitnehmer am Produktivvermögen und zur Verbesserung der Kapitalstruktur der Wirtschaft, insbesondere des Mittelstandes (Beteiligungslohngesetz — BLG)

Der Bundestag hat mit Zustimmung des Bundesrates das folgende Gesetz beschlossen:

Artikel 1

Beteiligungslohn

§ 1

Grundsatz

Die Beteiligung der Arbeitnehmer am Produktivvermögen der Wirtschaft wird durch vermögenswirksame Leistungen der Arbeitgeber nach diesem Gesetz gefördert.

§ 2

Begünstigter Personenkreis

(1) Arbeitnehmer im Sinne dieses Gesetzes sind Arbeiter und Angestellte einschließlich der zu ihrer Berufsausbildung Beschäftigten. Als Arbeitnehmer gelten auch die in Heimarbeit Beschäftigten.

(2) Dieses Gesetz gilt nicht

a) für vermögenswirksame Leistungen juristischer Personen an Mitglieder des Organs, das zur gesetzlichen Vertretung der juristischen Person berufen ist,

b) für vermögenswirksame Leistungen von Personengesamtheiten an die durch Gesetz, Satzung oder Gesellschaftsvertrag zur Vertretung der Personengesamtheit berufenen Personen.

(3) Die Vorschriften dieses Gesetzes gelten entsprechend für Beamte, Richter, Berufssoldaten, Soldaten auf Zeit sowie berufsmäßige Angehörige und Angehörige auf Zeit des Zivilschutzkorps.

§ 3

Anlagekatalog

Vermögenswirksame Leistungen nach diesem Gesetz sind Leistungen, die der Arbeitgeber für den Arbeitnehmer erbringt zum Erwerb von

a) Aktien, Kuxen, Wandelschuldverschreibungen, Optionsanleihen, Optionsscheinen und Gewinnschuldverschreibungen (Beteiligungswerte), die von Unternehmen mit Sitz in den Mitgliedstaaten in der Europäischen Wirtschaftsgemeinschaft ausgegeben werden,

b) Beteiligungswerten am Kapital eines ausländischen Unternehmens, das zu demselben Konzern gehört, in dem der Arbeitnehmer beschäftigt ist, nach Maßgabe einer Rechtsverordnung der Bundesregierung, die der Zustimmung des Bundesrates bedarf,

c) Anteilscheinen an einem Sondervermögen (Investmentzertifikate), die von Kapitalanlagegesellschaften (Investmentfonds) im Sinne des Gesetzes über Kapitalanlagegesellschaften ausgegeben werden. Das Sondervermögen darf nicht weniger als 60 vom Hundert Beteiligungswerte im Sinne von Buchstabe a und nicht mehr als 30 vom Hundert sonstige ausländische Beteiligungswerte enthalten,

d) Anteilscheinen an einem Sondervermögen, die von Kapitalbeteiligungsgesellschaften ausgegeben werden, die sich an mittelständischen Unternehmen beteiligen,

e) Beteiligungen am Kapital des Unternehmens, in dem der Arbeitnehmer beschäftigt ist, nach Maßgabe einer Rechtsverordnung der Bundesregierung, die der Zustimmung des Bundesrates bedarf,

f) Anteilen an einem Grundstückssondervermögen (Immobilienfonds).

§ 4

Familienangehörige

Die vermögenswirksamen Leistungen können auch erbracht werden

a) zugunsten des Ehegatten des Arbeitnehmers, der mindestens seit Beginn des maßgebenden Kalenderjahres mit dem Arbeitnehmer verheiratet ist und von ihm nicht dauernd getrennt lebt,

b) zugunsten der in § 32 Abs. 2 Ziff. 3 des Einkommensteuergesetzes bezeichneten Kinder, die zu Beginn des maßgebenden Kalenderjahres das 17. Lebensjahr noch nicht vollendet hatten oder die in diesem Kalenderjahr lebend geboren wurden,

c) zugunsten der Eltern oder eines Elternteils des Arbeitnehmers, wenn der Arbeitnehmer als Kind die Voraussetzungen des Buchstaben b erfüllt.

§ 5

Wahl des Kreditinstituts und der Anlageform

(1) Der Arbeitgeber hat für den Arbeitnehmer unmittelbar an das Kreditinstitut zu leisten, das der Arbeitnehmer bestimmt. Die vermögenswirksamen Leistungen sind gegenüber dem Kreditinstitut als solche zu kennzeichnen. Das Kreditinstitut erwirbt mit der überwiesenen Leistung für den Arbeitnehmer das Wertpapier, das der Arbeitnehmer bestimmt. Das Kreditinstitut nimmt das Wertpapier in Verwahrung. Ein Wechsel des Verwahrers ist zulässig.

(2) Bei einer Anlage der vermögenswirksamen Leistung nach § 3 Buchstabe e kann durch Rechtsverordnung, die der Zustimmung des Bundesrates bedarf, eine von Absatz 1 abweichende Regelung getroffen werden.

§ 6

Sperrfrist

Über das Wertpapier oder über die sonstige Kapitalbeteiligung kann während einer Sperrfrist von sechs Jahren nur zu dem Zweck verfügt werden, eine andere Anlageform der in § 3 bezeichneten Art zu wählen. Die Sperrfrist endet mit dem Ablauf des sechsten Kalenderjahres, das dem Kalenderjahr der Leistung folgt. Die Sperrfrist endet ferner, wenn der Arbeitnehmer oder sein von ihm nicht dauernd getrennt lebender Ehegatte innerhalb der Sperrfrist stirbt oder völlig erwerbsunfähig wird.

§ 7

Gesetzliche Leistung

(1) Der Arbeitgeber hat für jeden Arbeitnehmer für jeden vollen Kalendermonat einen Betrag von 20 Deutsche Mark als vermögenswirksame Leistung zu erbringen. Für jeden Arbeitnehmer, der weniger als die volle Arbeitszeit, aber mindestens die Hälfte der betriebsüblichen Arbeitszeit ableistet, ist ein Betrag von 10 Deutsche Mark für jeden vollen Kalendermonat zu erbringen.

(2) Absatz 1 gilt nicht für Arbeitnehmer, deren Arbeitsverhältnis, ohne ein Probearbeitsverhältnis zu sein, für eine bestimmte Zeit von höchstens sechs Wochen begründet ist. Wird das Arbeitsverhältnis über die bestimmte Zeit fortgesetzt, so gilt Absatz 1 vom Tage der Vereinbarung über die Fortsetzung an.

§ 8

Leistungen aufgrund von Tarifverträgen, Betriebsvereinbarungen oder Einzelverträgen

Die Verpflichtung nach § 7 Abs. 1 kann durch vermögenswirksame Leistungen aufgrund von Tarifverträgen, Betriebsvereinbarungen oder Einzelverträgen zwischen Arbeitgebern und

Arbeitnehmern erfüllt werden. Die vermögenswirksamen Leistungen müssen den Vorschriften dieses Gesetzes entsprechen und mindestens die in § 7 Abs. 1 genannte Höhe erreichen.

§ 9
Art des Anspruchs

(1) Vermögenswirksame Leistungen sind arbeitsrechtlich Bestandteil des Lohns oder Gehalts. Der Anspruch auf die vermögenswirksame Leistung ist nicht übertragbar.

(2) Der Anspruch des Arbeitnehmers gegen den Arbeitgeber auf die vermögenswirksame Leistung erlischt nicht, wenn der Arbeitnehmer statt der vermögenswirksamen Leistung eine andere Leistung, insbesondere eine Barleistung annimmt. Der Arbeitnehmer ist nicht verpflichtet, die andere Leistung an den Arbeitgeber herauszugeben.

§ 10
Vermögensbildungszulage

(1) Der Arbeitnehmer erhält eine Vermögensbildungszulage in Höhe von 30 vom Hundert der vermögenswirksamen Leistung, soweit diese 360 Deutsche Mark im Kalenderjahr nicht übersteigt.

(2) Die Vermögensbildungszulage gilt weder als steuerpflichtiges Einkommen im Sinne des Einkommensteuergesetzes noch als Einkommen, Verdienst oder Entgelt (Arbeitsentgelt) im Sinne der Sozialversicherung und des Arbeitsförderungsgesetzes; sie gilt arbeitsrechtlich nicht als Bestandteil des Lohns oder Gehalts.

(3) Der Arbeitgeber hat die Vermögensbildungszulage zusammen mit dem Arbeitsentgelt an den Arbeitnehmer auszuzahlen. In der für den Arbeitnehmer bestimmten Abrechnung über das Arbeitsentgelt ist die Vermögensbildungszulage gesondert auszuweisen.

(4) Auf Verlangen des Arbeitnehmers ist die Vermögensbildungszulage wie die vermögenswirksame Leistung anzulegen. Die Vermögensbildungszulage ist in diesem Falle vom Arbeitgeber zusammen mit der vermögenswirksamen Leistung an das Kreditinstitut zu überweisen. Der Arbeitnehmer kann sein Ver-

langen schriftlich mit einer Frist von drei Monaten zum Jahresende widerrufen.

(5) Die Vermögensbildungszulage wird mit der vom Arbeitgeber an das Finanzamt abzuführenden Lohnsteuer verrechnet und, soweit sie diese übersteigt auf Antrag erstattet.

§ 11

Steuerliche Begünstigung für Arbeitgeber

(1) Für Steuerpflichtige, die ihren Arbeitnehmern vermögenswirksame Leistungen nach diesem Gesetz erbringen, ermäßigt sich die Einkommensteuer oder Körperschaftsteuer für den Veranlagungszeitraum, in dem die Leistungen erbracht worden sind, um 30 vom Hundert der Summe der vermögenswirksamen Leistungen, soweit sie 360 Deutsche Mark je Arbeitnehmer im Kalenderjahr nicht überschreitet, höchstens um insgesamt 3000 Deutsche Mark. Voraussetzung für die Gewährung der Steuerermäßigung ist, daß der Steuerpflichtige oder die Gesellschaft am 1. Oktober des Kalenderjahres, das dem Veranlagungszeitraum vorausgegangen ist, insgesamt nicht mehr als 50 Arbeitnehmer beschäftigt hat.

(2) Für Steuerpflichtige, die dem Arbeitnehmer eine höhere als die gesetzliche vermögenswirksame Leistung erbringen, ermäßigt sich die Einkommensteuer oder Körperschaftsteuer für den Veranlagungszeitraum, in dem die Leistung erbracht worden ist. Maßgebend für die Ermäßigung ist der die gesetzliche Leistung übersteigende Betrag bis zu höchstens 120 Deutsche Mark im Kalenderjahr (steuerbegünstigte zusätzliche Leistung). Die Ermäßigung beträgt für Steuerpflichtige, die am 1. Oktober des Kalenderjahres, das dem Veranlagungszeitraum vorausgegangen ist, mehr als 50 Arbeitnehmer beschäftigt haben, 10 vom Hundert der steuerbegünstigten zusätzlichen Leistung.

(3) Bei Ehegatten, die beide die Voraussetzungen nach Absatz 1 erfüllen, gilt die Steuerermäßigung für jeden Ehegatten gesondert. Wird der Gewinn nach einem vom Kalenderjahr abweichenden Wirtschaftsjahr ermittelt, so bemißt sich die Steuerermäßigung nach den vermögenswirksamen Leistungen in dem Wirtschaftsjahr, daß im Veranlagungszeitraum endet. Für vermögenswirksame Leistungen, die eine offene Handelsge-

sellschaft, eine Kommanditgesellschaft oder eine andere Gesellschaft, bei der die Gesellschafter als Unternehmer (Mitunternehmer) anzusehen sind, ihren Arbeitnehmern erbringt, ermäßigt sich die Einkommensteuer oder Körperschaftsteuer für alle Gesellschafter zusammen um die Vergünstigung nach Absatz 1 oder Absatz 2. Die Steuerermäßigung ist auf die einzelnen Gesellschafter nach dem Verhältnis ihrer Gewinnanteile in dem Wirtschaftsjahr, das im Veranlagungszeitraum endet, aufzuteilen.

(4) Besteht das Einkommen des Arbeitgebers ganz oder teilweise aus Einkünften aus nichtselbständiger Arbeit, von denen ein Steuerabzug vorgenommen worden ist, und liegen die Voraussetzungen des § 46 Abs. 1 und 2 des Einkommensteuergesetzes nicht vor, so kann die Veranlagung zur Anwendung des Absatzes 1 oder 2 beantragt werden; § 46 Abs. 2 Ziffer 8 Buchstabe a und Abs. 3 des Einkommensteuergesetzes ist sinngemäß anzuwenden.

§ 12

Selbständige

Für Selbständige in freien Berufen, selbständige Gewerbetreibende, selbständige Landwirte und mithelfende Familienangehörige, soweit sie nicht Arbeitnehmer sind, ermäßigt sich die Einkommensteuerschuld, wenn ihr zu versteuernder Einkommensbetrag (§ 32 Abs. 1 EStG) 36 000 Deutsche Mark im Kalenderjahr nicht übersteigt und sie einen Betrag bis zu 360 Deutsche Mark nach diesem Gesetz für sich vermögenswirksam anlegen. Die Steuerermäßigung beträgt 30 vom Hundert des angelegten Betrages für den Veranlagungszeitraum, in dem die Anlage getroffen wurde. Der Betrag kann auch im eigenen Betrieb angelegt werden.

§ 13

Erträge

(1) Über Erträge aus vermögenswirksamen Leistungen nach diesem Gesetz kann frei verfügt werden.

(2) Die Erträge sind einkommensteuerfrei, soweit sie auf den Zeitraum der Sperrfrist entfallen.

§ 14

Verhältnis zum Spar-Prämiengesetz und zum Zweiten Vermögensbildungsgesetz

(1) Vermögenswirksame Leistungen, die nach diesem Gesetz erbracht werden, gelten als Sparbeiträge im Sinne des Spar-Prämiengesetzes.

(2) Auf vermögenswirksame Leistungen, die nach Maßgabe dieses Gesetzes erbracht werden, ist das Zweite Vermögensbildungsgesetz nicht anzuwenden.

§ 15

Ermächtigungen

Die Bundesregierung wird ermächtigt, durch Rechtsverordnung mit Zustimmung des Bundesrates Vorschriften zu erlassen

a) über die Auswahl des Kreditinstituts und der Anlageform, insbesondere für den Fall, daß der Arbeitnehmer sein Wahlrecht innerhalb einer bestimmten Frist nicht ausübt,

b) über das Überweisungsverfahren der vermögenswirksamen Leistungen durch den Arbeitgeber,

c) über die Eintragung der vermögenswirksamen Leistungen und der Vermögensbildungszulage im Lohnkonto und in steuerrechtlichen Bescheinigungen,

d) über die Behandlung vermögenswirksamer Leistungen durch das Kreditinstitut,

e) über die Art und Weise, wie die Wertpapiere festzulegen sind,

f) über den Wechsel der Anlageform innerhalb der Sperrfrist,

g) über das Verfahren hinsichtlich der Vermögensbildungszulage,

h) über das Nähere der Gewährung der Vermögensbildungszulage bei mehreren Dienstverhältnissen des Arbeitnehmers,

i) über das Verfahren der steuerlichen Begünstigung der Arbeitgeber,

k) über das Verfahren der Begünstigung bei Selbständigen.

Artikel 2

§ 1

Änderungen des Zweiten Vermögensbildungsgesetzes

Das zweite Vermögensbildungsgesetz wird wie folgt geändert:

1. § 2 wird wie folgt geändert:

a) In Absatz 2 wird folgender Buchstabe c eingefügt:

„c) zugunsten der Eltern oder eines Elternteils des Arbeitnehmers, wenn der Arbeitnehmer als Kind die Voraussetzungen des Buchstaben b erfüllt."

b) In Absatz 3 erhalten die Sätze 2 und 3 folgende Fassung:

„Dabei sind gegenüber dem Unternehmen oder Institut die vermögenswirksamen Leistungen zu kennzeichnen und die zulagebegünstigten Beträge besonders auszuweisen. Das Unternehmen oder Institut hat ebenfalls die vermögenswirksamen Leistungen zu kennzeichnen und die zulagebegünstigten Beträge besonders auszuweisen."

2. § 12 erhält folgende Fassung:

„§ 12

(1) Der Arbeitnehmer erhält eine Vermögensbildungszulage in Höhe von 30 vom Hundert der vermögenswirksamen Leistungen nach diesem Gesetz, soweit sie 312 Deutsche Mark im Kalenderjahr nicht übersteigen. Erhält der Arbeitnehmer im Kalenderjahr einen Kinderfreibetrag für drei oder mehr Kinder nach § 32 Abs. 2 Ziff. 1 bis 3 des Einkommensteuergesetzes, so erhöht sich der Betrag von 312 Deutsche Mark um 50 vom Hundert auf 468 Deutsche Mark.

(2) Die Vermögensbildungszulage gilt weder als steuerpflichtiges Einkommen im Sinne des Einkommensteuergesetzes noch als Einkommen, Verdienst oder Entgelt (Arbeitsentgelt) im Sinne der Sozialversicherung und des Arbeitsförderungsgesetzes; sie gilt arbeitsrechtlich nicht als Bestandteil des Lohns oder Gehalts.

(3) Der Arbeitgeber hat die Vermögensbildungszulage zusammen mit dem Arbeitsentgelt an den Arbeitnehmer auszuzahlen. In der für den Arbeitnehmer bestimmten Abrechnung

über das Arbeitsentgelt ist die Vermögensbildungszulage gesondert auszuweisen.

(4) Auf Verlangen des Arbeitnehmers ist die Vermögensbildungszulage wie die vermögenswirksame Leistung anzulegen. Die Vermögensbildungszulage ist in diesem Falle vom Arbeitgeber zusammen mit der vermögenswirksamen Leistung an das Kreditinstitut zu überweisen. Der Arbeitnehmer kann sein Verlangen schriftlich mit einer Frist von drei Monaten zum Jahresende widerrufen.

(5) Die Vermögensbildungszulage wird mit der vom Arbeitgeber an das Finanzamt abzuführenden Lohnsteuer verrechnet und, soweit sie diese übersteigt, auf Antrag erstattet."

3. § 13 wird aufgehoben.

4. § 16 erhält folgende Fassung:

„§ 16

Die vorstehende Fassung dieses Gesetzes ist, soweit nichts anderes bestimmt ist, erstmals auf vermögenswirksame Leistungen anzuwenden, die nach dem 31. Dezember 1970 erbracht werden. Die Vorschrift des § 2 Abs. 2 Buchstabe c ist erstmals auf vermögenswirksame Leistungen anzuwenden, die nach dem 30. Juni 1969 erbracht werden."

§ 2

Die Verordnung zur Durchführung der lohnsteuerlichen Vorschriften des Zweiten Vermögensbildungsgesetzes vom 24. März 1966 (Bundesgesetzbl. I S. 189) wird aufgehoben. Sie ist aber auf Tatbestände, die vor dem Außerkrafttreten verwirklicht worden sind, auch über den 31. Dezember 1970 hinaus anzuwenden.

Artikel 3

Änderung des Spar-Prämiengesetzes

Das Spar-Prämiengesetz in der Fassung der Bekanntmachung vom 18. September 1969 (Bundesgesetzbl. I S. 1682) wird wie folgt geändert:

1. In § 2 Abs. 6 erhält der Satz 1 die folgende Fassung:

„Prämien für Sparbeiträge, die vermögenswirksame Leistungen darstellen und für die der Prämiensparer eine Vermögensbildungszulage nach § 12 Abs. 1 des Zweiten Vermögensbildungsgesetzes oder nach § 10 Abs. 1 des Beteiligungslohngesetzes erhält, werden auf den Höchstbetrag (Absatz 2) nicht angerechnet."

2. § 8 Abs. 7 erhält folgende Fassung:

„(7) Die Vorschrift des § 2 Abs. 6 ist erstmals auf Sparbeiträge anzuwenden, die nach dem Inkrafttreten des Beteiligungsgesetzes geleistet werden."

Artikel 4

Änderung des Wohnungsbau-Prämiengesetzes

Das Wohnungsbau-Prämiengesetz in der Fassung der Bekanntmachung vom 18. September 1969 (Bundesgesetzbl. I S. 1677) wird wie folgt geändert:

1. § 3 Abs. 6 erhält folgende Fassung:

„(6) Prämien für Aufwendungen, die vermögenswirksame Leistungen darstellen und für die der Prämienberechtigte eine Vermögensbildungszulage nach § 12 Abs. 1 des Zweiten Vermögensbildungsgesetzes erhält, werden auf den Höchstbetrag (Absatz 2) nicht angerechnet. § 2 Abs. 4 Nr. 1 ist in diesem Fall nicht anzuwenden; das gleiche gilt für den Fall, daß eine Prämie nach dem Spar-Prämiengesetz für vermögenswirksame Leistungen im Sinne des Beteiligungslohngesetzes beantragt worden ist."

2. § 10 Abs. 6 erhält folgende Fassung:

„(6) Die Vorschrift des § 3 Abs. 6 ist erstmals auf Aufwendungen, anzuwenden die nach dem Inkrafttreten des Beteiligungslohngesetzes geleistet werden."

Artikel 5

Maßnahmen zur Verbreiterung des Angebotes an Beteiligungswerten

§ 1

Änderung des Körperschaftsteuergesetzes

Das Körperschaftsteuergesetz wird wie folgt geändert und ergänzt:

1. Der bisherige § 7 wird § 7 Abs. 1.

2. § 7 wird folgender Absatz 2 angefügt:

„(2) Berücksichtigungsfähige Ausschüttungen unbeschränkt steuerpflichtiger Aktiengesellschaften, deren Aktien an einer inländischen Börse zum amtlichen Handel oder geregelten Freiverkehr zugelassen sind, werden, soweit sie auf Erhöhungen des Grundkapitals in der Zeit vom Inkrafttreten des Beteiligungslohngesetzes bis zum Inkrafttreten der Steuerreform entfallen, bei der Ermittlung des Einkommens unberücksichtigt gelassen, sofern die Anteile an Investmentfonds im Sinne von § 3 Buchstabe c des Beteiligungslohngesetzes oder an natürliche Personen veräußert werden, die sie nach dem Beteiligungslohngesetz anlegen. Diese Vorschrift gilt nicht für Ausschüttungen, für die § 9 zur Anwendung kommt sowie für Ausschüttungen an beschränkt steuerpflichtige Personen, Körperschaften, Personenvereinigungen und Vermögensmassen, die im Sinne von § 9 Abs. 1 an unbeschränkt steuerpflichtigen Kapitalgesellschaften beteiligt sind."

§ 2

Änderung des Kapitalverkehrsteuergesetzes

Das Kapitalverkehrsteuergesetz wird wie folgt geändert und ergänzt:

In § 9 Abs. 2 des Kapitalverkehrsteuergesetzes wird folgende Nummer 3 angefügt:

„3. beim Erwerb von Gesellschaftsrechten an einer inländischen Kapitalgesellschaft, sofern diese Anteile an Investmentfonds im Sinne von § 3 Buchstabe c des Beteiligungslohngesetzes oder an natürliche Personen veräußert werden, die sie nach dem Beteiligungslohngesetz anlegen."

§ 3

Änderung des Einkommensteuergesetzes

§ 6 b des Einkommensteuergesetzes wird wie folgt geändert und ergänzt:

1. In Absatz 1 wird folgende Ziffer 6 angefügt:

„6. a) Anteilen und Krediten an Kapitalbeteiligungsgesellschaften im Sinne des § 3 Buchstabe d des Beteiligungslohngesetzes ,

b) Krediten mit einer Laufzeit von mindestens zehn Jahren zur Förderung von Zukunftsindustrien, zur Schaffung von Bildungs- und Forschungseinrichtungen, sowie von Einrichtungen des Gesundheitswesens, zur Förderung von Maßnahmen auf dem Gebiet der Städteerneuerung und zur Förderung anderer Infrastrukturmaßnahmen nach Maßgabe einer Rechtsverordnung der Bundesregierung, die der Zustimmung des Bundesrates bedarf.

Soweit der Gewinn bei der Veräußerung von Anteilen an Kapitalgesellschaften entstanden ist, gilt Ziffer 6 nur, wenn diese Anteile an Investmentfonds im Sinne von § 3 Buchstabe c des Beteiligungslohngesetzes oder an natürliche Personen veräußert werden, die sie nach dem Beteiligungslohngesetz anlegen."

2. In Absatz 3 Satz 2 werden die Worte „Ziff. 2 bis 5" durch die Worte „Ziff. 2 bis 6" ersetzt.

3. In Absatz 3 wird nach Satz 3 folgender Satz eingefügt:

„Im Fall des Absatzes 1 Satz 2 Ziff. 6 kann die Frist von zwei Jahren durch eine mit Zustimmung des Bundesrates erlassene Rechtsverordnung der Bundesregierung verlängert werden, die auch Bestimmungen über die Auflösung der Rücklage enthält."

4. In Absatz 4 Satz 1 Ziff. 2 werden vor dem Semikolon folgende Worte eingefügt:

„oder, soweit es sich um Anteile an Kapitalgesellschaften handelt, diese Anteile am 31. Dezember 1969 zum Betriebsvermögen einer inländischen Betriebsstätte gehört haben".

Artikel 6

Beteiligung von Betriebsangehörigen

Das Gesetz über steuerrechtliche Maßnahmen bei Erhöhung des Nennkapitals aus Gesellschaftsmitteln und bei Überlassung von eigenen Aktien an Arbeitnehmer in der Fassung der Bekanntmachung vom 10. Oktober 1967 (Bundesgesetzbl. I S. 977) wird wie folgt geändert und ergänzt:

1. Im Titel des Gesetzes werden die Worte „von eigenen Aktien" ersetzt durch die Worte „von Beteiligungswerten".

2. § 8 wird wie folgt geändert und ergänzt:

a) In der Überschrift werden die Worte „von eigenen Aktien“ ersetzt durch die Worte „von Beteiligungswerten“.

b) Absatz 1 erhält folgende Fassung:

„(1) Überläßt ein Arbeitgeber seinen Arbeitnehmern Wertpapiere im Sinne § 3 des Beteiligungslohngesetzes zu einem unter dem gemeinen Wert (Börsenkurs) liegenden Preis (Vorzugskurs) so gehört der Vorteil aus dem Kursunterschied nicht zu den Einkünften aus nichtselbständiger Tätigkeit, wenn und soweit der Kursunterschied die Hälfte des gemeinen Wertes oder 500 Deutsche Mark je Arbeitnehmer und Kalenderjahr nicht übersteigt. Gemeiner Wert ist bei den Wertpapieren, die zum amtlichen Handel an der Börse zugelassen oder die in geregeltem Freiverkehr einbezogen sind, der Börsenkurs. Maßgebend für die Ermittlung des Unterschiedsbetrages ist der gemeine Wert des Wertpapiers am Tag der Beschlußfassung.“

c) Der bisherige Absatz 2 wird Absatz 4 und wird wie folgt geändert:

aa) Die Worte „des Absatzes 1“ werden ersetzt durch die Worte „der Absätze 1 bis 3“.

bb) In Nummer 1 wird das Wort „Aktien“ ersetzt durch das Wort „Wertpapiere“.

d) Folgende Absätze 2 und 3 werden eingefügt:

„(2) Die Steuerbefreiung nach Absatz 1 wird einem Arbeitnehmer nur dann gewährt, wenn er die Wertpapiere bei einem Kreditinstitut festlegt und innerhalb einer Sperrfrist von sechs Jahren nicht veräußert. Die Festlegungsfrist beginnt am 1. Januar, wenn die Wertpapiere vor dem 1. Juli, und am 1. Juli, wenn die Wertpapiere nach dem 30. Juni des betreffenden Kalenderjahres erworben worden sind.

(3) Hebt der Arbeitnehmer die Festlegung auf, läßt er sich die Wertpapiere vor Ablauf der Festlegungsfrist aushändigen oder veräußert oder verpfändet er sie vorzeitig, so hat er den Vorteil nachzuversteuern. Das gilt nicht, wenn

a) der Arbeitnehmer nach dem Erwerb, aber vor Eintritt eines dieser Tatbestände geheiratet hat und bei Eintritt dieses Tatbestandes mindestens zwei Jahre seit Beginn der Festlegungsfrist vergangen sind, oder

b) der Arbeitnehmer oder sein von ihm nicht dauernd getrennt lebender Ehegatte nach dem Erwerb gestorben oder völlig erwerbsunfähig geworden ist."

Artikel 7

Änderung des Aktiengesetzes

Das Aktiengesetz wird wie folgt geändert:

1. § 182 Abs. 1 Satz 1 wird wie folgt gefaßt:

Eine Erhöhung des Grundkapitals gegen Einlagen kann nur mit einer Mehrheit beschlossen werden, die mehr als die Hälfte des bisherigen Grundkapitals umfaßt."

2. § 186 Abs. 3 Satz 2 wird wie folgt gefaßt:

„In diesem Fall bedarf der Beschluß neben den in Gesetz oder Satzung für die Kapitalerhöhung aufgestellten Erfordernissen einer Mehrheit, die mehr als die Hälfte des bisherigen Grundkapitals umfaßt".

3. § 193 Abs. 1 Satz 1 wird wie folgt gefaßt:

„Der Beschluß über die bedingte Kapitalerhöhung bedarf einer Mehrheit, die mehr als die Hälfte des bisherigen Grundkapitals umfaßt."

4. § 202 Abs. 2 Satz 2 wird wie folgt gefaßt:

„Der Beschluß der Hauptversammlung bedarf einer Mehrheit, die mehr als die Hälfte des bisherigen Grundkapitals umfaßt."

Artikel 8

Bericht und Anpassung

§ 1

Die Bundesregierung hat den gesetzgebenden Körperschaften innerhalb von drei Jahren nach Inkrafttreten dieses Gesetzes über den Vollzug und die Auswirkung dieses Gesetzes zu berichten.

§ 2

Die gesetzliche Leistung nach § 7 Abs. 1 sowie die Begünstigungen nach §§ 10, 11 und 12 des Beteiligungslohngesetzes werden im Abstand von drei Jahren, erstmals drei Jahre nach Inkrafttreten dieses Gesetzes, überprüft und durch Gesetz der

Entwicklung der Bruttoarbeitsentgelte angepaßt. Im Rahmen der Berichtspflicht gemäß § 1 hat die Bundesregierung die Entwicklung der Bruttoarbeitsentgelte darzulegen und Vorschläge zur Anpassung nach Satz 1 zu machen.

Artikel 9
Berlin-Klausel

Dieses Gesetz gilt nach Maßgabe des § 12 Abs. 1 und § 13 Abs. 1 des Dritten Überleitungsgesetzes vom 4. Januar 1952 (Bundesgesetzbl. I S. 1) auch im Land Berlin. Rechtsverordnungen, die aufgrund dieses Gesetzes erlassen werden, gelten im Land Berlin nach § 14 des Dritten Überleitungsgesetzes.

Artikel 10
Inkrafttreten

Dieses Gesetz tritt am ersten Tag des auf seine Verkündung folgenden Monats in Kraft.

Begründung

A. Allgemeine Begründung

Dem Gesetzentwurf liegen folgende Überlegungen zugrunde:

In unserer auf Privateigentum an den Produktionsmitteln basierenden freien Marktwirtschaft ist die Teilhabe eines möglichst großen Bevölkerungskreises am Produktivkapital von besonderer gesellschaftspolitischer Bedeutung. Deshalb müssen auch die Arbeitnehmer am Ertrags- und Wertzuwachs der expandierenden Wirtschaft beteiligt werden.

Die Politik der sozialen Marktwirtschaft hat — nicht zuletzt dank der staatlichen Sparförderungen — den Arbeitnehmern eine beachtliche Steigerung ihrer Ersparnisbildung ermöglicht, die sich allerdings fast ganz in Geldvermögen, nur in verschwindend geringem Ausmaß in Sachvermögen niedergeschlagen hat.

Die bisherigen Maßnahmen zur Förderung einer breiten Vermögensstreuung, vor allem das Spar-Prämiengesetz, das Wohnungsbau-Prämiengesetz, das Zweite Vermögensbildungsgesetz und die Privatisierung von Bundesvermögen, haben erstmals über den traditionellen Kreis der Sparer und Anleger hinaus weitere Schichten an die Vermögensbildung herangeführt. Gleichwohl ist die angestrebte ausgewogene Vermögensstreuung noch nicht erreicht. Neue vermögenspolitische Maßnahmen müssen deshalb darauf abzielen, die Sparfähigkeit der Arbeitnehmer durch zusätzliche vermögenswirksame Einkommensteile zu verbessern.

Das Ungleichgewicht in der Vermögensverteilung zeigt sich vor allem darin, daß die Arbeitnehmer nur in geringem Umfang am Produktivvermögen in der Wirtschaft beteiligt sind. Neue vermögenspolitische Maßnahmen müssen deshalb mit der Erhöhung der Sparfähigkeit, insbesondere zugleich auf eine Beteiligung der Arbeitnehmer am Zuwachs des wirtschaftlichen Produktivvermögens hinwirken. Auf diesem Wege nimmt der Arbeitnehmer unmittelbar am realen Ertrags- und Wertzuwachs in der Wirtschaft teil. Gleichzeitig wird dadurch die Finanzstruktur der Unternehmen verbessert.

Durch neue vermögenspolitische Maßnahmen sollen deshalb — so schnell, wirksam und umfassend wie möglich — alle Schichten unseres Volkes am Produktivvermögen beteiligt werden. Damit kann man nicht warten, bis jeder einzelne Arbeitnehmer individuell über das erforderliche Polster liquider und disponibler Spargelder verfügt. Sonst besteht die Gefahr, daß politische Vorstellungen, die eine völlige Änderung unserer auf Privateigentum an den Produktionsmitteln beruhenden Wirtschaftsordnung anstreben, an Bedeutung gewinnen.

Das Ziel, die Arbeitnehmer am Produktivvermögen zu beteiligen, kann durch individuell zwischen dem Arbeitgeber und dem Arbeitnehmer oder betrieblich zwischen Arbeitgeber und Betriebsrat vereinbarte Leistungen, durch tarifliche Vereinbarungen oder durch gesetzliche Verpflichtungen der Arbeitgeber zur Abführung vermögenswirksamer Leistungen gefördert werden. In unserer freiheitlichen Gesellschafts- und Wirtschaftsordnung verdienen grundsätzlich autonome Vereinbarungen den Vorzug vor der gesetzlichen Verpflichtung. Die bisherigen Erfahrungen mit dem Zweiten Vermögensbildungsgesetz zeigen, daß über freiwillige, insbesondere tarifvertragliche Vereinbarungen, keine kontinuierliche Beteiligung der Arbeitnehmer am

Vermögenszuwachs erreicht werden kann. Dies soll durch die vorgesehene gesetzliche Verpflichtung sichergestellt werden. Es ist vorgesehen, daß die gesetzliche Leistung durch vereinbarte insbesondere tarifliche Leistungen ersetzt werden kann. Um das zu erreichen, sind für den Arbeitgeber besondere Vergünstigungen vorgesehen.

Die kraft gesetzlicher Verpflichtung abzuführende Leistung beträgt 20 Deutsche Mark im Monat (240 Deutsche Mark im Jahr). Wird sie durch vereinbarte Leistungen ersetzt, so beläuft sich der insgesamt begünstigte Betrag auf 360 Deutsche Mark jährlich. Beide Beträge sind von Zeit zu Zeit zu überprüfen und der Einkommensentwicklung anzupassen.

Eine Politik mit dem Ziel der breiteren Vermögensbildung muß der Gefahr begegnen, daß die Arbeitnehmer nur nominal Vermögen bilden, der reale Wert ihres Vermögens aber nicht zunimmt — bestenfalls gleichbleibt — und sich so an der Struktur der Vermögensverteilung nichts zugunsten der Arbeitnehmer ändert. Deshalb ist ein Zielkonflikt mit den Postulaten nach Vollbeschäftigung und Wirtschaftswachstum auf der einen Seite und Geldwertstabilität auf der anderen Seite zu vermeiden.

Einerseits dürfen also die für Vollbeschäftigung und Wirtschaftswachstum erforderlichen unternehmerischen Investitionen nicht eingeschränkt werden.

Das ist nur dann zu erwarten, wenn die Unternehmer (und der Staat) bereit sind, eine Verminderung ihrer bisherigen Anteile am Vermögenszuwachs hinzunehmen. Eine Verringerung von Unternehmensgewinnen muß sich deshalb in Grenzen halten, wobei der Staat „behilflich“ sein könnte.

Und die Arbeitnehmer müssen den Unternehmen in Höhe der ausfallenden Selbstfinanzierung qualitativ gleichwertige Finanzierungsmittel, d. h. risikotragendes Eigenkapital, zur Verfügung stellen.

Andererseits wird das Postulat der Geldwertstabilität tangiert, wenn die neuen vermögenswirksamen Leistungen Preissteigerungen hervorrufen.

Es hängt von der jeweiligen Marktlage und konjunkturellen Situation ab, inwieweit es zu Überwälzungen kommt: Bei Hochkonjunktur werden Überwälzungen leichter möglich sein und auch erfolgen, während bei normaler Konjunktur oder gar Stagnation die vermögenswirksamen Leistungen eher zu Lasten der Gewinne gehen können.

Eine relativ hohe Sparquote der privaten Haushalte wird die Überwälzungschance der Unternehmer tendenziell vermindern. Je höher dabei jedoch der Zuwachs an Beteiligungskapital (Sachvermögensbildung) ist, desto günstiger wirkt sich das auf die Finanzstruktur der Unternehmer aus. Das wiederum kann die Unternehmer veranlassen — oder es ihnen erleichtern —, auf eine Abwälzung der Kosten der vermögenswirksamen Leistungen zu verzichten.

Wenn hingegen diese neuen vermögenswirksamen Leistungen in Form von Spargeld (Geldvermögensbildung) angelegt würden, dann

— würde sich die Finanzstruktur, d. h. die gesamte Eigenfinanzierungsquote der Unternehmen tendenziell zu verschlechtern drohen;
— würde das zwangsläufig zu neuen Verteilungskämpfen führen;
— wären die Folge Preissteigerungen, durch die der nominelle Vermögenszuwachs und -ertrag der unselbständig Tätigen real aufgezehrt würde; denn der Zinsertrag wäre dann kaum höher als die Geldentwertung.

Bestehende Verteilungsungerechtigkeiten würden sich verschärfen.

Diesen Gefahren, nämlich wirtschaftliches Ungleichgewicht und/oder Verteilungsungerechtigkeit kann durch die Einführung des Beteiligungslohnes wirksam begegnet werden. Darüber hinaus ist ein wesentlicher gesellschaftspolitischer Fortschritt zu erzielen:

Die Verteilungskämpfe und der Gegensatz zwischen Arbeitnehmern und Kapitaleignern werden mehr und mehr aufgehoben; denn die Arbeitnehmer werden dann als neue Kapitaleigner am Unternehmensgewinn und der wirtschaftlich notwendigen „Selbstfinanzierungsquote“ partizipieren. Und das auch dann, wenn sich darin eine teilweise gelungene Abwälzung der Lasten des Beteiligungslohnes niederschlägt. Es werden also nicht nur die Verteilungschancen der Arbeitnehmer, sondern auch ihr gesellschaftliches Selbstverständnis positiv beeinflußt und verändert.

Die wirtschafts- und gesellschaftspolitisch zwingenden Schlußfolgerungen sind also:

a) Neue vermögenswirksame Leistungen sind obligatorisch durch Tarifvertrag oder Gesetz festzulegen.

b) Die bisherige Sparfähigkeit, Sparwilligkeit und Sparleistung der Arbeitnehmer muß erhalten bleiben.

c) Eine Anlage der neuen vermögenswirksamen Leistungen in Beteiligungswerten ist unverzichtbar.

Das Beteiligungslohn-System erweist sich somit zwingend als einzig realisierbarer Weg zu einer realen und wachsenden Beteiligung der Arbeitnehmer am Produktivvermögen.

Im theoretischen Modell mag dieses Ziel durch eine Ertragsbeteiligung der Arbeitnehmer auch oder sogar besser erreichbar erscheinen; doch fehlt einem solchen Idealmodell die Praktikabilität.

Der einheitliche Beteiligungslohnsatz ist zunächst relativ niedrig und vorsichtig zu wählen, um sich an den wirtschaftlich tragbaren Satz heranzutasten.

Darüber hinaus sind zusätzliche steuerliche Ausgleichsmaßnahmen sowie besondere Kapitalbeteiligungsgesellschaften für mittelständische und lohnintensive Unternehmen einzuführen; aus ordnungspolitischen Gründen muß sichergestellt werden, daß gerade in diesen Unternehmensbereichen die Investitionstätigkeit nicht durch eine Einengung des Rentabilitätsspielraums beeinträchtigt wird.

Damit dieses Beteiligungslohn-Konzept zu einem praktikablen und sofort wirksamen vermögenspolitischen Instrument werden kann und die erwähnten Zielkonflikte (mit den Zielen der Erhaltung von Wirtschaftswachstum, Vollbeschäftigung und Geldwertstabilität) vermieden werden, muß der Staat „flankierende Maßnahmen“ beisteuern; in erster Linie sind dabei folgende Sofortmaßnahmen vorgesehen:

a) Maßnahmen zur Herstellung einer steuerlichen „Chancengleichheit“ für die Eigenfinanzierung, die bisher gegenüber der Fremdfinanzierung „diskriminiert“ wird.

b) Maßnahmen, um das Angebot an Beteiligungswerten entscheidend zu erhöhen.

c) Begünstigung des Arbeitnehmer-Beteiligungslohns durch staatliche Vermögensbildungszulage (anstelle einer Steuer- und Sozialabgaben-Befreiung).

Diese Begünstigungen müssen — zumal bei wachsendem Bedarf an staatlichen Infrastrukturinvestitionen — konsequenterweise zu einer Veränderung der staatlichen Finanzierungsgewohnheiten führen. Deshalb muß der Staat bereit sein, auf eine Erhöhung der Steuerlastquote zu verzichten und die staatliche Selbstfinanzierung aus Steuermitteln einzuschränken, d. h. sich stärker zugunsten der privaten Vermögensbildung zu verschulden.

Finanzielle Auswirkungen

Da die gesetzliche vermögenswirksame Leistung nach diesem Gesetz 240 Deutsche Mark je Arbeitnehmer im Kalenderjahr beträgt, ist je Arbeitnehmer mit einer geringeren Belastung zu rechnen als in dem von der Bundesregierung eingebrachten Entwurf eines Dritten Vermögensbildungsgesetzes (Bundestagsdrucksache VI/601), das einen Begünstigungsrahmen von 624 bzw. 936 Deutsche Mark je Arbeitnehmer vorsieht.

Auch die Aufwendungen für die gesetzlichen Vergünstigungen je Arbeitnehmer und für die mittelständischen Unternehmen gehen nicht über den von der Bundesregierung eingebrachten Entwurf hinaus.

Mehraufwendungen sind lediglich für die gesellschaftspolitisch sehr bedeutsame Einbeziehung der geringer verdienenden Selbständigen (etwa 100 Millionen DM) und für die steuerlichen Anreize zum Abschluß von Tarifverträgen, Betriebsvereinbarungen und Einzelverträgen mit höheren als den gesetzlichen vermögenswirksamen Leistungen zu erwarten (etwa 80 Millionen DM).

Sofern bei diesem Gesetzentwurf dennoch mit wesentlich höheren Gesamtbelastungen als im Regierungsentwurf (Bundestagsdrucksache VI/601) zu rechnen ist, so dürfte das darauf zurückzuführen sein, daß die Bundesregierung unterstellt, daß das Dritte Vermögensbildungsgesetz nur von einer geringen Zahl von Arbeitnehmern in Anspruch genommen werden kann.

Demgegenüber erhalten nach dem Entwurf eines Beteiligungslohngesetzes ausnahmslos alle unselbständig Beschäftigten vermögenswirksame Leistungen.

B. Besonderer Teil

Zu Artikel 1

Beteiligungslohn

Zu § 1 und § 2

Der Beteiligungslohn wird allen unselbständig Beschäftigten einschließlich den im öffentlichen Dienst Beschäftigten gewährt. Die in Heimarbeit Beschäftigten sind — wie im Zweiten Vermögensbildungsgesetz — gleichgestellt.

Zu § 3

Die Anlage des Beteiligungslohnes ist grundsätzlich auf Beteiligungswerte beschränkt, um dem Ziel des Gesetzentwurfs gerecht zu werden. Innerhalb dieses Rahmens ist der Katalog möglicher Beteiligungsformen so weit wie vertretbar gefaßt worden, insbesondere sind auch (direkte oder indirekte) Beteiligungen an mittelständischen Unternehmen vorgesehen.

Der Entwurf bezieht Vermögenswerte aus dem EWG-Raum in den Anlagekatalog ein. Dagegen ist eine unmittelbare Anlage in ausländischen Werten, die nicht zum EWG-Raum gehören, vom Gesetzentwurf nicht vorgesehen. In § 3 Buchstabe b ist hiervon jedoch eine Ausnahme gemacht für Arbeitnehmer, die Anteile an einem ausländischen Unternehmen erwerben wollen, das zum gleichen Konzern gehört wie die Firma, bei der sie beschäftigt sind.

Bei Investmentfonds ist der Anteil der Nichtbeteiligungswerte im Interesse des Grundgedankens des Entwurfs auf höchstens 40 % der Fondsmasse beschränkt. Die Beteiligungswerte von Investmentfonds können in einem bestimmten Umfang auch in Auslandswerten bestehen, die nicht zum EWG-Raum gehören.

Während der Entwurf grundsätzlich nur die Anlage in verbrieften Beteiligungswerten vorsieht, ist in § 3 Buchstabe e Belegschaftsangehörigen auch die Beteiligung in nichtverbrieften Beteiligungswerten, etwa Anteilen an einer GmbH, eröffnet. Im weiteren Verlauf des Gesetzgebungsverfahrens wird auch zu prüfen sein, ob fondsgebundene Lebensversicherungen in den Anlagekatalog aufgenommen werden können.

Zu § 4

Wie im Zweiten Vermögensbildungsgesetz ist die vermögenswirksame Anlage auch zugunsten bestimmter Familienangehöriger möglich.

Zu § 5

Dem Arbeitnehmer stehen die Wahl und der Wechsel der Anlageform und des Kreditinstituts jederzeit frei.

Zu § 6

Die vermögenswirksamen Leistungen unterliegen jeweils einer Sperrfrist von mindestens sechs Jahren bis zu höchstens sieben Jahren. Beispielsweise werden vermögenswirksame Leistungen vom 1. Januar bis 31. Dezember 1971 insgesamt erst mit Ablauf des Jahres 1977, d. h. praktisch am 1. Januar 1978, frei; die vermögenswirksamen Leistungen im Jahre 1972 werden dann zum 1. Januar 1979 frei usw. Verfügungen während dieser Sperrfrist, die nicht lediglich dem Wechsel der Anlageform dienen, sind rechtsunwirksam.

Zu § 7 und § 8

Der Beteiligungslohn beträgt für vollbeschäftigte Arbeitnehmer mindestens 20 DM im Monat. Der Gesetzentwurf geht davon aus, daß die vermögenswirksame Leistung durch Tarifvertrag, Betriebsvereinbarung oder Einzelvertrag zwischen Arbeitgeber und Arbeitnehmern vereinbart wird (§ 8). Dabei können derartige Verträge auch eine höhere Leistung als 20 DM im Monat vorsehen. Wo Verträge fehlen, hat der Arbeitnehmer einen unmittelbaren gesetzlichen Anspruch auf den Beteiligungslohn (§ 7).

Für befristete Arbeitsverhältnisse von höchstens sechs Wochen Dauer sieht der Gesetzentwurf — ähnlich wie das Lohnfortzahlungsgesetz — eine Ausnahme vor.

Zu § 9

Auf vermögenswirksame Leistungen finden die allgemeinen Regeln des Arbeitsrechts Anwendung. Mit der Vorschrift ist auch klargestellt, daß für vermögenswirksame Leistungen Lohnsteuern und Sozialversicherungsbeiträge zu zahlen sind.

Um das Ziel des Gesetzentwurfs, eine breite Vermögensbildung nicht zu gefährden, kann der Anspruch auf die vermögenswirksame Leistung nicht abgetreten werden. Er ist damit auch nicht pfändbar. Derselbe Gedanke liegt § 9 Abs. 2 des Gesetzentwurfs zugrunde, der § 3 Abs. 3 des Zweiten Vermögensbildungsgesetzes nachgebildet ist.

Zu § 10

In Höhe von 30 vom Hundert der vermögenswirksamen Leistung (höchstens von 360 DM im Kalenderjahr) wird dem Arbeitnehmer eine Vermögensbildungszulage gewährt. Der Gesetzentwurf geht damit von dem Gedanken ab, die Vermögensbildung durch Steuer- und Abgabebefreiung der vermögenswirksamen Leistung zu fördern. Er nimmt mit dem Zulagesystem einen Vorschlag auf, den die vorige Bundesregierung in den „4 Modellen zur Vermögensbildung" entwickelt hat. Das Zulagesystem ist gerechter und vermeidet immer noch bestehende sozialversicherungsrechtliche Nachteile. Die Vermögensbildungszulage selbst ist steuer- und abgabenfrei. Sie kann nach Wahl des Arbeitnehmers wie der Beteiligungslohn angelegt werden.

Zu § 11

Absatz 1

Wie im Zweiten Vermögensbildungsgesetz erhalten Arbeitgeber mit bis zu 50 Arbeitnehmern eine zusätzliche Steuervergünstigung in Höhe von 30 vom Hundert der gesamten ihren Arbeitnehmern erbrachten vermögenswirksamen Leistungen (höchstens 30 vom Hundert von 360 DM je Arbeitnehmer und Kalenderjahr), jedoch nicht mehr als insgesamt 3000 DM im Jahr.

Absatz 2

Die Vorschrift schafft einen Anreiz zur Gewährung von vermögenswirksamen Leistungen, die über 20 DM im Monat hinausgehen; Arbeitgeber mit mehr als 50 Beschäftigten erhalten eine zusätzliche Steuervergünstigung in Höhe von 10 vom

Hundert des die gesetzliche Leistung bis zu höchstens 120 DM übersteigenden Betrages.

Zu § 12

Selbständige bis zu einem Jahreseinkommen von 36 000 DM werden in diesem Gesetzentwurf erstmals in die Förderung der Vermögensbildung einbezogen und erhalten dieselben Vergünstigungen wie Arbeitnehmer, wobei in diesem Fall auch die Anlage im eigenen Betrieb zulässig ist.

Zu § 13

Die Steuerfreiheit der auf den Zeitraum der Sperrfrist entfallenden Erträge aus vermögenswirksamen Leistungen ist insbesondere auch aus steuertechnischen Gründen vorgesehen, weil sonst bei mehr als 22 Millionen Konten zunächst Kapitalertragsteuer einbehalten und dann überwiegend — im Wege der Einkommensteuerveranlagung — wegen der Steuerfreigrenzen wieder erstattet werden müßte.

Zu § 14

Für vermögenswirksame Leistungen nach diesem Gesetz können zusätzlich auch die Vergünstigungen des Spar-Prämiengesetzes in Anspruch genommen werden. Das gleiche ist bisher schon nach dem Zweiten Vermögensbildungsgesetz der Fall. Bei einer Reform der Prämiengesetze wird zu prüfen sein, in welchem Umfang diese Doppelförderung beibehalten werden soll.

§ 14 Abs. 2 stellt klar, daß dieselbe Leistung nicht gleichzeitig nach diesem Gesetz und nach dem Zweiten Vermögensbildungsgesetz gefördert wird.

Zu § 15

Die Vorschrift enthält Ermächtigungen für Rechtsverordnungen.

Zu Artikel 2

Änderung des Zweiten Vermögensbildungsgesetzes

Das System der Vermögensbildungszulage wird — anstelle der bisherigen Befreiung von Steuern und Sozialabgaben — auch auf das Zweite Vermögensbildungsgesetz ausgedehnt, das im übrigen bestehen bleibt.

Zu Artikel 3
Änderung des Spar-Prämiengesetzes
und
Zu Artikel 4
Änderung des Wohnungsbau-Prämiengesetzes

Die Vorschriften werden wegen des Übergangs auf das System der Vermögensbildungszulage redaktionell angepaßt. Im übrigen wird klargestellt, daß — wie bei vermögenswirksamen Leistungen nach dem Zweiten Vermögensbildungsgesetz — auch die Spar-Prämien für die vermögenswirksamen Leistungen nach diesem Gesetz nicht auf die Prämienhöchstbeträge des Spar-Prämiengesetzes oder Wohnungsbau-Prämiengesetzes angerechnet werden und daß die Inanspruchnahme von Spar-Prämien für vermögenswirksame Leistungen nach diesem Gesetz die Inanspruchnahme von Wohnungsbauprämien für andere Sparleistungen nicht ausschließt. Im übrigen gilt auch hier das zu Artikel 1 § 14 Gesagte.

Zu Artikel 5
Maßnahmen zur Verbreiterung des Angebots an Beteiligungswerten

Wenn der Gesetzentwurf seinen Zweck erreichen soll, muß ein ausreichendes Angebot an Beteiligungswerten zur Verfügung stehen. Anderenfalls würden die durch dieses Gesetz aufzubringenden Gelder die Aktienkurse in die Höhe treiben und zu einem zusätzlichen Vermögenszuwachs der bisherigen Eigentümer führen. Der Gesetzentwurf sieht daher ein Bündel wirksamer Maßnahmen vor, die eine Verbreiterung des Angebots an Beteiligungswerten bewirken werden. Diese Maßnahmen sind ein wesentlicher Bestandteil des Gesetzentwurfs. Sie haben letztlich das Ziel, daß die Unternehmen in stärkerem Maße als bisher von der Fremdfinanzierung zur Finanzierung mit Eigenkapital übergehen.

Im einzelnen ist vorgesehen:

Zu § 1
Änderung des Körperschaftsteuergesetzes

Die Finanzierung mit Eigenkapital ist heute für die Unternehmen in der Regel „teurer" als die Fremdfinanzierung. Die

Vorschrift will daher die Finanzierung mit Eigenkapital „verbilligen".

Die Dividenden auf Neuemissionen von Aktien können wie Fremdkapitalzinsen steuerlich vom Gewinn abgezogen werden, sofern diese jungen Aktien von Investmentfonds im Sinne des Beteiligungslohngesetzes oder von natürlichen Personen gezeichnet werden, die sie nach dem Beteiligungslohngesetz anlegen.

Da diese zielgerichtete und begrenzte Aufhebung der „steuerlichen Diskriminierung" des Beteiligungssparens im Rahmen der Steuerreform ohnehin einer umfassenden Regelung bedarf, gilt diese Vorschrift nur bis zum Inkrafttreten der Steuerreform. Andererseits kann jedoch auf diese das Beteiligungslohn-Konzept stützende Maßnahme nicht bis zum Inkrafttreten der Steuerreform gewartet werden.

Zu § 2

Änderung des Kapitalverkehrsteuergesetzes

Unter den gleichen Bedingungen wie bei § 1 wird die Gesellschaftsteuer auf Grundkapitalerhöhungen auf den Satz von 1 vom Hundert gesenkt, um Neuemissionen von Aktien zu erleichtern. Dieser Satz entspricht auch den EWG-Empfehlungen.

Zu § 3

Änderung des Einkommensteuergesetzes

Durch eine Ergänzung des § 6 b des Einkommensteuergesetzes werden steuerliche Anreize für die breite Streuung bisher „eingefrorener" Beteiligungswerte und zur steuerneutralen Verwendung von Veräußerungsgewinnen in zukunftsorientierten Wachstumsinvestitionen vorgesehen.

Hinsichtlich der Veräußerung von Anteilen an Kapitalgesellschaften soll dies nur für bereits am 31. Dezember 1969 vorhandene Bestände gelten.

Die Erweiterung des Anlagekatalogs für die steuerneutralen Ersatzinvestitionen hat insbesondere für Banken und andere Kapitalsammelstellen Bedeutung. Darüber hinaus begünstigt diese Vorschrift erstmals in gezielter und umfassender Weise Zukunftsanlagen in bisher nicht hinreichend berücksichtigten

Bereichen der sozialen und Infrastruktur-Investitionen; sie zeigt damit einen ersten entscheidenden Weg für die Lösung von Aufgaben in einer modernen Fortentwicklung der Politik der sozialen Marktwirtschaft auf.

Zu Artikel 6

Änderung des Gesetzes über steuerrechtliche Maßnahmen bei Erhöhung des Nennkapitals aus Gesellschaftsmitteln und bei Überlassung von eigenen Aktien an Arbeitnehmer

Das genannte Gesetz sieht in seiner bisherigen Fassung (§ 8) vor, daß dann, wenn eine Aktiengesellschaft oder eine Kommanditgesellschaft auf Aktien ihren Arbeitnehmern eigene Aktien zum Vorzugskurs überläßt, der Kursvorteil unter bestimmten Einschränkungen nicht zu den Einkünften aus nichtselbständiger Arbeit gerechnet wird, mit der Folge, daß er lohnsteuerfrei und sozialversicherungsbeitragsfrei bleibt.

Die vorliegende Neufassung ändert nichts an den Bedingungen der Steuer- und Abgabenfreiheit. Sie bezweckt dagegen, den Kreis der begünstigungsfähigen Arbeitnehmer auszudehnen. Nach der bisherigen Regelung (unter Einbeziehung der Verwaltungspraxis der Länder) können in den Genuß der Steuerfreiheit und Sozialversicherungsabgabenfreiheit nur Arbeitnehmer derjenigen Aktiengesellschaften und Kommanditgesellschaften auf Aktien kommen, die eigene Aktien ausgeben, sowie die Arbeitnehmer von 100 %igen Tochtergesellschaften dieser Gesellschaften, die ebenfalls in der Form von Aktiengesellschaften oder Kommanditgesellschaften auf Aktien betrieben werden und im Organschaftsverhältnis zu der ausgebenden Gesellschaft stehen.

Die vorliegende Neufassung gibt die Möglichkeit, daß jeder Arbeitgeber nicht nur eigene Aktien sondern auch fremde Aktien an seine Arbeitnehmer ausgibt. Außerdem ist die Regelung nicht nur auf Aktien beschränkt, sondern auf alle Beteiligungswerte im Sinne des Beteiligungslohngesetzes.

Diese Regelung beseitigt nicht nur die Ungleichbehandlung von Arbeitnehmern innerhalb eines Konzerns mit einer zur Ausgabe von Belegschaftsaktien geeigneten Aktiengesellschaft als Konzernspitze, sondern gibt auch Firmen aller Rechtsformen die Möglichkeit, Aktien, Kuxe, Wandel- und Gewinnschuldverschreibungen dritter Gesellschaften sowie Investment- und Immobilienzertifikate ihren Arbeitnehmern zum Zwecke der Vermögensbildung zu Vorzugskursen anzubieten.

Durch den dem Beteiligungslohngesetz entsprechenden Katalog der begünstigten Wertpapiere wird eine enge Verzahnung beider Begünstigungsmöglichkeiten für den Arbeitnehmer — wie bisher schon nach dem Zweiten Vermögensbildungsgesetz — angestrebt und gewährleistet.

Zu Artikel 7

Änderung des Aktiengesetzes

Um Neuemissionen von Aktien zu erleichtern, wird die gesetzliche Mehrheit für Beschlüsse der Hauptversammlung über Erhöhungen des Grundkapitals und den Ausschluß des Bezugsrechts gesenkt. Während nach geltendem Recht für derartige Beschlüsse mindestens eine Mehrheit von $^3/_4$ des vertretenen Kapitals erforderlich ist, soll in Zukunft mehr als die Hälfte der Stimmen des vorhandenen Grundkapitals ausreichen. Da somit Kapitalerhöhungen und der Ausschluß des Bezugsrechts gegen den Willen der Mehrheit der Eigentümer nicht möglich sind, begegnet die Vorschrift keinen verfassungsrechtlichen Bedenken. Im übrigen soll die Möglichkeit bestehen bleiben, in der Satzung höhere Mehrheiten festzulegen. Damit führt diese Vorschrift für Aktiengesellschaften, die die Möglichkeiten dieses Gesetzes nicht nutzen wollen, zu keinen Beeinträchtigungen. Hingegen bedeutet diese Vorschrift für Aktiengesellschaften, die die Vorteile dieses Gesetzes in Anspruch nehmen wollen, erhebliche Erleichterungen.

Zu Artikel 8

Bericht und Anpassung

Über Vollzug und Auswirkungen des Gesetzes, mit dem Neuland betreten wird, hat die Bundesregierung den gesetzgebenden Körperschaften innerhalb von drei Jahren zu berichten. Die Berichtspflicht umfaßt insbesondere auch die Maßnahmen zur Erweiterung des Angebots an Beteiligungswerten nach Artikeln 5, 6 und 7 des Gesetzentwurfs.

Vorgesehen ist ferner eine Anpassung der in dem Gesetzentwurf genannten Beträge in 3jährigem Turnus. Auch darauf erstreckt sich die Berichtspflicht der Bundesregierung.

Zu Artikel 9

Der Artikel enthält die übliche Berlin-Klausel.

Zu Artikel 10

Der Artikel regelt das Inkrafttreten.

B. Beschluß der Bundesregierung* zur Vermögensbildung, Kabinettsbeschluß vom 11. Juni 1971**

Das Bundesministerium für Wirtschaft und Finanzen teilt mit: Die Bundesregierung beauftragt die zuständigen Ressorts, einen Gesetzentwurf zur Vermögensbildung auszuarbeiten.

Dieses Gesetz soll zum gleichen Zeitpunkt wie die Steuerreform (1. Januar 1974) in Kraft treten.

Es wird in Aussicht genommen, von einem Aufkommen von etwa 4 Mrd. DM im Jahr 1974 auszugehen.

Für die Vermögensbildung sollen folgende Grundsätze gelten:

1. Sie darf nicht zu Wettbewerbsverschiebungen am Kapitalmarkt führen.

2. Die erforderlichen Beteiligungsfonds müssen in das Banken- und Sparkassensystem eingegliedert und dezentralisiert sein.

3. Bei den auszugebenden Beteiligungspapieren muß es sich um Papiere mit marktgerechter Rendite handeln.

4. Alle Berechtigten unterhalb der festzulegenden Einkommensgrenzen sind berechtigt, bei Zahlung eines Eigenbeitrags Beteiligungspapiere zu erwerben; am Prinzip der Freiwilligkeit wird festgehalten.

5. Besonders erwünscht ist die Vermögensbildung in Form von Beteiligungswerten. Hier soll eine Vergünstigung durch einen Abschlag auf die Höhe der Abgabenverpflichtung eingeräumt werden.

* Die Ausführungen der jeweiligen Bundesregierungen zu diesem Thema in den Regierungserklärungen finden sich in dem Band „Regierungserklärungen 1949—1973" dieser Reihe. Vom nochmaligen Abdruck wurde aus Raumgründen abgesehen.

** Abdruck nach „Das Mitbestimmungsgespräch", 2./3. 1972, S. 58, 18. Jahrgang.

C. Stellungnahmen der Parteien

1. Christlich-Demokratische Union

a) „Wirtschaftspolitische Leitsätze der CDU" — Düsseldorfer Leitsätze vom 15. Juli 1949*

(Auszug)

10. Die „soziale Marktwirtschaft" bejaht und fördert das private Eigentum. Eine gerechte Verteilung der wirtschaftlichen Erträge und eine soziale Gesetzgebung müssen aus den vermögenslosen Schichten unseres Volkes in großem Umfange besitzende Eigentümer machen. Neben größtmöglichster Streuung des Eigentums bejahen wir im industriellen Raum Unternehmungsformen in Gemeineigentum dann, wenn sie wirtschaftlich zweckmäßig, betriebstechnisch möglich und politisch notwendig sind.

Persönliche Freiheit wird durch wirtschaftliche Unabhängigkeit gefördert. Wirtschaftliche Unabhängigkeit beruht auf dem privaten Eigentumsrecht. Das private Eigentumsrecht muß daher verfassungsrechtlich geschützt werden. Im Interesse der von uns angestrebten breiten Streuung des vorhandenen Volksvermögens wollen wir privatwirtschaftlichen Unternehmensformen besondere Aufmerksamkeit zuwenden.

Die „soziale Marktwirtschaft" verschafft möglichst vielen Tüchtigen Eigentum. Das Sozialisierungsproblem erhält zugleich durch sie eine nachgeordnete Bedeutung. Wirtschaftliche Machtpositionen einzelner waren es, welche die Forderung nach Sozialisierung entstehen ließen. Durch Leistungswettbewerb und Monopolkontrolle werden wirtschaftliche Machtpositionen zerstört oder unter die Kontrolle des Monopolamts gestellt. Dadurch wird der sozial schädliche Charakter, den zusammengeballtes Eigentum durch Machtmißbrauch annehmen kann, beseitigt.

* Abdruck nach Wirtschaftspolitische Leitsätze der CDU, Christlich-Demokratische Union Deutschlands, Bundesgeschäftsstelle, (Hrsg.).

11. Die Bildung von Sparkapital wollen wir nachdrücklich fördern.

Die Vernichtung oder der Verzicht auf Sparkapital wirkt sich nicht nur zu Lasten der direkt Betroffenen, sondern auch zu Lasten der Besitzlosen aus. Wenn die Kapitalbildung zurückgeht, geht die Wirtschaft zurück. Denn die deutsche Volkswirtschaft muß ihre ungeheuren Zerstörungen überwinden und wieder den Anschluß an den Leistungsstandard der übrigen Welt gewinnen. Die hierfür erforderlichen Investitionen können im wesentlichen nur mit Hilfe von Sparkapital durchgeführt werden. Je mehr das Volk in seiner Gesamtheit spart, desto schneller können die Investitionen durchgeführt werden. Sparen bedeutet für den Einzelnen Verzicht auf Konsumkaufkraft in der Absicht, die gesparte Kaufkraft später verwenden zu können.

Wir lehnen jedwede Form des Zwangssparens mit Entschiedenheit ab, da sie den Sparwillen im Keime erstickt. Das deutsche Volk hat mit dem Zwangssparen die schlechtesten Erfahrungen gemacht. Künstliche Sparkapitalbildung durch staatliche Preisbindungen und durch Steuererhöhungen lehnen wir mit der gleichen Entschiedenheit ab, denn auf diese Weise spart der Staat zu Lasten der Allgemeinheit und die Staatsbürger kommen nicht in den Genuß des Sparens. Nutznießer ist der Staat, dessen Macht dadurch eine gefährliche Ausweitung erfährt. Das steuerbegünstigte Sparen, in Sonderheit auch das Zwecksparen, wollen wir jedoch mit allen Mitteln unterstützen.

Eine organische und sozial gerechte Sparkapitalbildung auf breitester Grundlage wird am besten durch die „soziale Marktwirtschaft“, durch die steigende Produktivität im Rahmen eines echten Leistungswettbewerbes und durch die dadurch ausgelöste Verbesserung der Realeinkommen aller Schichten erreicht. Solange nicht äußerste Sparkamkeit in der öffentlichen Verwaltung erkennbar wird, kann kein Vertrauen zur Währung vertieft werden. Solange kein Vertrauen zur Währung besteht, kann keine Sparbereitschaft geweckt werden, weil nur dann gespart wird, wenn der Sparer weiß, daß das gesparte Geld die Kaufkraft behält.

12. Wir fordern eine umfassende Steuerreform insbesondere durch Abbau der geltenden Steuertarife in allen Stufen und durch Vereinfachung des gesamten Steuerwesens.

Die Reform muß vor allem den Sparwillen anregen und die Kapitalbildung ermöglichen.

Außerdem ist das selbständige Unternehmertum durch steuerliche Gleichstellung mit den Kapitalgesellschaften zu fördern.

Im Zusammenhang mit der Steuerreform ist eine Reorganisation der gesamten öffentlichen Verwaltung, wie sie durch den Abbau der Planwirtschaft schon begonnen hat, fortzusetzen.

b) „Offenburger Erklärung“ der Christlich Demokratischen Arbeitnehmerschaft, beschlossen auf der Bundestagung 9. Juli 1967 in Offenburg*

(Auszug)

. . . .

Die Eigentumspolitik hat den vermögenslosen und -schwachen Schichten Zugang zur privaten Vermögensbildung zu verschaffen.

Personenbezogenes Eigentum am wirtschaftlichen Vermögen

— verbreitert die Möglichkeiten, das Leben nach eigenen Wünschen und Zielen zu gestalten,
— erleichtert die Anpassungsfähigkeit an wirtschaftliche und gesellschaftliche Veränderungen,
— ermöglicht es, besondere Bildungschancen wahrzunehmen und verbessert die Startbedingungen,
— macht wirtschaftlich unabhängiger
— und gewährt eine zusätzliche Sicherung in Notfällen und im Alter.

Das Wachstum der Wirtschaft bedarf einer hohen Investitionsquote, die nur durch eine ausreichende Kapitalbildung gesichert werden kann.

Die Eigentumspolitik hat breiten Schichten zu ermöglichen, sich an dieser Kapitalbildung zu beteiligen. Deshalb kann es nicht genügen, Eigentum an langlebigen Konsumgütern und an Haus- und Grundeigentum zu bilden, vielmehr müssen sich in

* Abdruck nach „Soziale Ordnung“, Sonderdruck 1967.

zunehmendem Maße die breiten Schichten der Bevölkerung direkt und indirekt an privatem und öffentlichem Vermögen beteiligen.

Wir wollen, daß die Eigentumspolitik mit neuer Kraft fortgeführt wird.

. . . .

Entgegen traditionellen Auffassungen haben sich die öffentlichen Hände zur Deckung des Gemeinschaftsbedarfs stärker als bisher am Kapitalmarkt zu verschulden. Die Verschuldung der öffentlichen Haushalte ist nicht ein notwendiges Übel. Sie ist nicht nach den Grundsätzen privater Haushaltsführung zu beurteilen. Mit Hilfe der öffentlichen Verschuldung werden die Einrichtungen ermöglicht, die zum kommenden Wohlstand gehören und die Voraussetzung eines stetigen Wachstums sind. Die Verschuldung sollte in Anleiheformen vorgenommen werden, die für breite Schichten so attraktiv gestaltet sind, daß sie in ihrer Werbekraft hinter privaten Wertpapieren mindestens nicht zurückstehen.

Die zukünftigen Gemeinschaftsaufgaben erfordern einen zunehmenden Kapitalbedarf, der bei steigender Lohnquote auf lange Sicht nur noch unter Heranziehung der Masseneinkommen gedeckt werden kann.

Die Sparkraft breiter Schichten muß durch eine massive und gezielte Sparförderung angereizt und mobilisiert werden. Zu den jetzt bestehenden Maßnahmen müssen neue Instrumente für die langfristige Finanzierung öffentlicher Investitionen treten, etwa in Form eines Wachstumspapiers (z. B. Ausgabekurs 50 DM, Rücknahmekurs 100 DM).

Sparförderung und Altersvorsorge müssen besser als bisher voneinander unterschieden und getrennt werden. Die im vergangenen Jahr beschlossene Neuregelung der gesetzlichen Sparförderung umfaßte nur Teilbereiche.

Die zu erwartende Gesamtneuregelung der Sparförderung muß als Ziel eine wirksamere und gerechtere Förderung der Vermögensbildung, insbesondere zugunsten der einkommensschwächeren Schichten unseres Volkes beibehalten. Dabei sind die Prämien nach Familienstand zu staffeln. Von den Möglichkeiten der Vermögensbildung müssen vor allen Dingen die

Tarifpartner Gebrauch machen. Nur durch weiträumige Entscheidungen der Gruppenvertretungen kann eine breite Vermögensbildung zügig und dynamisch vorangetrieben werden. Die Lohnpolitik sollte mehr als bisher als ein wirksames Instrument der Vermögenspolitik gesehen werden.

Wird aus wirtschaftspolitischen Gründen die unternehmerische Vermögensbildung, z. B. durch Sonderabschreibungen und Investitionsprämien begünstigt, so muß sichergestellt werden, daß die Arbeitnehmer mittelfristig an dieser Vermögensbildung Anteil erhalten.

Vermögens-, Erbschafts- und Schenkungssteuer sind so zu reformieren, daß sie in das Programm einer breiten Eigentumsstreuung passen.

. . . .

c) „33 Oldenburger Thesen" der Christlich-Demokratischen Arbeitnehmerschaft, beschlossen auf der Bundestagung 6. Juli 1969 in Oldenburg*

(Auszug)

Beteiligungslohn

Um eine größere Verteilungsgerechtigkeit zu erzielen, sind die breiten Schichten der Arbeitnehmer über die bisherigen eigentumspolitischen Maßnahmen hinaus stärker an dem sich künftig bildenden Produktivvermögen zu beteiligen.

Deshalb ist ein Beteiligungslohn durch Gesetz einzuführen.

Die gesetzliche Verpflichtung kann durch eine tarifvertragliche oder eine Betriebsvereinbarung ersetzt werden, wenn die vereinbarte Leistung die gesetzliche Verpflichtung übersteigt.

Das Gesetz über den gesetzlichen Beteiligungslohn ist noch in diesem Jahr zu verabschieden. Der Beteiligungslohn soll nicht als konjunkturpolitisches Instrument benutzt werden.

Die Verteilungsgerechtigkeit erfordert, daß bei jeder Vermögensbildung in Arbeitnehmerhand die Familie gemäß ihrer Bedeutung für die Gesellschaft und in Berücksichtigung ihrer ungleich stärkeren Belastung zusätzliche Forderungen erhält. *(Anlage II:* „Beteiligungslohn einführen" aus *Soziale Ordnung 6/7, 1969).*

* Abdruck nach „Soziale Ordnung", Sonderdruck 1969.

d) Beschlüsse des Deutschlandtages 1971 der Jungen Union Deutschlands zur Vermögensbildung, beschlossen auf dem Deutschlandtag, Oktober 1971 in Bremen*

Vermögensbildung

Die Junge Union fordert eine Vermögenspolitik, die sich ganz auf die Bedürfnisse und Zukunftsaufgaben unserer Gesellschaft konzentriert.

Dabei geht es vornehmlich um eine ausgeglichenere und gerechtere Aufteilung des zukünftig entstehenden Eigentums. Die bestehenden Unzulänglichkeiten unserer freiheitlichen Wirtschaftsordnung haben dazu geführt, daß ein großer Teil der Bevölkerung von der Kapitalbildung ausgeschlossen blieb, weil er sich nur auf das Konsumieren beschränkt. Es kann deshalb nicht genügen, Eigentum an langlebigen Konsumgütern, Geldvermögen und Haus- und Grundeigentum zu bilden, vielmehr müssen breite, besonders einkommensschwache Bevölkerungsschichten die Möglichkeit erhalten, sich am privaten und öffentlichen Eigentum zu beteiligen.

Wir brauchen deshalb eine Vermögenspolitik, die folgende Ziele anstrebt:

a) Gerechtere Verteilung des Zuwachses am Vermögen und gleiche Förderung der Vermögensbildung einkommensschwacher Volksschichten. Maßstab dafür sollen die individuellen Einkommensverhältnisse sein.

b) Besondere Berücksichtigung der Bildung von Produktivvermögen, das wachstums- und gewinnbeteiligt ist, denn durch den zunehmenden schnelleren technologischen Fortschritt werden uns jährlich größere Zuwachsraten möglich.

c) Wahrung der sozialen marktwirtschaftlichen Ordnung.

d) Entscheidungsfreiheit des einzelnen über die Art des Eigentumerwerbs, denn eine Voraussetzung für Freiheit und Unabhängigkeit ist die Verfügungsgewalt über individuelles Eigentum.

Für die Verwirklichung dieser Ziele gibt es z. Z. noch keinen ausreichenden Plan. Die Junge Union fordert daher eine Kombination von Maßnahmen zur breiteren Streuung von Vermö-

* Eigendruck, Junge Union Bundesgeschäftsstelle, Bonn.

gen, wobei insbesondere eine Kombination von Vermögens- und Fiskalpolitik erforderlich ist.

Die Junge Union spricht sich für eine breite Vermögensbildung auf der Basis eines modifizierten Burgbacher-Planes aus, da diese Form der Vermögensbildung gegenüber allen anderen Alternativen in ihren Wirkungen am konkretesten überschaubar ist und eine schnelle und wirksame Förderung der Vermögensbildung ermöglicht.

Dabei soll der Betrag der vermögenswirksamen Leistungen nach § 7, Ziff. 1 des Entwurfs des Gesetzes über die Beteiligung der Arbeitnehmer am Produktivvermögen auf 26,— erhöht werden. Die Höhe dieser vermögenswirksamen Leistung ist im Sinne der Zielsetzung der Vermögenspolitik alle 2 Jahre zu überprüfen und ggf. neu zu bestimmen.

Die Junge Union fordert weiter, daß neben Personen, die in der beruflichen Ausbildung stehen, auch Studenten mit erfaßt werden.

1. Vermögensbildung in Arbeitnehmerhand (Kapitalgesellschaften)

1.1 Bei jeder Neuemission von Aktien sind 50 % der neuausgegebenen Aktien den Belegschaftsangehörigen zum Kauf anzubieten. Durch eine Änderung des Gesellschaftsrechts soll angestrebt werden, daß bei den übrigen Kapitalgesellschaften entsprechend verfahren werden kann.

1.2 Durch eine Änderung des Aktienrechts ist der Minderheitenschutz für Kleinaktionäre auszubauen, der ihnen eine entsprechende Vertretung im Aufsichtsrat sichert (Verhältniswahlprinzip).

1.3 Den Belegschaftsmitgliedern sind die neuausgegebenen Aktien zu einem Vorzugspreis, mindestens aber zu den gleichen Bedingungen anzubieten wie den Altaktionären.

1.4 Wichtig für die Vermögensbildung durch Eigentum am Produktivkapital ist, daß die für Kleinaktionäre sehr ungünstige Doppelbesteuerung fortfällt.

1.5 Um die Benachteiligung für Sparer am Produktivkapital zu beseitigen, fordern wir eine Harmonisierung des Anlagekataloges des Sparprämiengesetzes und des Vermögensbildungsgesetzes gemäß dem Anlagekatalog des Beteiligungslohngesetzes.

2. Erweiterung des Angebots an Beteiligungswerten

Zur Erweiterung des Angebots an Beteiligungswerten muß der Staat durch Privatisierung staatlichen Besitzes an Wirtschaftsunternehmen und durch breite Streuung von Vermögen, das durch Ausbau der Infrastruktur gebildet wird, beitragen. Hierbei müssen neue Instrumente für die langfristige Finanzierung öffentlicher Investition treten, etwa in der Form eines Wachstumspapiers.

3. Vermögensbildung durch Eigentum an Wohnungen

Die Streuung des Vermögens muß gleichzeitig durch Beteiligung breiterer Schichten am Wohnungseigentum gefördert werden. Dazu bietet sich in erster Linie der staatlich geförderte Wohnungsbau an, soweit er Wohnungsbaugesellschaften gehört. Da sich die Restschuld der öffentlich geförderten Darlehensgewährung auf ca. 50 Mrd. DM beläuft und diese Mittel Bestandteile des öffentlichen Vermögens sind, handelt es sich im Grunde um eine Umschichtung der eingesetzten öffentlichen Mittel.

Dadurch würde auch den gemeinnützigen Wohnungsbaugesellschaften, die sich in der Vergangenheit große Verdienste erworben haben, eine neue dem Grundsatz der Gemeinnützigkeit entsprechende Aufgabe zuwachsen.

Das Ziel muß sein: In der Regel sollten die Bewohner von Sozialwohnungen nicht Mieter, sondern Eigentümer sein.

1. Mit der Vergabe öffentlicher Mittel für Neubauten des sozialen Wohnungsbaus wird den Wohnungsbaugesellschaften die Auflage gemacht, die Wohnungen nach Fertigstellung dem Kreis der Bezugsberechtigten zum Kauf anzubieten.

2. Berechtigt zum Kauf einer Sozialwohnung, die sich im Eigentum einer Wohnungsgesellschaft befindet, ist derjenige, der nach den gültigen, gesetzlichen Regelungen zum Bezug einer Sozialwohnung berechtigt ist.

3. Die Berechtigten erwerben grundsätzlich zum Verkehrswert. Den Differenzbetrag zum Restwert führt das Wohnungsunternehmen an einen zentralen Fonds ab, der unter Kontrolle des Bundesrechnungshofes steht. Die so hereinkommenden Mit-

tel werden dazu benutzt, die Haushalte mit niedrigem Einkommen in Form langfristig tilgbarer Darlehen beim Kauf einer Wohnung zu unterstützen. Solange ein Haushalt nur über ein niedriges Einkommen verfügt, entfällt die Zinszahlung völlig. Erhöht sich das Einkommen, so nimmt auch der Zinssatz zu, und zwar schließlich bis zur Höhe des Marktzinses, wenn das Einkommen des Haushaltes die Einkommensgrenze der Subventionsberechtigung überschreitet.

4. Eine eventuelle Änderung der Wohngeldregelung und des Bausparprämiengesetzes muß in diesem Zusammenhang geprüft werden.

Die geforderten Maßnahmen können nur in einer freien, gesicherten und auf dem Prinzip des Privateigentums basierenden Wirtschaftsordnung wirksam werden. Die JU fordert daher die Bundesregierung, die demokratischen Parteien sowie alle verantwortlichen Kräfte auf, einer an Stabilität orientierten Wirtschafts-, Fiskal- und Sozialpolitik Vorrang zu geben.

e) Berliner Programm (2. Fassung 1971) — Verabschiedet auf dem 18. Bundesparteitag vom 25. bis 27. Januar 1971 in Düsseldorf*

(Auszug)

Vermögensbildung

73. Wir bejahen das private Eigentum als grundlegenden Bestandteil der Sozialen Marktwirtschaft und als wesentliches Unterscheidungsmerkmal gegenüber anderen Wirtschafts- und Gesellschaftsordnungen. Das Privateigentum muß allen Bürgern dienen. Unsere Politik der Vermögensbildung will deshalb jedem gleiche Zugangschancen zum privaten Eigentum eröffnen.

Wir wollen die Bildung von personenbezogenem und privatem Vermögen fördern, das den Freiheitsspielraum des einzelnen erweitert und die Anpassung an wirtschaftliche und gesellschaftliche Veränderungen erleichtert. Um die Vermögens-

* Abdruck nach Berliner Programm, Christlich Demokratische Union Deutschlands, Bundesgeschäftsstelle (Hrsg.).

verteilung zu verbessern, ist besonders die Vermögensbildung eigentumsschwacher Schichten staatlich zu fördern. Vor allem ist die Beteiligung am Vermögen und damit am Wachstum und Ertrag der Wirtschaft anzustreben. Maßstab für staatliche Förderungsmaßnahmen sollen die individuellen Einkommens- und Vermögensverhältnisse und nicht die Abgrenzung zwischen Arbeitnehmern und Selbständigen sein.

Grundlage für eine breite Beteiligung am Produktivvermögen ist der von uns vorgeschlagene gesetzliche Beteiligungslohn; weiter gehört dazu die Beseitigung der Doppelbelastung von Gewinnen juristischer Personen durch Einführung der Teilhabersteuer.

Wo betriebliche Ertragsbeteiligung möglich ist, sollte sie gefördert werden.

74. Bund, Länder und Gemeinden sollen mit ihrem Erwerbsvermögen und bei ihrer Kapitalaufnahme zur privaten Vermögensbildung beitragen. Die Privatisierung geeigneten öffentlichen Erwerbsvermögens ist vorzusehen. Bei der Finanzierung neuer Industrien mit öffentlichen Mitteln wie bei der Kapitalaufnahme öffentlicher Unternehmen ist eine spätere Privatisierung und der Erwerb von Anteilen durch breite Schichten der Bevölkerung zu ermöglichen.

Die Finanzierung der Sozialinfrastruktur bedarf zusätzlicher Geldquellen; dieser Bereich soll in die private Vermögensbildung einbezogen werden. Deshalb sollen Anleihen und Beteiligungspapiere ausgegeben werden, die mit dem Ziel der Förderung der langfristigen Spar- und Kapitalbildung breiten Bevölkerungsschichten angeboten werden.

75. Wir treten für ein einheitliches Spar- und Bausparförderungsgesetz mit einem einheitlichen Förderungshöchstbetrag ein; die Prämiensätze sind nach Familienstand und Kinderzahl zu staffeln. Die Auswirkungen der Steuerbegünstigung des Bausparens sind auf diesen Höchstbetrag der Bausparprämie zu begrenzen. Damit künftig die Förderungsmaßnahmen gezielt angesetzt werden können, muß die Vermögens- und Einkommensstatistik durch Gesetz entsprechend ausgebaut werden.

2. Sozialdemokratische Partei Deutschlands

a) Grundsatzprogramm der SPD, beschlossen vom Außerordentlichen Parteitag in Bad Godesberg vom 13. bis 15. November 1959*

(Auszug)

Einkommens- und Vermögensverteilung

Die Marktwirtschaft gewährleistet von sich aus keine gerechte Einkommens- und Vermögensverteilung. Dazu bedarf es einer zielbewußten Einkommens- und Vermögenspolitik.

Einkommen und Vermögen sind ungerecht verteilt. Das ist nicht nur die Folge massenhafter Vermögensvernichtung durch Krise, Krieg und Inflation, sondern im wesentlichen die Schuld einer Wirtschafts- und Steuerpolitik, die die Einkommens- und Vermögensbildung in wenigen Händen begünstigt und die bisher Vermögenslosen benachteiligt.

Die Sozialdemokratische Partei will Lebensbedingungen schaffen, unter denen alle Menschen in freier Entschließung aus steigendem Einkommen eigenes Vermögen bilden können. Das setzt eine stetige Erhöhung des Sozialprodukts bei gerechter Verteilung voraus.

Die Lohn- und Gehaltspolitik ist ein geeignetes und notwendiges Mittel, um Einkommen und Vermögen gerechter zu verteilen.

Geeignete Maßnahmen sollen dafür sorgen, daß ein angemessener Anteil des ständigen Zuwachses am Betriebsvermögen der Großwirtschaft als Eigentum breit gestreut oder gemeinschaftlichen Zwecken dienstbar gemacht wird. Es ist ein Zeichen unserer Zeit, daß sich das private Wohlleben privilegierter Schichten schrankenlos entfaltet, während wichtige Gemeinschaftsaufgaben, vor allem Wissenschaft, Forschung und Erziehung, in einer Weise vernachlässigt werden, die einer Kulturnation unwürdig ist.

* Abdruck nach Grundsatzprogramm der SPD, Vorstand der SPD, Bonn 11/59 (Hrsg.).

b) Jungsozialisten — Vermögenspolitik. Bremer Bundeskongreß 11. bis 13. Dezember 1970*

(Auszug)

Vermögenspolitik

Vermögenspolitik, Steuerpolitik und Mitbestimmungspolitik sind untrennbar. Die Steuerreform hat die Funktion, die verzerrten Proportionen zwischen Privat- und öffentlichem Sektor wieder herzustellen, das heißt das Wachstum der privaten Investitionen und des privaten Konsums zu drosseln zugunsten der drängenden Staatsaufgaben. Die Mitbestimmungspolitik hat die Funktion, die Verfügungsmacht der Unternehmer, Manager und Kapitalisten zu demokratisieren. Die Vermögenspolitik ist ebenfalls ein Demokratisierungsansatz. Sie hat die Funktion, von dem im privaten Bereich nach der Durchführung der Steuerreform noch verbleibenden Kapital einen Teil der Kapitalansprüche den heutigen Eigentümern zu nehmen und auf Fonds zu übertragen. Damit bewirkt sie neben der Mitbestimmungspolitik eine tendenzielle Demokratisierung des Kapitals.

Die Fülle der auf dem Subsidiaritätsprinzip basierenden individuellen Vermögenspläne der Vergangenheit haben im wesentlichen das Ziel verfolgt: die „erzieherische Kraft des Eigentums“ auf die arbeitende Bevölkerung wirken zu lassen, um ein Volk von Kleinkapitalisten zu züchten, das eine wirksame Sicherung des Großkapitals darstellen würde. Mit der Fetischisierung des Privateigentums sollen Demokratisierungsstrategien unterminiert werden.

Im Zusammenhang mit Sparförderungsplänen, Volksaktien, betrieblichen Beteiligungsmodellen und Investivlohnplänen ist es darüber hinaus gelungen, in der Bevölkerung die Illusion zu wecken, als könne die Vermögenspolitik durch Umverteilung von Vermögen zu einer Verbesserung des Lebensstandards und der sozialen Sicherheit der Arbeitnehmer beitragen. Konsumieren jedoch kann die Bevölkerung im Prinzip pro Jahr immer nur das, was an Konsumgütern produziert wird. Le-

* Abdruck nach JS-magazin, Zeitschrift der Jungsozialisten in der SPD, Sondernummer Kongreßbeschlüsse, Januar 1971.

bensstandard und soziale Sicherheit können nicht durch Vermögensbildung, sondern nur durch konsequente Vollbeschäftigungs-, Wachstums- und Einkommenspolitik gewährleistet werden, da nur dann wachsende Realeinkommen garantiert werden können. Es ist alleinige Aufgabe gewerkschaftlicher Lohnpolitik, die Kaufkraft bereitzustellen, die zum Erwerb des realen Konsumgüterpotentials ausreicht. Ist zu wenig Kaufkraft zur Absorption des Konsumgüterangebots (zum Beispiel in einer Rezession) vorhanden, müssen die Gewerkschaften eine aggressive Lohnpolitik betreiben. Vermögenspolitik darf nicht zur Substition der Einkommenspolitik und damit zum Angriff auf die Tarifautonomie führen.

Die Vermögenspolitik kann den Lebensstandard der Arbeiter und Angestellten nicht verbessern, daher sind individuelle Vermögenspläne völlig überflüssig.

Eine Änderung der skandalösen Vermögensverteilung kann nur durch überbetriebliche Gewinnbeteiligung erreicht werden. Wegen der Sinnlosigkeit von Individualplänen braucht der Fonds keine individuellen Besitztitel an die Arbeitnehmer abzugeben, die Umverteilung muß also über einen Kollektivfonds organisiert werden. Dazu sind folgende Maßnahmen notwendig:

1. Es wird ein Zentralfonds errichtet, der in Regionalfonds untergliedert wird.

2. Die im Fonds eingehenden Arbeitnehmer-Vermögen werden prinzipiell von Vertretern der Arbeitnehmerschaft verwaltet. Es werden keine Besitztitel ausgegeben. Entsprechend dem steigenden Fondsvermögen entsendet der Fonds Arbeitnehmervertreter in die Aufsichtsräte der Unternehmungen oder nimmt als Kreditgeber Einfluß.

3. Alle nicht im Besitz der öffentlichen Hand stehenden Kapitalgesellschaften von einer bestimmten Größe an (Beschäftigte, Bilanzsumme, Umsatz) werden gesetzlich verpflichtet, einen Prozentsatz der in den Steuerbilanzen ausgewiesenen jährlichen Bruttogewinne an den Fonds abzuführen. Der Prozentsatz ist so anzusetzen, daß über 50 Prozent der jährlichen volkswirtschaftlichen Vermögenszuwächse an den Fonds umverteilt werden.

Nur dann kann das Arbeitnehmervermögen schneller wachsen als das Unternehmervermögen, so daß der Bestandsvorsprung der Unternehmer aufgeholt werden kann.

4. Die Unternehmer können ihre Vermögensabgabe in Form von Eigenkapital-, Fremdkapitaltiteln oder in bar an den Fonds abführen. Das gewährleistet, daß keiner Unternehmung unentbehrliche Investitionsmittel oder Liquidität entzogen werden und daß bei Ausgabe von Beteiligung- und Schuldtiteln die partielle Kontrolle der Betriebe durch den Fonds erreicht wird. Soweit dem Fonds Barmittel überwiesen werden, stellt er sie dem Kapitalmarkt zur Verfügung, wo sie vom Staat als Kredite aufgenommen werden können. Diese Art der Umverteilung gefährdet damit weder Wachstum noch Vollbeschäftigung.

c) Wahlprogramm der SPD 1972. Beschlossen vom Außerordentlichen Parteitag, 13. Oktober 1972 in Dortmund*

(Auszug)

Sparförderung und Beteiligung der Arbeitnehmer am Produktivvermögen

Das 624-DM-Gesetz vom Jahre 1970 hat in den letzten zwei Jahren zu einem großen Erfolg geführt. Die Zahl der durch das Gesetz begünstigten Arbeitnehmer hat sich bis Ende 1971 gegenüber 1968 fast vervierfacht. Vier von fünf Arbeitnehmern machen vom Dritten Vermögensbildungsgesetz Gebrauch. Die Zahl der Arbeitnehmer, die jetzt auf Grund eines Tarifvertrages vermögenswirksame Leistungen erhalten, erhöhte sich einschließlich der Beamten innerhalb von zwei Jahren von einer auf zehn Millionen. Bereits 8 Milliarden DM wurden im Jahr 1971 nach diesem Gesetz angelegt, 1969 waren es nur 1,6 Mrd. DM. Entscheidend für diesen Durchbruch waren die Verbesserungen des Gesetzes. Sie bestehen insbesondere in der Umstellung von der Steuer- und Sozialabgabenbefreiung auf

* Abdruck nach Broschüre der SPD, Vorstand der SPD Bonn (Hrsg.).

das Zulagesystem. Denn die alte Regelung brachte höher Verdienenden einen größeren Vorteil und minderte für alle die spätere Rente. Dazu kommt die Verdoppelung des begünstigten Betrages von 312 DM auf 624 DM. Das Vermögensbildungsgesetz wird in den kommenden Jahren zu einem Geldvermögenszuwachs bei Arbeitnehmern von weit mehr als 10 Mrd. DM jährlich führen.

Das Eigentum an Produktionsmitteln ist aber noch immer im Besitz einer kleinen Schicht.

Das Produktivvermögen muß breiter gestreut werden. Dabei wird bestehendes nicht angetastet. Aber der Vermögenszuwachs soll nicht mehr nur denen zugute kommen, die heute schon Produktivvermögen besitzen.

Wir wollen deshalb dafür sorgen, daß die Arbeitnehmer künftig unmittelbar am Vermögenszuwachs der Wirtschaft beteiligt werden. Zu diesem Zweck wollen wir für Großunternehmen eine Vermögensübertragung in einer Größenordnung von 5 Milliarden DM jährlich zugunsten der Arbeitnehmer einführen. Verwaltung und Verteilung des Beteiligungsvermögens soll dezentralen Fonds übertragen werden, die sich selbst verwalten. Investitionsfähigkeit, steuerliche Leistungsfähigkeit und Wettbewerbsfähigkeit der Unternehmen sowie freie Unternehmensinitiative und -entscheidungen bleiben gewahrt.

d) Leitsätze der SPD zur Beteiligung der Arbeitnehmer am wachsenden Produktionsvermögen 1972*

vorgelegt von der Kommission „Vermögensbildung" beim Parteivorstand der SPD

1. Aufbringung

Berechnungsgrundlage ist der Vermögenszuwachs der Unternehmen, wie er sich aus der Jahresbilanz, vor Gewinnausschüttung, ergibt.

a) Unternehmen mit einem Vermögenszuwachs von mehr als 400 000 DM werden verpflichtet, einen bestimmten Prozent-

* Abdruck nach Schrift der SPD, Vorstand der SPD, Bonn (Hrsg.).

satz dieses Zuwachses zur Bildung von Eigenkapital zu verwenden und diese Anteile der Clearingstelle gratis zu übertragen.

b) Von Kapitalerhöhungen aus Gesellschaftsmitteln ist ein bestimmter Prozentsatz an die Clearingstelle gratis abzuführen. Das Bezugsrecht der Alteigentümer wird entsprechend reduziert.

c) Bei weiteren Kapitalerhöhungen ist der Clearingstelle ein bestimmter Prozentsatz zum Emissionskurs anzubieten; in diesem Umfang ist das Bezugsrecht der Alteigentümer ausgeschlossen.

Vorstehende Aufbringungsregelung orientiert sich am Modell der Aktiengesellschaft. Bei den anderen Unternehmensformen sind, der jeweiligen Rechtsform angemessen, vergleichbare Regelungen zu treffen.

2. Sammel- und Verteilungsverfahren

Die abzuführenden Beteiligungswerte sind zentral bei einer Clearingstelle (ggf. Lastenausgleichsbank) anzusammeln und von dort aus anteilmäßig an die Fonds (siehe Ziff. 3) zu verteilen.

3. Verwaltung und Verteilung des Beteiligungsvermögens

a) Es werden dezentrale Fonds gebildet, die sich selbst verwalten und sich in Technik und Vertrieb der Sparkassen- und Bankenorganisation bedienen. Zur Kontrolle der Fonds durch die Vielzahl der Inhaber von Vermögensanteilen, wird bei jeder Gesellschaft — je nach Umfang des Fondsvermögens ein drei- bis neunköpfiger Verwaltungsrat eingerichtet, der von den Zertifikatsinhabern gewählt wird. Dieser überwacht die laufende Geschäftsführung, bestellt den Vorstand und ähnliches mehr.

b) Die Fonds verwalten fremdes Vermögen und unterliegen daher — analog den Kapitalanlagegesellschaften — der Kontrolle durch das Bundesaufsichtsamt für das Kreditwesen.

c) Die Fonds sollen einen bestimmten Prozentsatz ihrer liquiden Mittel in Anleihen der öffentlichen Hand anlegen, um so einen Beitrag zum Ausbau der Infrastruktur zu leisten.

4. Beteiligungsvermögen

Grundsätzlich sind eigene Beteiligungswerte abzugeben, die der Rechtsform des abführenden Unternehmens entsprechen.

Es ist gesetzlich sicherzustellen, daß die bestehenden Rechts- und Steuerverhältnisse durch die Abgabe von Beteiligungswerten nicht beeinträchtigt werden.

Ausgenommen von der Abgabepflicht sind kommunale Eigenbetriebe, öffentlich-rechtliche und gemeinnützige Unternehmen. Der Gesetzgeber kann weitere Ausnahmen zulassen. Der Gesetzgeber kann vorsehen, daß Einzelkaufleute und Personengesellschaften ihre Verpflichtung zur Abgabe von Gesellschaftsanteilen durch die Barabgeltung, mindestens in Höhe des realen Wertes der Beteiligung, ablösen können.

5. Berechtigte

Bezugsberechtigt sind Arbeitnehmer mit einem Einkommen bis zu DM 24 000 (Verheiratete bis DM 48 000) jährlich. Ein Grundzertifikat pro Jahr erhalten die Berechtigten uentgeltlich. Weitere Zusatzzertifikate können zu günstigen Kaufbedingungen angeboten werden.

6. Verfügungsrechte

Um eine Ansammlung von Produktivvermögen in der Hand der Berechtigten in einem ausreichenden Umfang sicherzustellen, wird eine Sperrfrist festgelegt, die derjenigen der Sparförderungsprogramme entspricht (= 7 Jahre).

3. Freie Demokratische Partei

a) Freiburger Thesen der F.D.P. zur Gesellschaftspolitik, beschlossen vom Bundesparteitag 25. bis 27. Oktober 1971*

(Auszug)

Überbetriebliche Vermögensbeteiligung

VORBEMERKUNG

Heute konzentriert sich der Zuwachs an Produktivkapital aus Gewinnen in den Händen weniger Kapitalbesitzer. Das ist gesellschaftspolitisch gefährlich, sozial ungerecht und mit den

* Abdruck nach Broschüre „Freiburger Thesen der FDP zur Gesellschaftspolitik“, Bundesvorstand der F.D.P. (Hrsg.).

liberalen Forderungen nach Gleichheit der Lebenschancen und nach optimalen Bedingungen für die persönliche Selbstentfaltung nicht vereinbar. Liberale Vermögensbildungspolitik zielt deshalb auf eine gleichmäßigere Vermögensverteilung und zwar nicht durch einen einmaligen Akt der Korrektur bestehender Verhätnisse, sondern vielmehr durch die ständige Beteiligung breiter Schichten insbesondere am Zuwachs des Produktivvermögens.

Die allgemeine Sparförderung hebt ebenso wie eine nur innerbetriebliche Gewinnbeteiligung die bestehende Ungleichheit der Beteiligung am Zuwachs des Produktivvermögens nicht auf. Wir brauchen deshalb Beteiligungsformen, die den Vermögenszuwachs unmittelbar und für alle erfassen. Das ist nur über ein überbetriebliches Beteiligungssystem möglich, das den laufenden Zuwachs am Produktivkapital sozial gerechter verteilt.

These 1: Private und öffentliche Unternehmen werden von einer bestimmten Wertschöpfung an verpflichtet, Beteiligungsrechte an ihrem Vermögenszuwachs einzuräumen. Bei Konzernen gilt die Wertschöpfung aller horizontal und vertikal verbundenen Unternehmen.

Erläuterung:

Die Grenze der Wertschöpfung (steuerbarer Umsatz abzüglich Umsatz mit Vorsteuerabzug) sollte so angesetzt werden, daß nur größere Unternehmen (z. B. ca. 1% der Unternehmen bzw. ca. 10% der gewerblichen Unternehmen) erfaßt werden. Die weit überwiegende Mehrheit der Unternehmen soll der Abgabepflicht nicht unterliegen; ihr Spielraum für eine freiwillige innerbetriebliche Beteiligungsform soll voll erhalten bleiben.

Außerdem wäre die Einbeziehung der mittleren und kleineren Unternehmen mit einer unverhältnismäßigen Steigerung des erforderlichen Verwaltungsaufwandes verbunden, ohne daß der insgesamt aufgebrachte Betrag wesentlich gesteigert würde.

Einzelunternehmen von Konzernen, deren Wertschöpfung insgesamt über der festzusetzenden Grenze liegt, sind auch dann abgabepflichtig, wenn ihre anteilige Wertschöpfung die festzusetzende Grenze nicht erreicht.

These 2: Als Bemessungsgrundlage für die Beteiligung dienen die Höhe des Gewinns nach Steuerabzug und die Höhe des Gesamtkapitals. Die Abgabeverpflichtung wird insgesamt auf die Höhe von z. B. 50 % bis zu 70 % des bereinigten Gewinns (Gewinn nach Abzug der Steuern, eines Unternehmerlohns und einer angemessenen Verzinsung des Eigenkapitals) begrenzt.

Erläuterung:

Die Bemessung der Abgabe wird auf zwei Faktoren, Gewinn und Gesamtkapital, abgestellt. Die Beteiligungsaufgabe soll in Höhe von z. B. 10% des Gewinns und 1% des Gesamtkapitals erfolgen. Die Verwendung von zwei Bemessungsgrundlagen ermöglicht es, die gewinnbezogene Abgabe auf einen verhältnismäßig kleinen, gesamtwirtschaftlich unbedenklichen Prozentsatz zu beschränken.

Die Begrenzung der Abgabeverpflichtung auf die Höhe von z. B. 50 bis 70% des bereinigten Gewinns wird vorgeschlagen, weil es möglich ist, daß in einzelnen Fällen die Verzinsung des Eigenkapitals und der Unternehmerlohn den größten Teil des Gewinns oder sogar den gesamten Gewinn nach Steuerabzug in Anspruch nehmen. Bei der Festlegung der Begrenzung muß die Vermögensabgabe aus dem Lastenausgleich, die bis 1979 läuft, berücksichtigt werden.

Da es sich bei den abgabepflichtigen Unternehmen nur um einen kleinen, besonders gewinnstarken Teil der Unternehmen handelt, wird der bereinigte Gewinn im allgemeinen die Abgabepflicht weit übersteigen. Daher bleibt bei den meisten Unternehmen ein nicht unerheblicher Spielraum für innerbetriebliche Beteiligungsformen erhalten.

Das marktwirtschaftliche Unternehmerverhalten wird durch die Abgabe von Beteiligungsrechten am Zuwachs des Produktivvermögens nicht beeinträchtigt. Es handelt sich — von Ausnahmefällen einer Barablösung — nur um eine teilweise Änderung der Besitztitel am Kapital der Unternehmen. Die Liquidität der Unternehmen wird also nicht beeinträchtigt. Weder die Produktionskosten der Unternehmen, noch die Nachfrage der Konsumenten werden gesteigert. Ein Problem der Abwälzung stellt sich grundsätzlich nicht. Auch der Fiskus erleidet keine Einbußen, denn nach wie vor werden die Steuern vom gesamten Bruttogewinn des Unternehmens erhoben.

These 3: Bei Kapitalgesellschaften bestehen die Beteiligungsrechte aus stimmberechtigten Kapitalanteilen. Bei Personalgesellschaften und Einzelunternehmen werden die Beteiligungen in Form von Dauerschuldverschreibungen oder eines unkündbaren Kapitalanteils eines stillen Gesellschafters oder eines partiarischen Darlehens oder von Kommanditanteilen geleistet; Einzelunternehmen und Personalgesellschaften unter 10 Millionen DM Wertschöpfung können stattdessen Barablösung wählen.

Erläuterung:

Die Beteiligungsrechte bestehen grundsätzlich in Kapitalanteilen, denn nur durch die Übernahme von Kapitalbeteiligungen kann langfristig eine wirksame Änderung der Verteilung des Produktivvermögens erreicht werden. Einzelunternehmen und Personalgesellschaften können anstelle der Aufnahme eines Gesellschafters Dauerschuldverschreibungen mit einer marktgerechten oder partiarischen Verzinsung erbringen. Einzelunternehmen und Personalgesellschaften in einer Größenordnung zwischen beispielsweise 3 und 10 Millionen DM Wertschöpfung können die Barablösung wählen. Durch diese Abweichung von der grundsätzlichen Regelung soll vermieden werden, daß Einzelunternehmen und Personalgesellschaften dieser Größenordnung zu einer ihnen unerwünschten Dauerverschuldung oder zur Aufnahme eines Gesellschafters gezwungen werden.

Im Falle einer Umwandlung von Einzelunternehmen oder Personalgesellschaften in Kapitalgesellschaften müssen die Schuldverschreibungen oder die Anteile stiller Teilhaber in Nominalkapital umgewandelt werden.

Mitbestimmungsrechte sollten nur aus Beteiligungen an Kapitalgesellschaften wahrgenommen werden können, bei Einzelunternehmen und Personalgesellschaften sollen sie nicht vorgeschrieben werden. Diese Einschränkung ist aus Gründen der Praktikabilität geboten, vor allem aber deshalb, weil sonst (anders als bei Kapitalgesellschaften) die unternehmerische Gestaltungsfreiheit der selbständigen Unternehmer wesentlich beeinträchtigt werden könnte.

These 4: Die Beteiligungen und Barablösungen werden von einer öffentlich-rechtlichen Anstalt (Clearingstelle) übernommen, die die eingehenden Vermögenswerte und Barmittel periodisch an regional und in ihrer Größe begrenzte selbständige Kapitalanlagegesellschaften besonderer Art im Verhältnis der Zahl der bei diesen eingetragenen Bezugsberechtigten (siehe These 5) weiterleitet. Diese Zuteilungen entsprechen der Zusammensetzung des Gesamtaufkommens bei der Clearingstelle. Die Kapitalanlagegesellschaften geben gleichwertige Zertifikate an die jeweils Berechtigten in Jahresserien aus. Die anfallenden Erträge werden ausgeschüttet. Die Kapitalanlagegesellschaften verwalten ihre Vermögenswerte unter staatlicher Aufsicht.

Erläuterung:

Im System der überbetrieblichen Substanz- und Ertragsbeteiligung wird eine Clearingstelle notwendig, die die aufkommenden Wertpapiere und Barmittel aufnimmt und weiterleitet. Diese Aufgabe wird zweckmäßigerweise einer öffentlich-rechtlichen Anstalt (z. B. Lastenausgleichsbank) zugewiesen. Die Verwaltung der Vermögenswerte und Barmittel, die Ausgabe der Zertifikate und die Ausschüttung der Erträge erfolgt durch hierfür eingerichtete Kapitalanlagegesellschaften, die so weit wie möglich in den bestehenden Banken- und Sparkassenapperat eingebaut werden sollen. Den Bezugsberechtigten ist freigestellt, wo sie ihr Depot einrichten wollen; sie müssen die Möglichkeit haben, das Depot zu wechseln. Durch diese Verfahrensweise wird vermieden, daß sich das Beteiligungsaufkommen etwa in einer zentralen Beteiligungsgesellschaft konzentriert. Die damit verbundene Machtzusammenballung wäre für unsere Gesellschaftsordnung unerträglich. Aus gleichem Grund müssen die Kapitalanlagegesellschaften räumlich und größenmäßig begrenzt bleiben.

Die Mittel der Kapitalanlagegesellschaften bestehen aus

1. Beteiligungen und Schuldverschreibungen,
2. zugeteilten Barmitteln,
3. Eigenleistungen der Zertifikatsbesitzer,
4. Dividenden und Zinsen auf das Fondsvermögen.

Die Bewertung der Beteiligungen erfolgt, auch bei ihrer Übernahme durch die Clearingstelle, nach den Grundsätzen der steuerlichen Wertermittlung. Die Kapitalanlagegesellschaften geben nennwertlose Zertifikate über die von ihnen verwalteten Sondervermögen an die jeweils Berechtigten in Jahresserien aus. Die Berechtigten erwerben mit dem Zertifikat einen Anteil am Fondsvermögen und einen Anspruch auf Ertragsausschüttung. Die Ertragsausschüttungen stehen zur freien Verfügung der Zertifikatsinhaber. Ihre Wiederanlage wird begünstigt.

Im Interesse der Zertifikatsinhaber, die zum größten Teil keine Wertpapiererfahrung haben, muß die Anlagepolitik der Kapitalanlagegesellschaften staatlicher Aufsicht unterstellt werden. Die Anlagevorschriften sollen sich an die Vorschriften der Versicherungsaufsichtsgesetze für den Deckungsstock der Lebensversicherungen einerseits und an das geltende Gesetz über Kapitalanlagegesellschaften für deren Sondervermögen andererseits anlehnen.

Um die Zusammenarbeit der verschiedenen Kapitalanlagegesellschaften im Interesse aller Zertifikatsinhaber zu gewährleisten, bilden sie eine Arbeitsgemeinschaft.

These 5: Bezugsberechtigt sind alle in der Bundesrepublik Deutschland einschließlich Westberlin lebenden deutschen Staatsbürger. Volljährige Personen, die aus Einkommen oder Vermögen Steuern zahlen, erhalten die Zertifikate gegen eine Ersatzleistung, deren Höhe nach dem letzten Jahreseinkommen gestaffelt ist.

Die Kapitalanlagegesellschaften müssen auf Anforderung der Zertifikatsinhaber von ihnen ausgegebene Zertifikate zum Inventarwert zurücknehmen.

Erläuterung:

Alle in der Bundesrepublik Deutschland einschließlich West-Berlin lebenden deutschen Staatsbürger sind ohne Rücksicht auf Alter und Einkommensverhältnisse bezugsberechtigt. Jeder Verbraucher ist dadurch, daß er für die Konsumgüter einen ihre Kosten übersteigenden Preis zahlt, d. h. durch einen erzwungenen Konsumverzicht, an der Gewinn- und Produktivkapitalbildung beteiligt. Einschränkungen des Kreises der Berechtigten würde Grund und Zweck der angestrebten Beteiligung widersprechen.

Die gesellschaftspolitische Bedeutung einer Abschwächung der Kapitalakkumulation und einer Beteiligung aller am Produktivvermögen geht weit über den materiellen Wert des Betrages hinaus, den der einzelne jährlich erhält. Der hier in Gang kommende Prozeß wird jedoch auch rechnerisch zunehmend interessanter, besonders für Familien mit Kindern, bei denen sich mehrere Anteile sammeln. Hier erzielt er zudem sozial erwünschte Nebenwirkungen.

Die Zertifikate werden durch Einzahlung der Eigenleistung erworben. Erwachsene, die keine Eigenleistung erbringen müssen, erhalten die Zertifikate auf Anordnung. Die Beteiligung Minderjähriger erfolgt durch Zuweisung der Zertifikate. Wer sein Bezugsrecht nicht wahrnimmt, läßt es für das jeweilige Jahr verfallen. (Zum möglichen Pro-Kopf-Aufkommen vgl. Anlage 1.)

Die Zertifikate müssen bei einer Kapitalanlagegesellschaft nach Wahl der Bezugsberechtigten deponiert werden. Sie können jederzeit durch beliebige andere Wertpapiere oder Zertifikate von mindestens gleichem Wert im Depot ersetzt werden, die dann den gleichen Veräußerungsbedingungen wie für die Zertifikate der Kapitalanlagegesellschaften unterliegen. Damit haben solche Zertifikatsinhaber, die eine andere Wertpapieranlage vorziehen, die Möglichkeit, andere Kapitalanlagen auf dem Wertpapiermarkt durch Hingabe ihrer Zertifikate zu erwerben.

These 6: Über die Zertifikate kann frei verfügt werden mit der Einschränkung, daß eine ganze oder teilweise Veräußerung das Bezugsrecht für die Dauer von drei folgenden Jahren aufhebt.

Eine Aufhebung des Bezugsrechts für die Dauer von drei Jahren erfolgt nicht, wenn der Bezugsberechtigte das 60ste Lebensjahr vollendet hat oder ein Notstand vorliegt, wie er beim Sparförderungsgesetz für Härtefälle definiert ist.

Über die Zertifikate von Minderjährigen und die darauf entfallenden Erträge kann nicht verfügt werden. Das Verfügungsrecht beginnt mit der Volljährigkeit.

Erläuterung:

Die Regelung bewirkt, daß Anteile nicht ohne weiteres im Konsum aufgehen, aber auch die Verfügungs- und Verwertungsfreiheit der Zertifikatsinhaber nicht unnötig eingeschränkt wird.

Würde man Sperrfristen vorsehen, so wäre zwar für deren Geltungsdauer der Abfluß der Mittel in den Konsum verhindert, nach Ablauf der Sperrfrist aber würde eine unkalkulierbare und gesamtwirtschaftlich bedenkliche Reaktion möglich sein.

Der Verkauf von Zertifikaten wird dadurch gebremst, daß die Realisierung in der Regel das Bezugsrecht für die drei folgenden Jahre aufhebt. Dadurch wird für die Zertifikatsinhaber ein starker Anreiz geschaffen, ihre Anteile möglichst zu halten. Jeder Verfall von Bezugsrechten kommt den übrigen Zertifikatsinhabern durch eine Wertsteigerung ihrer Zertifikate zugute.

These 7: Die Zertifikatsinhaber wirken durch gewählte Teilhabervertretungen bei jeder Kapitalanlagegesellschaft an der Wahrnehmung der Rechte aus Beteiligungen an Kapitalgesellschaften mit. Die Teilhabervertretungen entscheiden, welche Haupt- und Gesellschafterversammlungen wahrgenommen werden und beauftragen geeignete Stimmrechtsvertreter. Die Kosten der Stimmrechtswahrnehmung tragen die jeweiligen Kapitalanlagegesellschaften.

Erläuterung:

Durch die Bildung von Teilhabervertretungen und deren Mitwirkung an der Willensbildung in den Aufbringungsunternehmen soll den Zertifikatsinhabern eine Wahrnehmung der Beteiligungsrechte aus dem Fond ihrer Kapitalanlagegesellschaft ermöglicht werden. Eine automatische Wahrnehmung der Stimmrechte durch die Kapitalanlagegesellschaft selbst oder durch die mit ihnen verbundenen Kreditinstitute muß wegen der damit möglichen Machtkonzentration ausgeschlossen werden. Ein solches Verfahren würde auf eine Verstärkung des Depotstimmrechts hinauslaufen.

Die Depotkunden jeder Kapitalanlagegesellschaften wählen in Abständen von etwa drei Jahren auf direktem Wege Teilhabervertretungen. Freigebildete Teilhabervereinigungen und andere Vereinigungen sollten unter näher zu bestimmenden Voraussetzungen zur Aufstellung von Wahllisten zugelassen werden. Es erscheint zweckmäßig, diese Wahlen in unmittelbarem Zusammenhang mit der Einlösung der Bezugsberechtigungen durchzuführen.

Die Teilhabervertretungen entscheiden über die Teilnahme an Haupt- und Gesellschafterversammlungen solcher Kapitalgesellschaften, von denen ihre Kapitalanlagegesellschaft Kapitalanteile besitzt. Sie können fachlich geeignete Stimmrechtsvertreter aus ihrer Mitte oder von außen für einzelne Gesellschaften für einen bestimmten Zeitraum bestellen und diesen allgemeine oder besondere Weisungen erteilen. Die Teilhabervertretung gibt sich eine Geschäftsordnung, die u. a. die Mindesthöhe einer wahrzunehmenden Beteiligung festlegt, die Voraussetzung für die Beauftragung mehrerer Stimmrechtsvertreter bestimmt, mehrfachbeauftragungen begrenzt und die Kostenerstattung für Stimmrechtsvertreter regelt. Die Geschäftsführung der jeweiligen Kapitalanlagegesellschaft stellt der Teilhabervertretung alle erforderlichen Informationen zur Verfügung und berät sie. Die Kosten der Stimmrechtswahrnehmung sind Teil der Verwaltungskosten.

These 8: Freiwillige Vereinbarungen von Ertragsbeteiligungen der Arbeitnehmer bleiben von den Veranlagungen zur überbetrieblichen Vermögensbeteiligung unberührt. Sie sind steuerlich zu begünstigen.

Die vermögenswirksame Anlage von Erträgen der Arbeitnehmer im Betriebsvermögen ist durch Sparprämien zu fördern. Erfolgt die Anlage im Betrieb, so tritt die steuerliche Begünstigung nur ein, wenn die Freizügigkeit der Arbeitnehmer durch geeignete Ablösungsregelungen gesichert ist.

Erläuterung:

Die vorgeschlagene überbetriebliche Vermögensbeteiligung beläßt nicht nur allen davon nicht betroffenen mittleren und kleineren Unternehmen, sondern auch den Großunternehmen einen ausreichenden Spielraum für freiwillige (betriebliche oder tarifliche) Vereinbarungen über eine innerbetriebliche Ertragsbeteiligung.

Eine volle oder teilweise Anrechnung von freiwilligen innerbetrieblichen Ertragsbeteiligungen auf die überbetriebliche Beteiligung kommt bei den von der gesetzlichen Regelung erfaßten Großunternehmen nicht in Frage. Ganz abgesehen davon, daß eine solche Regelung systemwidrig wäre, würde das Gesamtaufkommen der überbetrieblichen Beteiligung in diesem Falle so gering sein, daß sich kein nennenswerter Prokopfbetrag für die Bezugsberechtigten ergeben würde. Denn es wäre zu erwarten, daß der größte Teil der Großunternehmen von der Anrechnungsmöglichkeit durch Einführung freiwilliger Ertragsbeteiligung Gebrauch machen würde.

Es käme also nur in Frage, den Kreis der Unternehmen mit überbetrieblicher Beteiligung über ein Prozent hinaus zu erweitern und diejenigen Arbeitnehmer, die an einer innerbetrieblichen Ertragsbeteiligung partizipieren, von der überbetrieblichen Beteiligung auszuschließen. Vorbehaltlich einer solchen Regelung sollte eine freiwillige innerbetriebliche Ertragsbeteiligung ganz allgemein steuerlich begünstigt werden. Sie hat gegenüber der überbetrieblichen Beteiligung den Vorteil, teammäßige Leistungssteigerungen zu fördern und die Verbundenheit der Belegschaften mit ihrem Betrieb zu stärken. Allerdings darf diese Verbundenheit nicht die Freizügigkeit der Arbeitnehmer einschränken.

b) Flugblatt zur Vermögensbildung — „Vermögen bilden um frei zu sein!“ Nr. 7/72*

In einer Gesellschaft, in der Eigentum ein Schlüssel ist, Freiheit zu verwirklichen, gehört der gerechte Anteil an der Ertragssteigerung der Wirtschaft und am Vermögenszuwachs der Gesellschaft zu den Quellen menschlicher Freiheit.

* Abdruck nach Flugblatt „F.D.P. Argumente“, Bundesvorstand der F.D.P. (Hrsg.).

Liberale Vermögenspolitik zielt deshalb auf eine gleichmäßigere Vermögensverteilung, und zwar nicht durch einen einmaligen Akt der Korrektur bestehender Verhältnisse, sondern vielmehr durch die ständige Beteiligung breiter Schichten am Zuwachs des volkswirtschaftlichen Vermögens.

Zum volkswirtschaftlichen Vermögen gehören Sachvermögen (Grundstücke, Wohnungen, maschinelle Anlagen) und Geldvermögen (Sparbücher, Pfandbriefe etc.). Der erste Schritt zur Bildung eines eigenen Vermögens ist in der Regel das Ansparen von Geldvermögen.

Sparförderung

Deshalb hat die Regierung Brandt/Scheel die Sparförderung weiter ausgebaut. 1971 wurden hierfür 7,1 Mrd. DM (7% der Bundesausgaben) aufgewendet.

Sofort nach Bildung der sozial-liberalen Regierung wurde das 624-DM-Gesetz beschlossen. Aufgrund dieses Gesetzes erhalten die Arbeitnehmer — anstelle der Steuerersparnis — einen 30%igen Zuschlag; für Familien mit 3 und mehr Kindern gibt es eine erhöhte Sparzulage von 40%. Das gilt für alle, die bis zu 2 000 DM verdienen bzw. bei zusammenveranlagten Ehegatten bis zu 4 000 DM im Monat. Nach dem durch Innenminister Genscher (F.D.P.) erstmals abgeschlossenen Tarifvertrag erhalten öffentlich Bedienstete monatlich 13 DM zusätzlich im Rahmen dieses Gesetzes. Dies wurde zum Vorbild vieler Tarifabschlüsse in der Privatwirtschaft. Erfolg: Heute sparen rd. 17 Mio. nach dem 624-DM-Gesetz.

Unter Ausnutzung aller Prämienvorteile und bei vermögenswirksamen Leistungen des Arbeitgebers können Sie bei einer Eigenleistung von 18 bis 25 DM pro Monat (je nach Kinderzahl) in 10 Jahren 15 000 DM ansparen.

Wohneigentum

Mit diesen 15 000 DM können Sie Ihre Eigentumswohnung einrichten, wenn die liberale Form des Mietkaufsystems Gesetz wird. Z. Zt. kann nur derjenige Wohneigentum erwerben, der über 20% Eigenmittel verfügt.

Nach dem F.D.P.-Programm soll die öffentliche Hand das Eigenkapital vorstrecken und den Mietkäufer nachsparen lassen.

Ihr Wohneigentum bilden Sie also durch Nachsparen, während heute der Mieter mit seiner Miete die Vermögensbildung anonymer Wohnungsbaugesellschaften fördert.

Die Wohnung kann sofort in das volle Eigentum des Mietkäufers übergehen, er wird als Eigentümer in das Grundbuch eingetragen.

Die Freien Demokraten haben deshalb auf ihrem Freiburger Parteitag 1971 beschlossen: Wohnungsbaugesellschaften wird die Gemeinnützigkeit nur zuerkannt, wenn Sie mindestens die Hälfte Ihres Wohnungsbauvolumens als Mietkaufwohnungen anbieten.

Nachlaßabgabe

Ihr Eigenheim oder Ihre Eigentumswohnung können Sie steuerfrei an Ihren Ehepartner oder Ihre Kinder vererben, wenn die Freiburger Beschlüsse der F.D.P. Gesetz werden.

Sie sehen eine Abschaffung der Erbschaftssteuer vor. An ihre Stelle tritt eine Nachlaßabgabe, die nur bei großen Vermögen erhoben wird. Denn die heutige Erbschaftssteuer steht im Widerspruch zu dem vermögenspolitischen Ziel der F.D.P., die Bildung von Eigentum und Vermögen in vielen Händen zu fördern. Ein mühsam erspartes Eigenheim soll bei der Vererbung an die nächsten Angehörigen nicht belastet werden.

Deshalb bleibt die Vererbung an den Ehepartner völlig frei, für jedes Kind ist ein Freibetrag von 250 000 DM vorgesehen. Großvermögen werden allerdings durch die F.D.P.-Nachlaßabgabe höher belastet: Der höchste Abgabesatz (ab DM 100 Mio.) beträgt 75% (bisher 60%).

Diese Nachlaßabgabe verschwindet aber nicht — wie die jetzige Erbschaftssteuer — im allgemeinen Steuersäckel, sondern wird wieder der privaten Vermögensbildung zugeführt. Die Abgabe wird nicht erhoben, wenn der Nachlaß einer gemeinnützigen Stiftung oder den Arbeitnehmern des Betriebes als Mitbeteiligung übertragen wird.

Produktivvermögen

In der Bundesrepublik ist das Produktivvermögen ungleichmäßig verteilt. Das ist gesellschaftspolitisch gefährlich und daher mit liberaler Vermögenspolitik nicht vereinbar. Die F.D.P. hält eine breitere Verteilung des Produktivvermögens für notwendig; allerdings nicht durch eine Umverteilung des bestehenden Eigentums, sondern durch eine ständige Beteiligung breiter Schichten am Zuwachs des Produktivvermögens.

Im Gegensatz zu Vorstellungen von CDU und SPD ist die F.D.P. der Meinung, daß kein deutscher Bürger von dieser Beteiligung ausgeschlossen sein darf.

Auch Hausfrauen, die weder bei CDU noch SPD berücksichtigt werden, tragen durch ihre Arbeit zur Mehrung des Sozialproduktes bei. Es ist eine Verfälschung der Chancengleichheit, nur die Arbeitnehmer der Produktionsbetriebe an Vermögensbildung zu beteiligen, die Angehörigen des öffentlichen Dienstes sowie die Selbständigen aber auszuschließen oder sie sogar mit zusätzlichen Ausgaben zu belasten.

Die F.D.P.-Minister haben sich deshalb entschieden gegen einen Gesetzentwurf (1970) gewandt, der nicht alle Bürger gleichmäßig bei der Vermögensbildung behandelt.

Nach den Beschlüssen der F.D.P. sieht das in der Praxis so aus: Bis zu 50% des bereinigten Gewinnes (Gewinn nach Abzug der Steuern, eines Unternehmerlohnes und einer angemessenen Verzinsung des Eigenkapitals) von Großunternehmen wird auf alle Bürger verteilt.

— Z. Zt. würde das einem Gewinnanteil von ca. 100 DM pro Kopf im Jahr entsprechen. Diesen Anteil erhalten Sie jedes Jahr gegen eine geringe Eigenleistung, die nach dem Durchschnittseinkommen des letzten Jahres gestaffelt ist. Nicht nur Sie — Ihre Frau, Ihr Mann, Ihre Kinder — alle Bürger, ob noch auf der Schulbank oder in Pension, erhalten je einen Anteil.

Sie können sich entscheiden, was Sie damit tun

— Sie können jederzeit die Anteile (teilweise oder ganz) zum Tageswert zurückgeben.

— Sie können die Anteile frei veräußern, verlieren dann jedoch den Bezugsanspruch für drei Jahre (außer bei Härtefällen oder wenn sie über 70 Jahre alt sind).

— Sie können die Anteile als Vermögen ansammeln und die Anlagepolitik der Anteilsverwaltungsgesellschaften durch gewählte Vertreter mitbestimmen.

Damit haben Sie die Möglichkeit, die Anteile zum Tageswert in Kapitalmarktpapiere umzutauschen (Aktien, Anleihen, Pfandbriefe etc.) oder je nach Marktlage einen lukrativen Verkauf zu tätigen (mit dem Verlust der drei nächsten Anteile verbunden) oder ein ertragsreiches, sicheres Polster als Rücklage zu bilden.

Niemand *muß* Vermögen bilden (wie etwa beim Burgbacher-Plan der CDU) *alle* können Vermögen bilden (nicht nur ein Teil, wie nach den Vorstellungen von SPD und CDU).

Eine Ausnahme gibt es bei der Freiwilligkeit der Vermögensbildung:

Wenn Sie noch nicht volljährig sind, „müssen“ Sie Vermögen bilden, denn die erhaltenen Anteile sind bis zur Volljährigkeit der Eigner nicht verfügbar.

Steuererleichterung für Kleinaktionäre

Anteile am Produktivvermögen (z. B. Investmentzertifikate, Aktien) werden heute doppelt besteuert und bringen für Kleinaktionäre zu wenig Ertrag. Die F.D.P. hat daher durchgesetzt, daß im Rahmen der Steuerreform die Doppelbesteuerung abgeschafft wird: Die Erträge Ihrer Anteile werden nur noch mit Ihrem persönlichen Lohn- oder Einkommensteuersatz versteuert. Wer wenig verdient, zahlt wenig oder gar keine Steuern, wer viel verdient, zahlt über 50%. Erst dadurch wird die Beteiligung am Produktivkapital für breite Schichten der Bevölkerung finanziell attraktiv.

Damit wird die Voraussetzung geschaffen, das Produktivvermögen auf die Dauer breiter zu streuen und so die Soziale Marktwirtschaft zu sichern und zu fördern.

D. Gewerkschaftliche Stellungnahmen

1. Deutscher Gewerkschaftsbund

a) Grundsatzprogramm des Deutschen Gewerkschaftsbundes, beschlossen auf dem Außerordentlichen Bundeskongreß des DGB, 21./22. 11. 1963 in Düsseldorf*

(Auszug)

Gerechte Einkommens- und Vermögensverteilung

Die gegenwärtige Einkommens- und Vermögensverteilung ist ungerecht. Es ist dringend erforderlich, alle Volksschichten an der volkswirtschaftlichen Vermögensbildung zu beteiligen. Der Umfang der Beteiligung der Arbeitnehmer am Ergebnis der wirtschaftlichen Tätigkeit ist ein wesentlicher Maßstab für soziale Gerechtigkeit. Der Anspruch der Arbeitnehmer auf eine Beteiligung an dem bereits gebildeten Vermögen bleibt aufrechterhalten.

Die aktive Lohn- und Gehaltspolitik und andere tarifpolitische Maßnahmen der Gewerkschaften sind auf eine gerechte Verteilung des Sozialproduktes gerichtet. Diesem Ziel müssen auch alle wirtschaftspolitischen Maßnahmen dienen.

Wichtige Voraussetzungen breiterer Vermögensstreuung sind ein höherer Anteil der Arbeitnehmer am Volkseinkommen, der Abbau der Steuerprivilegien für hohe Einkommen und die besondere Förderung der Ersparnis- und Vermögensbildung bei den unteren und mittleren Einkommensgruppen.

b) Vermögenspolitische Grundsatzerklärungen des DGB-Bundesvorstandes**

aa) Erklärung vom 9. Oktober 1968

Der Bundesvorstand des Deutschen Gewerkschaftsbundes hat sich in seiner Sitzung am 9. Oktober 1968 mit der Frage der

* Abdruck nach DGB-Grundsatzprogramm, Bundesvorstand (Hrsg.).
** Abdruck nach „Das Mitbestimmungsgespräch" Nr. 2/3, 1972.

Beteiligung der Arbeitnehmer am Vermögenszuwachs der Unternehmer beschäftigt.

Er ist der Auffassung, daß die Konzeptionen, die von Prof. Gleitze entwickelt wurden und auch von Prof. Krelle vertreten werden, jene Grundideen enthalten, die die Gewerkschaften als geeignete Basis für Gespräche mit den politischen Parteien in dieser Frage ansehen.

Der Deutsche Gewerkschaftsbund unterstützt unabhängig von seiner Forderung nach der Beteiligung der Arbeitnehmer am Vermögenszuwachs der Unternehmen Maßnahmen, die geeignet sind, die Sparförderung der Arbeitnehmer zu erleichtern und darüber Abmachungen aus tariflicher Basis zu treffen.

Die in der Öffentlichkeit wiederholt geäußerte Auffassung, die Beteiligung der Arbeitnehmer am Vermögenszuwachs der Unternehmen als Alternative für die Forderung nach erweiterter Mitbestimmung anzusehen, ist weder von der Sache her begründet noch für die Gewerkschaften diskutabel.

ab) Erklärung vom 3. März 1970

DGB-Leitlinien für die Vermögensbildung

Der Bundesvorstand des Deutschen Gewerkschaftsbundes hat sich mit der Frage der Vermögensbildung in Arbeitnehmerhand beschäftigt und den gesetzlichen Investivlohn im Sinne des sogenannten Burgbacher-Planes abgelehnt. Der Vorbereitung einer eigenen Konzeption werden folgende Vorschläge als Leitlinien für konkrete Maßnahmen zugrunde gelegt:

Seit Jahren verfolgt der DGB mit wachsender Sorge die fortschreitende Konzentration der Vermögen. Alle vom Gesetzgeber in der Vergangenheit ergriffenen Maßnahmen haben die einseitige Verteilung der Vermögen nicht verhindert und eine Vermögensbildung in Arbeitnehmerhand nicht ermöglicht. Der DBG hält es daher zur Herstellung einer glaubwürdigen Gesellschafts- und Wirtschaftsordnung für unbedingt erforderlich, daß die Beteiligten ohne Verzögerung alle Anstrengungen unternehmen, um die Vermögensverteilung so zu ordnen, daß auch die Arbeitnehmer Vermögen bilden können.

Hierbei sind zwei Ziele zu unterscheiden:

1. eine verstärkte Ersparnisbildung der Arbeitnehmer,

2. die Beteiligung der Arbeitnehmer an den Vermögenszuwächsen in den Unternehmen.

Die bisherigen Vorstellungen haben sich auf drei Ebenen bewegt, und zwar betrafen sie

— Sparförderungsmaßnahmen,
— Investivlohnregelungen,
— Systeme überbetrieblicher Ertragsbeteiligung.

Die Sparförderungsmaßnahmen dienen ausschließlich der verstärkten Ersparnisbildung. Das gleiche gilt im Prinzip auch für alle Investivlohnregelungen; diese können einen Umverteilungseffekt wahrscheinlich überhaupt nicht oder allenfalls in sehr begrenztem Umfang und nur unter ganz bestimmten Voraussetzungen gewährleisten.

Zur Erreichung einer Umverteilung künftiger Vermögenszuwächse ist deshalb auch eine überbetriebliche Ertragsbeteiligung erforderlich.

Aus diesen Gründen kann nur ein Bündel verschiedener Maßnahmen die oben gesteckten Ziele verwirklichen. Der DGB hält folgende Maßnahmen für notwendig:

1. Das System der Sparförderung ist zugunsten der Bezieher kleiner und mittlerer Einkommen umzugestalten und auszubauen. Der DGB begrüßt in diesem Zusammenhang als ersten Schritt die Initiative der Bundesregierung, den Begünstigungsrahmen des 2. Vermögensbildungsgesetzes auf i. d. R. 624 DM zu erweitern und durch Einführung eines Zulagensystems die bisherige Privilegierung der Bezieher höherer Einkommen zu beseitigen.

2. Der Abschluß von Tarifverträgen über effektive vermögenswirksame Leistungen wird durch die dargestellte geplante Novellierung des 2. Vermögensbildungsgesetzes erleichtert. Der DGB erwartet, daß die Tarifvertragsparteien die dadurch gegebenen Möglichkeiten einer tariflichen Investivlohnregelung weitgehend ausschöpfen. Aus diesem Grunde lehnt der DGB jede Form eines gesetzlichen Investivlohns ab, da bei allen lohnpolitischen Maßnahmen dem Tarifvertrag als dem Gestaltungsmittel der sozialen Selbstverwaltung vor dem Gesetz der Vorzug zu geben ist.

3. Der DGB fordert den Gesetzgeber auf, die Voraussetzungen für eine überbetriebliche Ertragsbeteiligung der Arbeitnehmer zu schaffen. Unternehmen, in denen sich die Kapitalakkumulation im wesentlichen vollzieht, müssen zur Abführung von Teilen ihres Gewinnes gesetzlich verpflichtet werden. Die abzuführenden Gewinne sollen mehreren Fonds zufließen, die ihrerseits unentgeltlich Zertifikate (Beteiligungspapiere) an alle Arbeitnehmer ausgeben. Die Zertifikate sind zu verzinsen. Die Fonds sollen einer öffentlichen Kontrolle unterliegen. Um eine Rekonzentration der Vermögen zu vermeiden, ist zu gewährleisten, daß die Zertifikate von den Arbeitnehmern nur unter bestimmten Voraussetzungen verkauft oder beliehen werden können.

Der DGB erwartet darüber hinaus, daß durch Änderung des Besteuerungssystems insbesondere bei der Vermögen- und Erbschaftssteuer die Konzentration großer Vermögen in den Händen einzelner Personen verhindert wird. Ferner ist die volkswirtschaftliche Statistik so auszubauen, daß eine laufende Beobachtung der Vermögensentwicklung ermöglicht wird.

Die hier entwickelten Vorstellungen zur Umverteilung des künftig entstehenden Vermögens lassen den im Grundsatzprogramm des DGB enthaltenen Anspruch der Arbeitnehmer auf gerechte Beteiligung an den bisher gebildeten Vermögen unberührt.

ac) Erklärung vom 3. November 1971

Thesen des DGB zur Vermögensbildung

Im Zuge der Beratungen zur Vermögensbildung hat der DGB-Bundesvorstand folgende Thesen verabschiedet:

1. Der DGB fordert die Beteiligung der Arbeitnehmer an den Vermögenszuwächsen von Unternehmen ab einer bestimmten Gewinnhöhe.

Das Beteiligungsaufkommen soll in der Anfangszeit 4 bis 6 Mrd. DM jährlich betragen.

Die Leistungen nach dem Dritten Vermögensbildungsgesetz dürfen nicht auf die gesetzliche Ertragsbeteiligung angerechnet werden.

2. Die Unternehmen sollen die Gewinne in der Form von Beteiligungswerten, ausnahmsweise auch durch Schuldverpflichtungen oder Barmittel, abführen.

3. Die Anteile, Schuldverpflichtungen und Barmittel sind an dezentral gegliederte, nicht miteinander konkurrierende Fonds weiterzuleiten.

Die Fonds geben unentgeltlich wertgleiche und verzinsliche Zertifikate an alle Arbeitnehmer aus, deren zu versteuerndes Jahreseinkommen 24 000 DM (Verheiratete: 48 000 DM) nicht übersteigt.

4. Die Fonds werden von den Arbeitnehmern unter Beteiligung des öffentlichen Interesses selbst verwaltet.

Die Fonds müssen zu diesem Zweck in der Rechtsform der Anstalt oder Körperschaft des öffentlichen Rechts oder als Stiftung gegründet werden.

5. Um eine Rekonzentration der Vermögen zu vermeiden, ist zu gewährleisten, daß die Zertifikate von den Arbeitnehmern nur unter bestimmten Voraussetzungen verkauft oder beliehen werden können.

c) Referat von Heinz O. Vetter, 9. Bundeskongreß des DGB, 28. 6. 1972 in Berlin*

(Auszug)

Modell zur Vermögensbeteiligung

Mit gleicher Energie sollten wir auch die Fragen einer Beteiligung der Arbeitnehmer am Produktivvermögen der Wirtschaft anpacken. Die Konzentration des Kapitals und der wirtschaftlichen Macht in immer weniger Händen nimmt ständig zu und verschärft die Abhängigkeit der Arbeitnehmer. Mit der Sparförderung und den vermögenswirksamen Leistungen für die Arbeitnehmer kann der Konzentration des privaten Produktivvermögens nicht Einhalt geboten werden, auch nicht mit dem Bonbon eines Beteiligungslohnes à la Burgbacher.

Ist es nicht geradezu verdächtig, daß uns die Arbeitgeber heute als alleinige Lösung die vermögenswirksamen Tarifver-

* Abdruck nach Broschüre des DGB, Bundesvorstand (Hrsg.).

träge anpreisen, die sie noch vor wenigen Jahren wörtlich als „kollektives Zwangssparen und Entmündigung der Arbeitnehmer" verdammten? Wir werden den Ausbau dieser Tarifverträge keineswegs vernachlässigen, obwohl wir ganz genau den Kreislauf des Geldes dabei kennen; denn die steuerlichen Entlastungen gehen zu Lasten der Allgemeinheit, und die betrieblichen Belastungen gehen als Kosten in die Preise. Deshalb brauchen wir darüber hinaus den zweiten Weg, so wie er in unserem Aktionsprogramm formuliert ist: „Die Arbeitnehmer aller Bereiche sind durch ein überbetriebliches System der Ertragsbeteiligung am Produktionsvermögen angemessen zu beteiligen."

Dem Bundeskongreß liegen zu diesem Thema ein Antrag des Bundesvorstandes mit Leitsätzen und umfangreiche Anlagen sowie zahlreiche weitere Anträge einzelner Gewerkschaften und DGB-Landesbezirke vor. Vorgeschlagen wird nun, den Bundesausschuß damit zu beauftragen, nach einer entsprechenden Grundsatzdiskussion auf der Grundlage des gesamten Materials ein Vermögensbeteiligungsmodell zu verabschieden.

Zweifellos ist es richtig, dieses schwierige Problem gründlich zu durchdenken. Wir brauchen eine praktikable Lösung, die breiteste Zustimmung finden kann. Dieses Problem darf eben nicht mehr vom Tisch kommen. Selbstverständlich darf die Finanzierung der Gemeinschaftsaufgaben durch die gerechtere Vermögensverteilung nicht geschmälert werden. Das ist aber auch eine Aufgabe der Steuerreform. Sie soll durch unsere Vorstellungen keineswegs gehindert werden, denn wir wollen keine Gewinnabschöpfung nur — ich sage ausdrücklich: nur — für Konsumzwecke, sondern eine Beteiligung der Arbeitnehmer am Zuwachs des Produktivvermögens, die die einseitige Anhäufung ökonomischer Macht endlich durchbricht.

Die Arbeitnehmerschaft wird sich eben nicht mehr mit einigen Konzessionen begnügen, sozusagen mit den Brosamen, die von der Herren Tische fallen. Sie fordert die Kontrolle und Teilhabe an der wirtschaftlichen Macht. Das ist Sinn und Zweck der Mitbestimmung und der Vermögensbeteiligung.

2. Deutsche Angestellten Gewerkschaft

a) Forderung zur Beteiligung der Arbeitnehmer am Produktivvermögen*

(Auszug)

DAG-Miteigentumsforderung

Die DAG-Forderung zielt auf einen Lohnanspruch ab, der sich im Anteilhaben am Vermögenszuwachs niederschlägt, ohne daß dadurch der Arbeitnehmeranteil am konsumfähigen Teil des wachsenden Sozialprodukts und das persönliche Sparen beeinträchtigt werden.

Wenn die DAG bislang von Miteigentum gesprochen hat, hat sie dabei stets an „Lohn, und zwar an Beteiligungslohn" gedacht.

Miteigentum ist ein Anteil der Arbeitnehmer an der wachsenden Substanz der Unternehmen in einer Wirtschaft, die ständig neue Investitionen erfordert. Miteigentum entsteht als „Lohn", der aus betriebswirtschaftlichen Gründen nicht in bar ausgezahlt, sondern nur als Kapitalanteil — gegebenenfalls auch als langfristiger Darlehensanspruch — von der Wirtschaft bzw. den einzelnen Unternehmen zur Verfügung gestellt werden kann. Miteigentum kann ebensogut am eigenen Unternehmen (betriebliches Miteigentum) wie an mehreren Unternehmen in Form einer überbetrieblichen Beteiligung (überbetriebliches Miteigentum) realisiert werden. Dabei ist die DAG stets davon ausgegangen, daß, unabhängig von der Schaffung eines Miteigentums, stets der höchstmögliche Barlohn von den Arbeitgebern zu fordern ist. Seine Beschränkung kann nur durch die Investitionsverpflichtungen der Wirtschaft und des Staates gegeben sein, soweit diese nicht aus dem Kapitalmarkt finanziert werden können. Voraussetzung dafür ist aber, daß eine Miteigentums-, das heißt Beteiligungslohngewährung nebenhergehend praktiziert wird.

Ausgehend vom Anerkennen der Notwendigkeit ständig sich vermehrender Investitionen in den Unternehmen und der zwangsläufig sich dort konzentrierenden Sachvermögensbildung hat die DAG seit nunmehr 18 Jahren die Forderung vertreten:

* Abdruck nach DAG-Schriftenreihe Nr. 3/1970.

a) daß eine Politik der Förderung der Vermögensbildung der Arbeitnehmer erforderlich ist,

b) daß die Sicherung einer Anteilnahme der Arbeitnehmer an der Vermögensbildung Bestandteil der Einkommenspolitik sein muß und

c) daß insoweit, als es zur Erreichung dieses Zweckes erforderlich ist, auf die Verwendung einer nur unter dieser Voraussetzung erzielbaren Lohn- und Gehaltssteigerung von den Tarifpartnern Einfluß genommen werden kann, indem, wie in anderen Fällen (z. B. Sozialversicherung), der Anspruch auf freie Verwendung eines zugestandenen bzw. zustehenden Lohnes zeitweilig eingeschränkt werden darf.

23. DAG-Miteigentumsforderung und Beteiligungslohn (Investivlohn)

Seit einiger Zeit wird im Zusammenhang mit der Forderung nach Vermögensbildung in Arbeitnehmerhand der Begriff des Investivlohnes verwandt.

Als Definition des Investivlohnes gilt, daß ein Teil des Lohnes (ein Prozentsatz oder absoluter Betrag) für Rechnung des Arbeitnehmers direkt oder durch zwischengeschaltete Institutionen investiven Zwecken zugeführt wird. Investivlohn wird zum Unterschied von Barlohn nicht in bar ausgezahlt. Der Arbeitnehmer erhält ihn statt dessen in Form von Wertpapieren oder als Bestätigung über den Besitz eines Kapitalanteiles oder als Darlehensanspruch. Investivlohn ist ein Lohnanteil, der zeitweilig gebunden ist, der zwar in das Vermögen des Arbeitnehmers übergeht, aber nicht sofort nach Belieben verwendet werden kann. Bis zum Zeitpunkt der festgelegten Verwendungsfreigabe steht dieser Lohnanteil, soweit es sich um Anteilspapiere handelt, unter dem Kursrisiko, soweit es sich um Darlehensansprüche handelt, unter dem allgemeinen Kredit- und Geldwertrisiko. Investivlohn kann entstehen:

a) durch einseitige Zusage des Arbeitgebers,

b) durch Betriebsvereinbarungen,

c) durch Tarifvereinbarungen zwischen Sozialpartnern,

d) durch Gesetz.

Investivlohn und Beteiligungslohn bezeichnen die gleiche Sache. Sie sind immer „Lohn", der zu einer Beteiligung entweder am eigenen Betrieb oder überbetrieblich an Beteiligungs- oder Investment-Gesellschaften oder zu einem Darlehensanspruch und damit zu einer Beteiligung am volkswirtschaftlichen Vermögensbildungsprozeß führt. (Insofern ist ein betriebliches oder überbetriebliches Miteigentum der Arbeitnehmer ebenfalls Investivlohn.)

Wir kennen, rein betriebswirtschaftlich gesehen, seit langem eine Form eines Investiv- oder Beteiligungslohns, die wir unter bestimmten noch zu erfüllenden Voraussetzungen der Vermögensbildung der Arbeitnehmer zuzurechnen bereit sein könnten: die betriebliche Altersvorsorge, die durch betriebliche Pensionsrückstellungen gesichert wird. (Diese Forderung wäre nach Auffassung der DAG erfüllt, wenn sichergestellt ist, daß einmal erworbene Anwartschaften nicht mehr verlorengehen, auch bei Ausscheiden des Arbeitnehmers aus dem betriebliche Altersversorgung gewährenden Betrieb vor Erreichung der Pensionsaltersgrenze.) Das ist fraglos eine Form des, wenn auch auf Lebensdauer zweckgebundenen Investiv- oder Beteiligungslohns.

b) Programm der DAG zur Gesellschaftspolitik, November 1971*

(Auszug)

Einkommens- und Vermögensverteilung

Steigerung der Arbeitseinkommen

Wichtigstes Instrument der primären Einkommensverteilung wird auch in Zukunft der Tarifvertrag sein. Dabei wird es in unserer marktwirtschaftlichen Ordnung darauf ankommen, daß die Tarifautonomie erhalten bleibt. Daneben muß das verteilungspolitische Instrumentarium weiterentwickelt und ausgebaut werden. Der steigende Wohlstand muß gleichmäßiger als in der Vergangenheit allen Erwerbspersonen zugute kommen.

Mittelfristig ist anzustreben, daß die heute noch Vermögenslosen und diejenigen, die nur ein geringes Vermögen besitzen,

* Abdruck nach Broschüre der DAG (Hrsg.).

überproportional am Wachstum des Sozialprodukts und damit des Volkseinkommens teilhaben. Langfristig ist eine entscheidende Änderung der Vermögensverteilung zugunsten der Bezieher kleiner und mittlerer Einkommen anzustreben.

Die gewerkschaftliche Tarifpolitik hat in den vergangenen 20 Jahren zu einer starken Zunahme der durchschnittlichen Arbeitnehmereinkommen geführt. Trotzdem hat sich der Anteil je Arbeitnehmer am Volkseinkommen verringert. Das ist vor allem auf eine Veränderung der Erwerbstätigenstruktur zurückzuführen. Die Zahl der Selbständigen ist immer kleiner geworden, dagegen haben die Arbeitnehmer zahlenmäßig kontinuierlich zugenommen.

Die rückläufige Entwicklung des Anteils der Arbeitnehmer am Volkseinkommen beruht darauf, daß im volkswirtschaftlichen Kreislauf die Verteilung des Volkseinkommens auf Lohn (Unselbständige) und Gewinn (Selbständige) durch die Verwendung des Sozialprodukts und durch die Struktur der Ersparnisbildung bestimmt wird.

Da die Einkommen der Mehrheit der Arbeitnehmer heute immer noch relativ niedrig sind, sind die Möglichkeiten gering, die Verteilung des Volkseinkommens durch eine entsprechend hohe Ersparnis aus Arbeitseinkommen zu beeinflussen.

Die Chancen, die Einkommensverteilung durch einen Eingriff in die Verwendungsstruktur zugunsten der Lohn- und Gehaltsempfänger zu korrigieren, also den privaten Verbrauch auf Kosten der Investition, des Staatsverbrauchs oder des Saldos der Leistungsbilanz auszuweiten, sind heute ebenfalls gering. In der Bundesrepublik wird sich in den kommenden Jahren eher das Gegenteil als erforderlich erweisen.

Hiervon ausgehend, stellt die DAG folgende tarifpolitische Grundsätze und Ziele auf:

Tarifpolitisches Ziel der DAG ist neben der ständigen Verbesserung der Arbeitsbedingungen die angemessene Beteiligung der Arbeitnehmer am wachsenden Sozialprodukt durch eine entsprechende Erhöhung ihrer Arbeitseinkommen.

Die zunehmende, durch den technischen Wandel bedingte Spezialisierung der Tätigkeiten erfordert eine entsprechende

Differenzierung der Gehälter. Hierzu müssen die Methoden der Arbeitsbewertung verbessert werden.

Die Gehaltsdifferenzierung muß dem Grundsatz der Äquivalenz von Lohn und Leistung entsprechen. Sie erfüllt nur dann ihren Zweck als Grundlage für eine leistungsgerechte Entlohnung, wenn jedes Gehalt in einem angemessenen und verständlichen Verhältnis zu den Gehältern für gleichwertige und höher- oder geringerwertige Tätigkeiten steht.

Die leistungsgerechte Entlohnung bedingt, daß zusätzlich zu der allgemeinen Arbeitsanforderung auch die persönliche Leistung bewertet wird.

Die Harmonisierung der Arbeitsbedingungen innerhalb eines Wirtschaftszweiges wird am besten durch den Abschluß von Branchen-Tarifverträgen erreicht.

Besondere Tarifverträge sind jedoch nötig für Unternehmen und Konzerne, deren wirtschaftliche Funktionen sich über verschiedene Branchen erstrecken, sowie für multinationale Unternehmen und Konzerne.

Neben Barlohn- beziehungsweise Bargehaltserhöhungen werden tarifvertragliche Vereinbarungen über vermögenswirksame Leistungen immer mehr an Bedeutung gewinnen. Tarifvertragliche Vereinbarungen über vermögenswirksame Leistungen müssen jedoch durch staatliche Maßnahmen ergänzt werden.

Beteiligung der Arbeitnehmer am Produktivvermögen

Für die heutige Vermögensbildung und -verteilung ist die Privatrechtsordnung mit dem Privateigentum an Produktionsmitteln bestimmend, weil die aus dem römischen Recht überkommene Eigentumsordnung übernommen wurde.

Nach dieser Privatrechtsordnung fällt das Eigentum an neu produzierten Sachen dem Eigentümer der Produktionsmittel zu, während die Arbeitnehmer keinen Anteil daran haben. Das führt in der Industriegesellschaft, die aus technischen und ökonomischen Gründen in bestimmten Bereichen auf riesige Produktionsanlagen angewiesen ist, zur Vermögenskonzentration in Händen weniger. Eine nur an Wachstum und Vollbeschäftigung orientierte Wirtschaftspolitik gewährleistet nicht automatisch eine befriedigende Einkommens- und Vermögensverteilung. Im Gegenteil: sie führt zu einer immer stärkeren Konzentration der Vermögen.

In Zukunft darf die Wertschöpfung nicht mehr als Ausfluß allein des Eigentums an Sachen begriffen werden. Sie resultiert vielmehr aus einem sozialen Prozeß, an dem sowohl die Sacheigentümer wie auch die Arbeitnehmer Anteil haben müssen.

Die bisherigen staatlichen Maßnahmen, wie zum Beispiel die Förderung der Sparwilligkeit durch Prämien und steuerliche Vergünstigungen, haben bisher nicht zu einer breiteren Vermögensstreuung geführt.

Die staatliche Wirtschafts- und Finanzpolitik hat in der Nachkriegszeit die Vermögenskonzentration noch verstärkt.

Das gegenwärtige System der Verteilung der Vermögenszuwachsraten steht zum Leistungsprinzip im Widerspruch. Dieses System und damit langfristig die Vermögensverteilung müssen durch Maßnahmen zugunsten aller in abhängiger Stellung Tätigen unverzüglich geändert werden. Maßnahmen dieser Art müssen allen Arbeitnehmern zugute kommen.

Die DAG schlägt deshalb eine Lösung vor, die

alle Arbeitnehmer, unabhängig von Art und Ort ihrer Tätigkeit, einbezieht und nach dem Grundsatz der Chancengleichheit behandelt,

für alle Unternehmen und Wirtschaftszweige wettbewerbs-, konjunktur- und weitgehend preisneutral ist.

Die DAG fordert:

Die Unternehmen werden gesetzlich verpflichtet, einen bestimmten Prozentsatz ihres Gewinns vor Steuern — nach Abzug eines kalkulatorischen Unternehmerlohns — in bar, Beteiligungswerten oder in Form von Schuldverpflichtungen an Fonds abzuführen.

Alle Arbeitnehmer erhalten unabhängig davon, in welchem Unternehmen oder welcher Branche sie arbeiten, Anteilspapiere aus dem Fondsvermögen.

Die Arbeitnehmer erhalten in der Höhe gleiche Anteile kostenlos.

Auf die Arbeitnehmer entfallende Anteile sind langfristig festzulegen. Eine Festlegungsfrist von zehn Jahren ist vorzusehen.

Die freiwillige Festlegung solcher Anteile über die vorgesehene Festlegungsfrist hinaus soll durch steuerliche Anreize gefördert werden. Das könnte dadurch geschehen, daß der Verkaufserlös im ersten Jahr nach Ablauf der Festlegungsfrist voll zu versteuern ist. Bei einer späteren Veräußerung ermäßigt sich der Steuersatz pro Jahr um jeweils zehn Prozent.

Die Fonds stellen das von den Unternehmen eingezahlte Kapital für Investitionszwecke der privaten Wirtschaft und für Sozialinvestitionen des Staates zur Verfügung.

Die Steuerpolitik — als Instrument der sekundären Einkommensverteilung — muß die Vermögensbildung der Arbeitnehmer durch „flankierende Maßnahmen" unterstützen. Hierzu zählen in erster Linie:

Sparprämiengewährung aus Mitteln der öffentlichen Hand.

Langfristige Staatsverschuldung und Aufbau eines Systems „ewiger Forderungen" (zum Beispiel langfristige Staatsanleihen anstelle von höheren Steuern), die zu verzinsen, aber nicht oder nur sehr langsam zu amortisieren sind.

Gerechte Verteilung der Steuerlast

Die Steuerpolitik ist so zu gestalten, daß der Staat über die für die Wahrnehmung seiner Aufgaben, insbesondere für die Durchführung von Gemeinschaftsaufgaben, erforderlichen Mittel verfügt. Dabei muß allerdings davon ausgegangen werden, daß für die Finanzierung öffentlicher Investitionen die gleichen Grundsätze gelten wie für die Finanzierung privater Investitionen, das heißt, sie haben zu einem angemessenen Teil über Fremdmittel und nicht nur aus Steuermitteln zu erfolgen.

Darüber hinaus hat sich die Steuerpolitik in einer neuen, humaneren Gesellschaft in besonderem Maße an Gerechtigkeitsvorstellungen zu orientieren. Oberster Grundsatz jeder Steuerpolitik muß daher die Berücksichtigung der Belastbarkeit des Steuerzahlers sein. Nicht zuletzt hat die Steuerpolitik im Dienste einer gesamtwirtschaftlichen und sozial orientierten Sparförderung zu stehen.

Die DAG fordert:

Der Anteil der indirekten Steuern muß in einem sozial angemessenen Verhältnis zu den direkten Steuern stehen, da die indirekten Steuern die Bezieher niedriger Einkommen ungleich höher treffen als Höherverdienende.

Durch eine Steuerreform muß erreicht werden, daß unser kompliziertes und uneinheitliches Steuerrecht vereinfacht und für die Bezieher niedriger und mittlerer Einkommen gerechter und sozialer gestaltet wird.

Die Ausgabenstruktur der öffentlichen Haushalte ist zu überprüfen und die Berechtigung von Subventionen ist nachzuweisen, bevor der Steuersatz geändert wird.

Von der Möglichkeit der Staatsverschuldung für die Finanzierung langfristiger staatlicher Investitionen ist stärker Gebrauch zu machen.

Solange die Staatsverschuldung die Grenzen der volkswirtschaftlichen Leistungsfähigkeit beachtet, soll sie als Instrument zur Vermeidung von Steuererhöhungen dienen.

Unser geltendes Einkommensteuerrecht entspricht in wichtigen Punkten nicht den Erfordernissen der steuerlichen Gerechtigkeit und bedarf daher einer grundlegenden Reform.

Die DAG fordert:

Der Spitzensteuersatz in der Einkommensteuer ist wesentlich zu erhöhen. Die Körperschaftsteuer ist entsprechend heraufzusetzen.

Aus Steuergerechtigkeits- und -vereinfachungsgründen ist die Zone des gleichbleibenden Steuersatzes (Proportionalzone) auszudehnen.

Die Progression des Einkommensteuertarifs ist vom Gesetzgeber gewollt und sollte daher nicht durch ein System von Freibeträgen verwässert werden. Steuerliche Begünstigungen dürfen daher nur im Rahmen der Steuerproportionalzone beziehungsweise durch Prämien gewährt werden.

Die Erbschaftsteuer ist als verteilungspolitisches Instrument einzusetzen. Erbschaften ab zwei Millionen DM aufwärts sind daher künftig stärker zu besteuern als bisher. Das muß durch eine entsprechende Progression im Erbschaftsteuertarif erreicht werden.

Gesetzliche Sparförderung

Zur gesetzlichen Sparförderung fordert die DAG:

Das Sparen darf nicht durch steuerliche Abzugsfähigkeit vom Einkommen, sondern nur über Prämien begünstigt werden.

Der absolute Sparhöchstbetrag, bis zu dem Prämien gewährt werden können, beträgt 1600 DM jährlich. Sparleistungen nach dem Vermögensbildungsgesetz bleiben davon unberührt.

Um bei der Sparförderung dem Familienstand gerecht zu werden, wird das beim Bausparen schon jetzt geltende Prinzip generell für alle Sparformen eingeführt, nämlich die Begrenzung auf einen absoluten Höchstbetrag der Prämie bei je nach dem Familienstand unterschiedlichen Prozentsätzen der Prämiierung (Familien mit Kindern haben wesentlich weniger aufzubringen, um die gleiche Prämie wie Unverheiratete zu erhalten).

3. Christliche Gewerkschaften Deutschlands

Eigentumsvorstellungen der Christlichen Gewerkschaften — Als Tarifvertragsempfehlung am 19. November 1963 allen Berufsverbänden des CGD nahegelegt*

§ 1

Investivlohnkasse

Als gemeinsame Einrichtung der Tarifvertragsparteien wird eine „Investivlohnkasse für die Bauwirtschaft" eingerichtet. Diese Investivlohnkasse (ILK) wird an die im Baugewerbe bereits bestehenden Sozialkassen angegliedert.

§ 2

Zweck der Investivlohnkasse

Zweck der ILK ist es, allen unter § 1 dieses Tarifvertrages fallenden Arbeitnehmern einen Investivlohn zukommen zu lassen, der ihnen die Bildung von wertbeständigem Privateigentum ermöglicht.

* Abdruck nach „Soziale Ordnung" Heft 12/1964.

§ 3

Aufbringung der Mittel

Der Arbeitgeber hat zur Aufbringung der Mittel für die Leistungen der ILK einen Beitrag in Höhe von 4 Prozent der lohnsteuerpflichtigen Bruttolohnsumme in die Lohnnachweiskarte einzutragen und an die Kasse abzuführen. Die Kasse hat das unmittelbare Recht, den Beitrag zu fordern.

§ 4

Leistungen der Kasse

Die ILK stellt jedem anspruchsberechtigten Arbeitnehmer am Ende des Kalenderjahres ein Zertifikat über seinen Investivlohnanspruch aus und verpflichtet sich, dieses Zertifikat unter Berücksichtigung der Vorschriften des § 6 dieses Tarifvertrages einzulösen.

§ 5

Anlage der Zertifikate

Die anspruchsberechtigten Arbeitnehmer legen die in § 5 genannten Zertifikate bei Kreditinstituten ihrer Wahl vermögenswirksam an. Als vermögenswirksame Anlage gelten:

1. Ein Sparprämienvertrag nach dem Gesetz über die Gewährung von Prämien für Sparleistungen vom 5. Mai 1959.

2. Aufwendungen des Arbeitnehmers zur Förderung des Wohnungsbaues nach dem Gesetz über die Gewährung von Prämien für Wohnungsbausparer in der neuesten Fassung vom 30. Juli 1960.

3. Aufwendungen des Arbeitnehmers für den Bau oder den Erwerb oder die Entschuldung einer öffentlich geförderten oder steuerbegünstigten eigengenutzten Eigentumswohnung im Sinne des Zweiten Wohnungsbaugesetzes.

4. Kauf von Aktien, auch Eigenaktien des Arbeitgebers.

5. Kauf von Investmentzertifikaten, festverzinslichen Wertpapieren und Genossenschaftsaktien, auch soweit die beiden erstgenannten Anlagen noch nicht unter Ziffer 1 erfaßt sind.

Das Anlageinstitut verpflichtet sich, bei der Einreichung des Zertifikates an die ILK eine Garantieerklärung abzugeben, daß die vermögenswirksame Anlage durch den Arbeitnehmer auf mindestens fünf Jahre vom Tage der Einreichung des Zertifikats vorgenommen worden ist.

§ 6

Fälligkeiten und Verfallfristen

Der Arbeitgeber ist verpflichtet, die Lohnnachweiskarte mit dem daraus hervorgehenden Investivlohnanspruch binnen 14 Tagen nach Abschluß des Kalenderjahres der ILK einzureichen. Die ILK muß ihrerseits das Zertifikat dem Arbeitnehmer binnen weiterer sechs Wochen zustellen.

Das Zertifikat verfällt, wenn es nicht binnen sechs Wochen nach Zustellung durch die ILK bei einem Anlageinstitut eingereicht ist.

§ 7

Verwendung von Überschüssen

Durch Zinsen entstehende Überschüsse der ILK werden nach Maßgabe besonderer Vereinbarungen der Sozialpartner für berufsfördernde Zwecke verwandt.

§ 8

Vorzeitiger Ablauf der Sperrfrist

Bei schwerer Krankheit oder Tod des Arbeitnehmers ist auf Antrag des Arbeitnehmers oder der berechtigten Hinterbliebenen die im § 7 festgelegte Sperrfrist aufzuheben.

§ 9

Verfahren

Das Verfahren wird in einem besonderen Tarifvertrag geregelt.

§ 10

Durchführung des Vertrages

Ziffern 1 bis 3 nicht ausgefüllt.

4. Die Tarifvertragsparteien verpflichten sich, die steuerrechtlichen und sozialversicherungsrechtlichen Fragen, die dieser Tarifvertrag aufwirft, gemeinsam zu regeln.

5. Die Tarifvertragsparteien verpflichten sich, darauf hinzuwirken, daß das Gesetz zur Förderung der Vermögensbildung der Arbeitnehmer vom 12. Juli 1961 dahingehend erweitert wird, daß auch dieser Tarifvertrag das Gesetz in Anwendung bringen kann.

E. Stellungnahmen der Arbeitgeberorganisationen

1. Stellungnahme der Arbeitsgemeinschaft Selbständiger Unternehmer e.V. (ASU) zur Vermögensbildung, April 1971*

1. Die ASU bedauert, daß der für Ende 1970 angekündigte Vermögensbildungsbericht der Bundesregierung bisher noch nicht vorgelegt worden ist. Das Problem einer breiten Vermögensbildung insbesondere in Arbeitnehmerhand ist — nicht erst seit heute — eine Frage von eminenter gesellschaftspolitischer Bedeutung; um so unerträglicher ist es, daß die Diskussion heute immer noch auf der Basis von Schätzungen, unsicherer statistischer Angaben oder veralteter Zahlen geführt wird. Vordringlich ist eine umfassende Bestandsaufnahme der Vermögensverteilung, wie sie heute gegeben ist; ohne eine solche gesicherte aktuelle Diagnose kann keine sinnvolle Therapie entwickelt werden.

2. Trotz der politischen Beliebtheit der Krelle'schen Zahlen von 1960 über die Vermögensverteilung („1,7 % der Bevölkerung besitzen 70 % des Produktivkapitals"), die zudem häufig genug in falscher Interpretation zitiert werden, ist nicht zu übersehen, daß sich die Vermögensbildung nach der Aufbauphase spürbar von den Unternehmen zugunsten der privaten Haushalte verschoben hat. Prof. Krelle hat bereits in seinem damaligen Gutachten festgestellt, daß es in der Bundesrepublik eine Vermögenskonzentration in den Händen weniger nicht gibt. Die derzeitige Vermögensverteilung ist sicher noch nicht befriedigend; sie als „Skandal" zu bezeichnen mag zwar politische Emotionen wecken, geht aber an der gesellschaftspolitischen und gesamtwirtschaftlichen Bedeutung und Problematik dieser Frage völlig vorbei.

* Abdruck nach „Die Aussprache". 21. Jahrgang Heft 4, April 1971.

3. Nach unterschiedlichen Schätzungen entfällt heute etwa die Hälfte des gesamten privaten Vermögens auf Unselbständige; ihr Anteil an der laufenden Vermögensbildung liegt für die zurückliegenden Jahre bei mindestens 60 %. Dies zeigt, daß die Vermögensbildung — aufgrund der bisherigen Maßnahmen und der Steigerung der Masseneinkommen — deutlich breiter wird. Die oft zitierte Behauptung von „den Reichen, die immer reicher, und den Armen, die immer ärmer werden", stimmt heute mit Sicherheit nicht. Bei der Beurteilung dieser Zahlen zur Vermögensbildung muß einmal berücksichtigt werden, daß die unterschiedliche steuerliche Bewertung bestimmte Vermögensarten — speziell solche, die Unselbständigen gehören, wie z. B. Hauseigentum — niedriger ausweist; zum anderen, daß die Altersvorsorge der Selbständigen in deren Quote mitenthalten ist, während die Altersversorgung der Unselbständigen, nämlich ihre Ansprüche gegenüber der Sozialversicherung, in dieser Rechnung nicht berücksichtigt werden. Auch wenn es sich hierbei um „Vermögen" besonderer Art handelt, kann es bei der Betrachtung der Vermögensverteilung nicht außer Betracht bleiben. Der Kapitalwert der Rentenansprüche aus Sozialversicherung und betrieblicher Altersversorgung ist mit 700 bis 800 Mrd. DM berechnet worden; das entspricht einem durchschnittlichen Betrag pro Versichertenhaushalt von 50—60 000,— DM.

4. Die Feststellung, daß im Hinblick auf eine breitere Vermögensbildung die Entwicklung heute durchaus in die gewünschte Richtung läuft, besagt nicht, daß nach Meinung der ASU nicht noch mehr zu tun bleibt. Die selbständigen Unternehmen sind sich bewußt, daß eine breitere Vermögensbildung und eine gleichmäßigere Vermögensverteilung eine gesellschaftspolitische Notwendigkeit zur Stabilisierung unserer Wirtschafts- und Gesellschaftsordnung darstellt. Sie warnen jedoch vor der Illusion, dieses Ziel könne dadurch erreicht werden, daß kurzerhand der Wirtschaft zusätzliche massive Lasten auferlegt werden. Noch wesentlich unsozialer als eine „ungerechte" Vermögensverteilung ist eine Wirtschaft, die nicht mehr oder schlechter funktioniert; der Belastbarkeit der Wirtschaft, die Wachstum produzieren soll, sind hinsichtlich der steuerlichen

wie auch sonstiger Abgaben enge Grenzen gesetzt. Sämtliche Belastungen müssen im Zusammenhang gesehen werden. Diese Forderung muß auch von der Steuerreform im Hinblick auf den erhöhten künftigen Staatsbedarf berücksichtigt werden.

5. Eine tatsächliche Änderung in der Vermögensverteilung setzt voraus, daß künftig von einer größeren Zahl von Menschen in breiterem Umfang als bisher Vermögen gebildet wird. Voraussetzung dazu ist, daß Wirtschaftswachstum und Wirtschaftsentwicklung auch in Zukunft eine weitere Steigerung der Einkommen und des Wohlstands ermöglichen. Der Prozeß der Vermögensbildung kann zwar durch Maßnahmen von außen initiiert und gefördert werden; ohne die Bereitschaft des einzelnen zur Vermögensbildung, zu Ausgabenverzicht und zum Vermögenhalten ist er jedoch nicht in Gang zu halten. Breitere Vermögensbildung und eine weitere Änderung in der Vermögensverteilung sind nicht kurzfristig zu erreichen, sondern nur längerfristig. Sie sind auch das Ergebnis eines Lernprozesses. Vermögenszuteilung „von oben" bringt daher keine dauerhafte Lösung.

6. Mit der Inanspruchnahme des Dritten Vermögensbildungsgesetzes durch die Tarifpartner ist die Vermögensbildung auf breitem Feld und — angesichts der früheren Skepsis der Gewerkschaften — überraschend schnell in eine neue Phase getreten: Mehr als die Hälfte aller Arbeitnehmer kommt 1971 in den Genuß der entsprechenden Vergünstigungen. Angesichts dieses Durchbruchs, der sich in den meisten noch verbleibenden Tarifbereichen fortsetzen wird, und der Tatsache, daß der Höchstrahmen heute noch kaum ausgeschöpft ist, sollten neue Maßnahmen mit unsicheren Wirkungen und Nebenwirkungen nur mit entsprechender Zurückhaltung geplant werden. Vordringlicher sollte die Prüfung sein, ob die Anlage der so begünstigten Mittel im Sinne einer breiten Vermögensbildung optimal ist.

7. Das derzeitige System der staatlichen Sparförderung muß vereinfacht und vereinheitlicht werden. Dieser Zweig der Vermögensbildung muß für jeden einzelnen Bürger verständlicher und überschaubar sein, wenn er auch von Arbeitnehmern genutzt werden soll, die bisher noch nicht gespart und Vermögen

gebildet haben. Wenn der Bund seit 1950 rund 90 Mrd. DM für diese Förderung aufgewandt hat, so ist jetzt dafür zu sorgen, daß diese kostspielige Unterstützung des Sparens vor allem den Bevölkerungsgruppen mit niedrigem Einkommen zugute kommt. Eine Prämiierung ohnehin getätigter Sparvorgänge, wie sie das jetzige System nicht selten mit sich gebracht hat, ist durch angemessene Einkommensgrenzen zu vermeiden.

8. Die Vermögensbildung der Unselbständigen erfolgt bislang im wesentlichen in Form von Geldvermögen oder Haus- und Grundbesitz; ihre Beteiligung am Produktivkapital ist demgegenüber unbefriedigend. Sowenig einerseits eine Überbewertung dieser speziellen Vermögensform angebracht wäre, so sehr müssen andererseits jedoch konkrete Anstrengungen unternommen werden, um den Kreis der am Produktivkapital Beteiligten wesentlich zu verbreitern. Dabei muß gesehen werden, daß sich aus der Natur dieser Vermögensart heraus bereits gewisse Einschränkungen ergeben: So wird diese spezielle Anlageform wegen des damit verbundenen Risikos kaum von jedermann tatsächlich gewünscht werden; dem häufigsten und nächstliegenden Sparmotiv breiter Bevölkerungskreise, nämlich dem Zwecksparen, steht der Charakter des Produktivkapitals als zwangsläufig langfristige Anlage zweifellos entgegen. Wenn der Kreis der Eigentümer an den Produktionsmitteln vergrößert werden soll, so muß gerade wegen dieser Einschränkungen der Charakter des Produktivkapitals durchsichtiger gemacht, muß besonders bei den Arbeitnehmern darüber informiert und dafür geworben werden. Zur Erleichterung des Zugangs zu dieser Vermögensart darf die Attraktivität des Beteiligungskapitals nicht verschlechtert, sondern muß weiter erhöht werden: z. B. durch die Beseitigung der Doppelbesteuerung bei der Kapitalgesellschaft und durch eine Erleichterung der Arbeitnehmerbeteiligung an personenbezogenen Unternehmen.

9. Unerläßlich in diesem Sinn ist die Zulassung und stärkere Berücksichtigung der einzelbetrieblichen Beteiligungsformen. In der Bundesrepublik gibt es nach Schätzungen inzwischen mehr als 2000 Unternehmen, die ihren Mitarbeitern Beteiligungsmöglichkeiten bieten — eine Initiative der Wirtschaft, die nicht nur den Unternehmen Liquiditäts- und Finanzierungsvorteile bringt,

sondern auch den Mitarbeitern eine besonders naheliegende und überschaubare Form der Vermögensbildung bietet, die zu einer unmittelbaren Beteiligung und zu einem persönlichen, „erlebbaren" Miteigentum führt. Die ASU hat hierzu im vergangenen Jahr drei Modelle der Mitarbeiterbeteiligung am arbeitgebenden Unternehmen entwickelt und im Mai 1970 vorgestellt, die über die Eingangsstufe des Mitarbeiterdarlehens eine stille Beteiligung, direkt oder über eine zwischengeschaltete Gesellschaft vorsehen. Die bisher noch bestehenden Benachteiligungen von nichtemissionsfähigen Unternehmen (Personenunternehmen und GmbH) gegenüber Aktiengesellschaften im Sparprämien- und Vermögensbildungsgesetz — darauf hat die ASU ebenfalls im vergangenen Jahr bei der Beratung des Dritten Vermögensbildungsgesetzes hingewiesen — haben mit Sicherheit nicht wenige Unternehmen davon abgehalten, solche betriebsindividuelle Beteiligungsmodelle zu praktizieren. Dies stellt nicht nur eine Benachteiligung im Hinblick auf den Arbeitsmarkt dar, sondern führt in letzter Konsequenz zu einer Förderung der Eigenkapitalbildung der „Großen" durch die „Kleinen". Die ASU appelliert daher an den Gesetzgeber, diese Benachteiligung und Behinderung der Vermögensbildung durch Vereinheitlichung und Erweiterung des Anlagekatalogs des Vermögensbildungs- und Sparprämiengesetzes umgehend zu beseitigen.

10. Trotz des Durchbruchs, den tarifvertraglich vereinbarter Investivlohn aufgrund des Dritten Vermögensbildungsgesetzes erzielt hat, hält sich in der politischen Diskussion die Suche nach einer sogenannten „Großen Lösung", die an einer anderen betrieblichen Bezugsgröße, nämlich dem Gewinn ansetzen soll. Solche Denkmodelle sind nicht neu; zur Zeit werden sie jedoch von verschiedenen Kreisen wieder aufgenommen. Gegen eine gesetzliche Gewinnabgabe der Unternehmer müssen erhebliche Bedenken geltend gemacht werden; ihre Einführung wäre mit sehr ernsten Konsequenzen verbunden.

a) Die Wahl des Ansatzpunktes „Gewinn" läßt vermuten, daß ähnlich wie in früheren Plänen marxistische Vorurteile und die ideologische Verketzerung des Gewinns immer noch nicht überwunden sind. Gewinn ist nicht eine moralische Qualität, sondern in einer Wettbewerbswirtschaft eine betriebswirtschaftliche und volkswirtschaftliche Notwendigkeit, die allein das künftige Wachstum sichert. Demgegenüber kann nicht ausgeschlossen werden, daß es manchen Verfechtern der gesetzlichen Gewinnabgabe eher um die Beschneidung dieses kapitalistischen „Ärgernisses“ als um eine Förderung der Vermögensbildung geht.

b) Eine gesetzliche Gewinnabgabe läuft unmittelbar auf eine Bestrafung des Gewinns hinaus. Sie trifft damit nicht nur die Unternehmen, sondern alle am Produktivkapital Beteiligten: das sind auch z. B. die 1 Mill. VW-, die 1,3 Mill. VEBA- oder die sonstigen Arbeitnehmer-Aktionäre, denen das, was sie nach einem kostspieligen Umweg als Förderung erhalten, vorher vorenthalten wird. Die Betroffenen sind weiter auch alle am Gewinn eines Unternehmens beteiligten Mitarbeiter.

c) Geht die Gewinnabgabe von der absoluten Gewinnhöhe aus, führt sie zu einer Vernachlässigung des Renditegesichtspunkts und zu einer Bestrafung der unternehmerischen Leistung: Ein kleines Unternehmen mit gutem Gewinn wird herangezogen, ein größeres, das schlecht wirtschaftet und wenig Gewinn erzielt, bleibt verschont. Darin liegt eine Diskriminierung der Leistung, die zu gefährlichen Strukturveränderungen führen kann.

d) Eine Gewinnabgabe würde tendenziell zu einer Verschlechterung der ohnehin ungünstigen Kapitalstruktur der deutschen Unternehmen führen, wenn Zinsen für Fremdkapital bei der Ermittlung des Gewinns abzugsfähig sind, nicht jedoch, wie vorgeschlagen wurde, die Verzinsung des Eigenkapitals.

e) Da eine Gewinnabgabe den Charakter einer zusätzlichen Gewinnsteuer hat, führt sie zu einer Verminderung der Eigenkapitalrentabilität. Die Attraktivität des Produktivkapitals, dessen Eigentümerkreis doch vergrößert werden soll, wird generell verringert. Es erscheint einigermaßen absurd, die Gewinnchancen des Produktivkapitals zu beschneiden, um anschließend die Arbeitnehmer an ihm zu beteiligen. Die Verschlechterung der Eigenkapitalrentabilität kann außerdem die Gefahr eines Kapitalabflusses aus der Bundesrepublik herbeiführen.

f) Wenn eine gesetzliche Gewinnabgabe bereits bei einer Gewinnhöhe von 100 000,— DM einsetzen soll, wie es unlängst das Denkmodell der 4 Parlamentarischen Staatssekretäre vorsah, so trifft sie entgegen ihrer erklärten Zielsetzung auch den sonst als förderungswürdig bezeichneten mittelständischen Bereich. Das gilt um so mehr, wenn bei der Gewinnermittlung, die zwangsläufig erheblich reglementiert werden müßte, Unternehmerlohn und Eigenkapitalverzinsung nicht absetzbar wären. Die Förderung der Vermögensbildung nach dem Dritten Vermögensbildungsgesetz erstreckt sich — unter Berücksichtigung der Sonderausgaben — bis auf Einkommen von 50—60 000,— DM pro Jahr. Demgegenüber würde ein Betriebsgewinn von 100 000,— DM, der das Einkommen des Unternehmers einschließt, bereits beschnitten werden.

g) Mittlere Unternehmen können oft nur dank besonderer Leistung im Wettbewerb mit Großunternehmen bestehen. Eine weitere Belastung — zusätzlich zu sonstigen angekündigten Erschwernissen — würde in einer Zeit, in der das Selbständigsein immer schwieriger wird, die Tendenz zur Aufgabe fördern. Das Ergebnis wäre, weitere Konzentration und eine Veränderung der Betriebsgrößenstruktur mit entsprechend nachteiligen Folgen: verminderter Wettbewerb, geringere Zahl von Anbietern etc.

h) Konzentrationsfördernde Auswirkungen und Wettbewerbsverzerrungen zwischen Personen- und Kapitalgesellschaften ergäben sich auch dann, wenn unterschiedliche Abgeltungsformen wie z. B. Barzahlung, Abtretung von Schuldverschreibungen oder Beteiligungsrechten vorgesehen würden. Die Einräumung eines Beteiligungsrechts an fremde Dritte ist technisch und vom Charakter und der Mentalität her einfacher bei der typischen Kapitalgesellschaft, speziell der AG als bei personenbezogenen Unternehmen, die in der Regel unter allen Umständen eine Barzahlung versuchen würden — mit dem Nachteil der Verschlechterung der Investitionsmöglichkeiten und der Liquidität.

i) Wird die Zahlung dagegen durch Abgabe von Beteiligungsrechten geleistet, so ergeben sich nicht nur schwer lösbare Bewertungsprobleme, sondern es ändert sich auch bei Einschaltung von Kapitalbeteiligungsgesellschaften schließlich der Charakter der Personengesellschaft. Von einem bestimmten Grad der Beteiligung an müssen der Beteiligungsgesellschaft zwangsläufig Mitspracherechte eingeräumt werden; sie wird — im Widerspruch zu ihrem bisherigen Charakter — damit zum Mitunternehmer. Die Scheu vor einer solchen Teilenteignung wird die Abtretung von Beteiligungsrechten meist zum letzten Ausweg für den Unternehmer machen: die Kapitalbeteiligungsgesellschaften werden dann zu einer Sammlung schlechter Risiken, die praktisch nur durch staatliche Garantie ausgeglichen werden können.

j) Die Einführung einer gesetzlichen Gewinnabgabe würde mit großer Wahrscheinlichkeit zum Abbau bestimmter freiwilliger Leistungen der Unternehmen führen, z. B. der betrieblichen Ertragsbeteiligung, von Tantiemen u. ä. Damit würden für die betroffenen Arbeitnehmer freiwillige Förderungsmaßnahmen zur Vermögensbildung durch in aller Regel weit weniger wirksame gesetzliche Ersatzmaßnahmen verdrängt.

k) Als weitaus gefährlichste Konsequenz müssen die möglichen gesamtwirtschaftlichen Folgen einer gesetzlichen Gewinnabgabe gesehen werden. Sind die Abgabesätze spürbar und wird ein möglichst großer Kreis von Unternehmen erfaßt (die Vorstellungen der 4 Parlamentarischen Staatssekretäre setzen bei 100 000,— DM Gewinn ein und sollen 4 Mrd. DM = 200 pro Arbeitnehmer bringen), so muß dies zwangsläufig zu einer Schwächung der Investitionsneigung der Unternehmen führen, deren Ausgleich — zur Erhaltung des Wachstums — wieder staatliche Investitionsförderungsmaßnahmen notwendig macht. Wird die Gewinnabgabe schwächer dosiert und auf einen kleineren Kreis von Unternehmen beschränkt, so wird die erreichbare „Manövriermasse" pro Arbeitnehmer so gering, daß sich, im Vergleich z. B. mit den Pro-Kopf-Beträgen des systemkonformen Vermögensbildungsgesetzes, der Einsatz eines so gefährlichen und ordnungspolitisch bedenklichen Mittels erst recht verbietet.

11. Fazit: Eine gesetzliche Gewinnabgabe der Unternehmen ist ein ungeeignetes Mittel zur Förderung der breiteren Vermögensbildung. Selbst in dem weitgehenden Rahmen wie ihn

der Staatssekretärsplan mit einem geplanten Aufkommen von 4 Mrd. DM vorsieht, ist der verteilbare Pro-Kopf-Betrag sehr bescheiden: er erreicht noch nicht einmal ein Drittel dessen, was die bereits jetzt absehbare volle Ausschöpfung des Dritten Vermögensbildungsgesetzes erbringen wird. Dem stehen erhebliche gesamtwirtschaftliche Nachteile gegenüber, die zu kompensieren beträchtliche staatliche Mittel erfordern würde, wodurch letztlich dieser Weg der Vermögensbildung zu einem nicht geringen Teil vom Staat und damit auch von den Begünstigten finanziert werden müßte — ein zu kostspieliger Umweg ohne die erwünschte Wirkung und mit gefährlichen Nebenwirkungen.

12. Aus der Sicht der ASU liegt die bessere und vor allem aussichtsreichere Alternative, um zu einer breiteren Verteilung des jährlichen Vermögenszuwachses zu kommen, in folgenden Maßnahmen, die vordringlich in Angriff zu nehmen wären:

Verbesserung, insbesondere Vereinfachung und Vereinheitlichung der jetzigen Sparförderungs- und Vermögensbildungsgesetze und besondere Konzentration der Förderung auf die unteren Einkommensbezieher; das bedeutet: Erleichterung des Einstiegs in die Vermögensbildung.

Beseitigung der körperschaftsteuerlichen Doppelbelastung, um die Beteiligten am Produktivkapital für breitere Kreise attraktiv zu machen; das bedeutet: Erleichterung des Zugangs zum Produktivkapital der Kapitalgesellschaften.

Abbau der bestehenden Diskriminierungen und Behinderungen für die freiwillige Mitarbeiterbeteiligung an nichtemissionsfähigen, personenbezogenen Unternehmen und Gleichstellung mit anderen Vermögensanlagen; das bedeutet: Erleichterung des Zugangs zum Produktivkapital personenbezogener Unternehmen.

Entscheidende Fortschritte in dieser zentralen gesellschaftspolitischen Frage sind nicht durch „verordnete" Vermögensbildung, sondern nur durch Verbesserung der Chancen und die Erleichterung des Zugangs zur Vermögensbildung zu erreichen. Die selbständigen Unternehmer sind bereit — das zeigen die bisherigen Initiativen der ASU —, ihren Beitrag zu leisten.

2. Erklärung der Bundesvereinigung der Deutschen Arbeitgeberverbände zur Vermögenspolitik vom 10. November 1972*

Die Bundesvereinigung der Deutschen Arbeitgeberverbände sieht in einem weiteren Ausbau der Vermögensbildung der Arbeitnehmer eine der vordringlichen Aufgaben auch für die vor uns liegende Zeit. Die überzeugenden Erfolge, die auf diesem Gebiet in den letzten Jahren erreicht worden sind, müssen die Richtung auch für die Zukunft bestimmen. Nicht neue Modelle sind nötig, sondern die konsequente Fortsetzung des bisherigen Weges. Diesen Weg hat die Bundesvereinigung mit ihrer vor nunmehr vier Jahren erklärten Grundsatzbereitschaft zum Abschluß von Tarifverträgen über vermögenswirksame Leistungen gewiesen. Die Gewerkschaften haben dieses Angebot angenommen. Seither hat sich die tarifvertragliche Vermögensbildung, aufbauend auf der individuellen Spartätigkeit und ergänzt durch die staatliche Sparförderung, als die einzig realistische, praktikable und erfolgreiche vermögenspolitische Konzeption erwiesen. Um diesen Weg weiter auszubauen, hat die Bundesvereinigung im vergangenen Jahr vorgeschlagen, den Begünstigungsrahmen des 624-DM-Gesetzes Schritt für Schritt durch weitere tarifvertragliche Vereinbarungen voll auszuschöpfen. Schon 1971 erhielten etwa 13,4 Millionen Arbeitnehmer in der privaten Wirtschaft und im öffentlichen Dienst vermögenswirksame Leistungen in Höhe von über 4 Mrd. DM. Zusammen mit den vermögenswirksam angelegten Lohnbestandteilen und den staatlichen Sparprämien hat das Vermögensbildungsgesetz den Arbeitnehmern allein im vergangenen Jahr einen Vermögenszuwachs von etwa 10 Mrd. DM erbracht. In diesem Jahr kamen Tarifverträge für weitere eine Million Arbeitnehmer hinzu; für das kommende Jahr liegen heute schon neue Verträge für die gleiche Zahl vor. Um eine stärkere Heranführung der Arbeitnehmer auch an das sogenannte Produktivvermögen zu fördern, hat sich die Bundesvereinigung für eine Verbesserung der Anlageform des „Arbeitneh-

* Abdruck nach vervielfältigtem Manuskript der Deutschen Arbeitgeberverbände.

mer-Darlehens" ausgesprochen sowie für die Möglichkeit, auf freiwilliger Grundlage die Arbeitnehmer als „stille Gesellschafter" oder über die Ausgabe von „Belegschaftsaktien" am Unternehmen zu beteiligen. Sie begrüßt es, daß der Gesetzgeber durch die Prämienbegünstigung des Arbeitnehmer-Darlehens inzwischen eine wichtige Voraussetzung für die Verwirklichung dieser Vorschläge geschaffen hat.

Doch nicht nur ihre Erfolge sprechen für die Fortsetzung der tarifvertraglichen Vermögensbildung. Vor allem zwei Vorteile machen sie allen anderen Modellen überlegen:

Tarifvertragliche Vermögensbildung bedeutet *individuelle* Vermögensbildung. Sie respektiert im weitesten Maße die Verfügungsbefugnis des Einzelnen und sein Recht auf freie Wahl der Anlage. Sie trägt damit der Tatsache Rechnung, daß nur solche Formen der Vermögensbildung der Integration des Einzelnen in unsere freiheitliche Wirtschafts- und Gesellschaftsordnung dienen, die seine individuelle Freiheit nicht beschränken, sondern stärken.

Tarifvertragliche Vermögensbildung bedeutet *solide* Vermögensbildung. Sie ermöglicht eine elastische Anpassung an die wirtschaftliche Entwicklung und kann damit eine Gefährdung der Geldwertstabilität, der Vollbeschäftigung und des wirtschaftlichen Wachstums ausschließen. Sie sichert damit die unverzichtbaren Grundlagen für jede erfolgreiche Vermögenspolitik.

Die Bundesvereinigung sieht sich in dieser Forderung nach *individueller* Vermögensbildung *in Stabilität* überzeugend bestätigt durch die vermögenspolitischen Vorstellungen und Erwartungen der Bevölkerung und durch eine vorurteilsfreie Beurteilung der derzeitigen Vermögensverteilung, ihrer Entwicklung und Tendenzen.

Aus einer von der Bundesvereinigung in Auftrag gegebenen, in ihren wichtigsten Ergebnissen als Anlage beigefügten Repräsentativuntersuchung über „Einstellung, Meinungsbild und Verhaltenstendenzen der Bevölkerung zur vermögenspolitischen Auseinandersetzung" ergibt sich eindeutig, daß Vermögensbildung ausschließlich gesehen und verstanden wird als *individuelle* Vermögensbildung. Jede Konzeption, die auf das

Merkmal der persönlichen Zuordnung und Verfügbarkeit des Vermögens verzichtet, läuft den Erwartungen der Begünstigten eindeutig zuwider. Diese Erwartungen sind trotz aller Versuche zur Ideologisierung der Diskussion ganz überwiegend programmatisch und orientieren sich an dem, was realistisch ist. Die Ergänzung der individuellen Spartätigkeit durch tarifvertragliche vermögenswirksame Leistungen und staatliche Sparförderung wird von der Mehrheit der Bevölkerung als erfolgversprechender Weg zur verstärkten Vermögensbildung anerkannt. Der freien Wahl der Anlage kommt hierbei eine große Bedeutung zu. Die einseitige Überbetonung des sogenannten Produktivvermögens in der vermögenspolitischen Diskussion findet in den individuellen Anlagepräferenzen keinerlei Stütze. Die Beurteilung der Vermögensverteilung in der Bundesrepublik Deutschland ist ambivalent: Positive und negative Beurteilung, auf abgestufter Skala verteilt, halten sich in etwa die Waage. Aber auch dort, wo kritische oder negative Beurteilung überwiegt, ist ganz überwiegend die Einsicht in die unvermeidbare Längerfristigkeit einer Veränderung der Vermögensverteilung vorhanden, zumal eine Umverteilung durch Eingriff in bestehende Vermögen klar abgelehnt wird.

Dieses Ergebnis ist vor allem deshalb bemerkenswert, weil gerade während des Untersuchungszeitraums die gewerkschaftlichen Versuche, mit dem politischen Schlagwort von einer „skandalösen Vermögensverteilung" die Diskussion zu bestimmen, einen gewissen Höhepunkt erreicht hatten. Nachdem sich inzwischen gezeigt hat, daß diese vordergründige Simplifizierung doch mehr und mehr einer sachgerechten und differenzierenderen Beurteilung weichen muß, wäre auf den heutigen Meinungsstand der Bevölkerung bezogen wohl eher eine positivere Beurteilung zu erwarten.

Tatsächlich nämlich ist die einem Gutachten Professor Krelles entnommene und später von Siebke fortgeschriebene Feststellung über eine Konzentration des sogenannten Produktivvermögens, auf die sich jenes Schlagwort stützte, zunehmend in ihrer nur relativen Bedeutung für die Beurteilung der Vermögensverteilung erkannt worden. Hierzu trugen nicht zuletzt die wiederholten Hinweise und Klarstellungen Professor Krelles selbst bei. Diese Klarstellungen galten nicht nur der Bewertungsproblematik vor allem bei dem ohnehin nur teilweise berücksichtigten Grundbesitz, sie galten vor allem auch der Tatsache, daß die Verteilung einer einzelnen Vermögensart noch nichts aussage über die Verteilung des Gesamtvermögens, bei dem — so Krelle — „von einer Konzentration des privaten Vermögens in wenigen Händen keine Rede sein" könne. Hinzu kommt, daß der Anteil des sogenannten Produktivvermögens am Gesamtvermögen eindeutig rückläufig, der des Geldvermögens dagegen steigend ist. Hiervon lagen nach den Berechnungen von Schlesinger (Deutsche Bundesbank) 1960 erst 39%, 1970 dagegen 50% bei den privaten Haushalten. Der Anteil der Unselbständigen hieran stieg in diesem Zeitraum von 56% auf 67%, während der der Selbständigen entsprechend absank. Das durchschnittliche Geldvermögen der Unselbständigenhaushalte wies 1970 mit DM 16 500 gegenüber 1960 eine Steigerungsrate von 200% auf. Grundsätzlich ist im übrigen bei der Vermögenssituation der Unselbständigen stets zu berücksichtigen, daß ihre Altersvorsorge vor allem über die Sozialversicherung erfolgt.

Eine weitere Versachlichung der vermögenspolitischen Diskussion ist zu erwarten von einem unter Leitung von Professor Engels stehenden Forschungsprojekt. Wesentliche Ergebnisse dieser sehr umfassend angelegten Untersuchung, die inzwischen in einem Vorbericht veröffentlich worden sind, lassen ein wesentlich ausgewogeneres Bild der Vermögensverteilung erkennen, als es bisher der politischen und der allgemeinen Auseinandersetzung zugrundelag. Besonders beachtenswert sind hier vor allem folgende Ergebnisse:

Der Anteil des sogenannten Produktivvermögens am gesamten Volksvermögen betrug unter Berücksichtigung aller „stillen Reserven" Ende 1970 nur noch 27%. (Nach dem von Krelle angewandten Bewertungsverfahren 22%.) Ginge man unter Übernahme des von Krelle angewandten Verteilungsmaßes davon aus, daß 1,7% aller privaten Haushalte über 70% des Produktivvermögens besäßen, so entspräche dies einem Anteil von nur 12,7% am gesamten Volksvermögen.

Nur etwa 58% des gesamten Volksvermögens entfallen auf private Inländer. Neben etwa 6%, die das Inlandsvermögen von Ausländern ausmacht, befinden sich etwa 36% in den Händen des Staates und anderer kollektiver Vermögensträger. Die auch von allen anderen bisher vorliegenden Untersuchungen festgestellte Tendenz zu einer zunehmenden Annäherung in der Vermögensverteilung zwischen den sozio-ökonomischen Gruppen wird auch grundsätzlich von Engels bis zum Jahre 1969 bestätigt. Für das Jahr 1970 und 1971 weist seine Untersuchung allerdings wieder die Tendenz zu einer ungleichmäßigeren Vermögensverteilung auf, und zwar zu Lasten der Arbeitnehmer. Dies hat seinen Grund allein in der inflatorischen Entwicklung dieser beiden Jahre. Hier macht sich der überproportionale Preisanstieg für das Grundvermögen in besonderem Maße bemerkbar. Dies bestätigt überzeugend, daß eine langfristige und weitgehende Stabilität des Geldwerts unerläßliche Voraussetzung jeder erfolgreichen Vermögenspolitik ist.

Die Bundesvereinigung der Deutschen Arbeitgeberverbände ist der Ansicht, daß diese jüngsten Untersuchungen über die tatsächliche Vermögensverteilung ebenso wie die Feststellungen über die vermögenspolitischen Erwartungen in der Bevölkerung für die weitere Diskussion große Beachtung verdienen. Gerade deshalb verfolgt sie mit großer Besorgnis die derzeitige Entwicklung der vermögenspolitischen Diskussion vor allem innerhalb des Deutschen Gewerkschaftsbundes. Hier stehen sich zwei Konzeptionen gegenüber, die — wenn auch aus unterschiedlichen Gründen — gleichermaßen zu Zweifeln berechtigen, ob dem Ziel einer verstärkten individuellen Vermögensbildung der Arbeitnehmer in Stabilität tatsächlich noch der Stellenwert zugemessen wird, der ihm in einer freiheitlichen Wirtschafts- und Gesellschaftsordnung zukommt. Dies gilt vor allem für die in ihren Grundzügen auf dem diesjährigen DGB-Bundeskongreß beschlossene Konzeption, in der die Vermögensbildung des Einzelnen nur noch als Vorwand für die Bildung kollektiver Macht genommen wird. Es gilt aber auch für die davon abweichenden Vorstellungen der IG Metall, die im Ergebnis den weiteren Ausbau der bisherigen Erfolge beeinträchtigen und die darüber hinaus die Stabilität des Geldwertes als unerläßliche Voraussetzung jeder individuellen Vermögensbildung gefährden müßten.

Nach der vom DGB beschlossenen Konzeption — an die sich auch die „Leitsätze der SPD zur Beteiligung der Arbeitnehmer am wachsenden Produktivvermögen" vom September dieses Jahres anlehnen — sollen die Unternehmen gesetzlich verpflichtet werden, jährlich in Höhe eines bestimmten Teiles ihres Gewinns stimmberechtigte Gesellschaftsanteile an sogenannte Beteiligungsfonds zu übertragen, die ihrerseits Zertifikate an alle Arbeitnehmer ausgeben. Die Politik jener Fonds soll zwar formal „vom Willen der begünstigten Arbeitnehmer bestimmt werden", tatsächlich aber würde sie von den Gewerkschaften bestimmt. Ihre erklärte Aufgabe soll die „Einflußnahme auf die Unternehmenspolitik im Sinne verteilungs- und gesellschaftspolitischer Ziele" sein. Um zu verhindern, daß diese „Verfolgung gesellschaftspolitischer Ziele" beeinträchtigt wird durch die auf das Ziel der individuellen Vermögensbildung gerichteten Vorstellungen der begünstigten Arbeitnehmer, erwägt der DGB eine „ewige Sperrfrist" für die Fondszertifikate. "Begrenzte Sperrfristen" nämlich „würden den Fonds wegen der notwendigen Dividendenausschüttung und der Kurspflege zu einer ausschließlich gewinnorientierten Politik zwingen". Hier wird dem einzelnen Arbeitnehmer offen der Platz einer Kulissenfigur zugewiesen, die lediglich die formale Legitimation für eine gewerkschaftlich bestimmte Fondspolitik herzugeben hat. Die Jahr für Jahr steigende Akkumulation von Unternehmensbeteiligungen bei jenen Fonds würde — vor allem in ihrer Verzahnung mit der weiterhin geforderten paritätischen Mitbestimmung — die Unternehmen bereits in absehbarer Zeit in gewerkschaftliche Regie überführen. Ziel dieser Konzeption ist die Macht, ihr Inhalt ist Absage an die Idee der individuellen Vermögensbildung und das vermögenspolitische Etikett, mit dem der DGB sie versehen hat, ist Irreführung.

Dies macht den wachsenden Widerstand auch innerhalb der Gewerkschaften gegen diese Konzeption verständlich. Am deutlichsten wurde er artikuliert in den „Leitsätzen der IG Metall zur Vermögenspolitik" vom 17. Oktober 1972. Zwar bedeuten die dort geltend gemachten „erheblichen Bedenken gegen die sogenannte überbetriebliche Ertragsbeteiligung" keine Distanzierung von dem Ziel der gewerkschaftlichen Macht über die Wirtschaft. Eher sind sie als Bestätigung zu werten mit dem Unterschied, daß die IG Metall die Möglichkeiten einer gewerkschaftlichen Kontrolle der Wirtschaft allein schon durch das Instrument der paritätischen Mitbestimmung realistischer und damit aussichtsreicher einschätzt als der DGB. Eine zusätzliche Einflußnahme auf die Unternehmenspolitik über gewerkschaftlich beherrschte Fonds erscheint ihm deshalb nicht erforderlich. Es wird auch erkannt und zugegeben, daß lange oder gar ewige Sperrfristen, wie sie in der DGB-Konzeption unvermeidbar sind, „den Arbeitnehmern nur fiktive Vorteile bringen würden" und „zu entsprechenden Gegenreaktionen führen müßten".

Diese ausdrückliche Absage an eine überbetriebliche Gewinnbeteiligung generell und in der vom DGB beschlossenen Konzeption im besonderen ist im Ergebnis zweifellos zu begrüßen. Sie scheint den Weg freizuhalten für eine Fortsetzung und Intensivierung der individuellen Vermögensbildung des einzelnen Arbeitnehmers, wobei vor allem der tarifvertraglichen Vereinbarung vermögenswirksamer Leistungen, die von den Gewerkschaften übereinstimmend als vermögenspolitisches Instrument anerkannt wird, besondere Bedeutung zukommt. Doch die Zustimmung zu diesem Ergebnis wird überschattet von den Bedenken, die gegen die Konzeption der IG Metall im übrigen vorzubringen sind. Diese Konzeption steht unter dem erklärten Vorzeichen, daß „der Vermögenspolitik nur eine begrenzte gesellschaftliche Funktion zugewiesen werden" könne. Vorrangige Bedeutung komme demgegenüber einer Verschiebung der Steuerlastverteilung durch stärkere steuerliche Belastung hoher Einkommen ergänzt durch eine über den Produktivitätszuwachs hinausgehende gewerkschaftliche Tarifpolitik zu. Die Parallelität dieser Vorstellungen mit den Forderungen, die sich auf dem „Steuerparteitag" der SPD 1971 gegen die individuelle Vermögensbildung der Arbeitnehmer und für eine extrem-rigorose Besteuerung der Unternehmensgewinne entschieden, ist nicht zu übersehen. Wie damals jenen Forderungen, so muß die Bundesvereinigung auch jetzt diesen Vorstellungen der IG Metall entgegenhalten, daß alle Pläne zur stärkeren Vermögensbildung der Arbeitnehmer auf Sand gebaut sind, wenn sie letztlich die Investitionsfähigkeit und -bereitschaft der Unternehmen und die Stabilität des Geldwertes beeinträchtigen. Diese Gefahr aber ist den Überlegungen der IG Metall immanent. Eine weitere Verringerung der Unternehmensgewinne — sei es über eine gesetzliche Gewinnabgabe oder über Steuererhöhungen — würde zwangsläufig die Investitionsmöglichkeiten und damit eine gesunde Weiterentwicklung der Wirtschaft verringern. Dadurch würde sich der verteilungspolitische Spielraum soweit verengen, daß eine weitere Tarifierung vermögenswirksamer Leistungen ernsthaft in Frage gestellt würden müßte. Träte daneben gar noch eine zielbewußt über den Produktivitätszuwachs hinausgehende Lohnpolitik, so könnte dies nicht ohne nachhaltige Auswirkungen auf wirtschaftspolitische Ziele, vor allem auf die Stabilität des Geldwertes bleiben. Damit aber würden nicht nur die wichtigsten Grundlagen für jede wirksame Vermögenspolitik in der Zukunft gefährdet, es würden vor allem auch die bisher schon erreichten Erfolge zunehmend entwertet.

Die Bundesvereinigung appelliert deshalb an die Gewerkschaften, das Ziel der verstärkten Vermögensbildung der Arbeitnehmer weder durch gewerkschaftlichen Machtanspruch zu verfälschen noch durch Überforderung der wirtschaftlichen Leistungsfähigkeit zu gefährden. Das eine wie das andere würde das übereinstimmende Bekenntnis der Sozialpartner zur tarifvertraglichen Vermögensbildung im Ergebnis entwerten. Es gilt vielmehr, auch für die Zukunft eine Vermögenspolitik zu gestalten, die, frei von ideologischer Verengung, realistisch und deshalb erfolgreich ist. Eine solche Politik darf die vermögenspolitischen Erwartungen der Bevölkerung ebensowenig ignorieren wie die tatsächliche Situation in der Vermögensverteilung. Sie muß die Verfügungsbefugnis der begünstigten Arbeitnehmer und ihr Recht zur freien Wahl der Anlage respektieren. Sie verbietet die einseitige Fixierung allein auf das sogenannte Produktivvermögen. Sie ist mit der Frage nach der

Notwendigkeit des ausgewiesenen außerordentlich hohen Staatsanteils am Volksvermögen konfrontiert. Sie muß schließlich vor allem berücksichtigen, daß die Stabilität des Geldwertes unerläßliche Voraussetzung für jede langfristige erfolgreiche Vermögenspolitik ist und das die Preisgabe dieser Grundlage sich zwangsläufig gegen die Mehrheit der Arbeitnehmer und damit gerade gegen diejenigen richtet, die Begünstigte der vermögenspolitischen Maßnahmen sein sollen. All diesen Erfordernissen wird der von der Bundesvereinigung gewiesene Weg der tariflichen Vermögensbildung gerecht. Ihn fortzusetzen und auszubauen bedeutet zukunftsorientierte Vermögenspolitik. Gegen alle Maßnahmen, die im Ergebnis seine Fortsetzung blockieren oder seine Erfolge abwerten, muß jedoch der Vorwurf erhoben werden, daß sie die Vermögenspolitik der Zukunft von den Vor- und Fehlurteilen der Vergangenheit bestimmen lassen.

F. Kirchliche Stellungnahmen

1. Enzyklika „Mater et magistra" — Über die jüngsten Entwicklungen des gesellschaftlichen Lebens*

(Auszug)

Das Privateigentum

Die veränderte Lage

Augenscheinlich vollzieht sich in jüngster Zeit gerade bei den größten wirtschaflichen Unternehmen eine immer schärfere Scheidung der Funktionen hier der Kapitaleigner, dort des Managements. Daraus erwachsen der staatlichen Führung recht schwierige Aufgaben. Diese hat ja darüber zu wachen, daß die Planungen der Leiter führender Unternehmen, besonders solcher, die für die gesamte Volkswirtschaft von entscheidender Bedeutung sind, nicht in dieser oder jener Hinsicht den Erfordernissen des Gemeinwohls zuwiderlaufen. Diese Schwierigkeiten bestehen, wie die Erfahrung zeigt, unabhängig davon, ob das für die großen Unternehmen notwendige Kapital sich in öffentlicher oder privater Hand befindet.

Wir wissen auch, daß heute immer mehr Menschen auf Grund der vielfältigen wirtschafts- und sozialpolitischen Sicherungen unbesorgt und zuversichtlich in die Zukunft blicken können. Früher gründete ihre Zuversicht auf einem wenn auch bescheidenen Vermögen.

Heute bemüht man sich vielfach mehr um die Erlernung eines Berufes als um den Eigentumserwerb. Man schätzt das Einkommen, das auf Arbeitsleistung oder auf einem davon abgeleiteten Rechtsanspruch beruht, höher als das Einkommen aus Kapitalbesitz oder daraus abgeleiteten Rechten.

Das entspricht vollkommen dem eigentlichen Wesen der Arbeit. Denn diese ist unmittelbarer Ausfluß der menschlichen

* Abdruck nach: Die soziale Botschaft der Kirche von Leo XIII bis Johannes XXIII. München.

Natur und deshalb wertvoller als Reichtum an äußeren Gütern, denen ihrer Natur nach nur der Wert eines Mittels zukommt. Diese Entwicklung ist deshalb ein echter Ausdruck menschlichen Fortschritts.

Auf Grund dieser wirtschaftlichen Entwicklung sind nun Zweifel darüber entstanden, ob ein von Unseren Vorgängern mit Nachdruck vorgetragener und verfochtener gesellschaftswirtschaftlicher Grundsatz unter den gegenwärtigen Umständen seine Geltung verloren habe oder weniger bedeutsam geworden sei, der Grundsatz nämlich, daß dem Menschen auf Grund seiner Natur das Recht zukommt, Privateigentum, und zwar auch an Produktionsmitteln, zu haben.

Das natürliche Recht auf Eigentum

Ein solcher Zweifel ist völlig unbegründet. Denn das Recht auf Privateigentum, auch an Produktionsmitteln, gilt für jede Zeit. Es ist in der Natur der Dinge selbst grundgelegt, die uns belehrt, daß der einzelne Mensch früher ist als die bürgerliche Gesellschaft und daß diese zielhaft auf den Menschen hingeordnet sein muß. Übrigens würde die Anerkennung des menschlichen Rechts auf wirtschaftliche Privatinitiative gegenstandslos, wollte man dem Menschen nicht zugleich auch die Möglichkeit einräumen, die für die Ausübung dieses Rechts notwendigen Mittel selbst zu bestimmen und anzuwenden. Sowohl die Erfahrung wie die geschichtliche Wirklichkeit bestätigen es: wo das politische Regime dem einzelnen das Privateigentum auch an Produktionsmitteln nicht gestattet, dort wird auch die Ausübung der menschlichen Freiheit in wesentlichen Dingen eingeschränkt oder ganz aufgehoben. Das beweist: das Recht auf Eigentum bildet in der Tat eine Stütze und zugleich einen Ansporn für die Ausübung der Freiheit.

Hierin liegt die Erklärung für die Tatsache, daß jene gesellschaftlichen und politischen Verbände und Organisationen, die einen Ausgleich zwischen Freiheit und Gerechtigkeit im gesellschaftlichen Zusammenleben suchen und bis vor kurzem das Eigentum an Produktionsmitteln ablehnten, heute, durch die soziale Entwicklung belehrt, ihre Meinung merklich geändert haben und dieses Recht durchaus anerkennen.

Wir möchten hier auf eine Fragestellung verweisen, die Unser Vorgänger Pius XII. getroffen hat: „Wenn also die Kirche den Grundsatz des Privateigentums verteidigt, so verfolgt sie dabei ein hohes ethisch-soziales Ziel. Sie beabsichtigt keineswegs, den gegenwärtigen Stand der Dinge einfachhin und ohne Abstriche zu befürworten, als ob sie darin etwa den Ausdruck des göttlichen Willens sähe, noch grundsätzlich den Reichen und Plutokraten gegenüber dem Armen und Habenichts zu schützen ... Worauf die Kirche vielmehr abzielt, das ist, die Einrichtung des Privateigentums zu dem zu machen, was sie nach den Plänen der göttlichen Weisheit und den Anordnungen der Natur sein soll." Das Privateigentum muß das Recht des Menschen auf Freiheit schützen und zugleich einen unentbehrlichen Beitrag leisten zum Aufbau der rechten gesellschaftlichen Ordnung.

Wir sagten schon, daß in nicht wenigen Ländern in der letzten Zeit die Wirtschaft einen raschen Aufschwung genommen hat. Wenn aber der Ertrag steigt, so verlangen Gerechtigkeit und Billigkeit auch eine im Rahmen des Gemeinwohls mögliche Erhöhung des Arbeitslohnes. Dadurch wird den Arbeitern erleichtert, Ersparnisse zu bilden und ein bescheidenes Vermögen zu erwerben. Es ist deswegen unverständlich, wenn von einigen der naturrechtliche Charakter des Eigentums bestritten wird. Lebt doch das Eigentum von der Fruchtbarkeit der Arbeit und erhält von ihr seine Bedeutung. Es schützt zudem in wirksamer Weise die Würde der menschlichen Person und erleichtert die Ausübung der beruflichen Verantwortung in allen Lebensbereichen. Es fördert die Ruhe und Beständigkeit des menschlichen Zusammenlebens in der Familie und fördert den innern Frieden und die Wohlfahrt des Landes.

Wirksame Streuung

Es genügt jedoch nicht, nur das naturgegebene Recht auf Privateigentum, auch an Produktionsmitteln, zu betonen. Mit gleichem Nachdruck muß alles unternommen werden, damit alle Kreise der Bevölkerung in den Genuß dieses Rechtes gelangen.

Pius XII. hat es klar ausgesprochen: „Die Persönlichkeitswürde des Menschen erheischt also das persönliche Nutzungsrecht an den Gütern der Erde als normale und naturgemäße Lebensgrundlage. Dem entspricht die grundsätzliche Forderung des Privateigentums, soweit möglich, für alle." Andererseits fordert die Würde der Arbeit auch „die Erhaltung und Vervollkommnung einer Sozialordnung, welche allen Schichten des Volkes die Bindung eines dauerhaften, sei es auch nur bescheidenen Privateigentums ermöglicht."

Breitere Streuung des Eigentums ist, wenn jemals, so heute ganz besonders geboten. In einer wachsenden Zahl von Ländern wächst der wirtschaftliche Wohlstand rasch. Bei kluger Anwendung bereits erprobter Verfahrensweisen dürfte es nicht schwer sein, die wirtschaftliche und soziale Entwicklung in diesen Ländern so zu lenken, daß sie den Zugang zu privatem Eigentum erleichtert und verbreitert, beispielsweise zu dauerhaften Gebrauchsgütern, Wohnhaus, Grundstück, Geräten für den handwerklichen oder bäuerlichen Familienbetrieb, in Wertpapieren verbrieften Kapitalanlagen in Groß- und Riesenunternehmen. In sozial und wirtschaftlich fortgeschrittenen Ländern sind da bereits erfreuliche Ergebnisse erzielt.

Öffentliches Eigentum

Das eben Gesagte schließt keineswegs aus, daß auch der Staat und andere öffentlich-rechtliche Gebilde rechtmäßig Eigentum besitzen, auch an Produktionsmitteln, ganz besonders dann, wenn „die mit ihnen verknüpfte übergroße Macht ohne Gefährdung des öffentlichen Wohls Privathänden nicht überantwortet bleiben kann".

Ja es scheint ein Merkmal unserer Zeit zu sein, daß das staatliche und sonstige öffentliche Eigentum immer umfangreicher wird. Das hat unter anderem darin seine Ursache, daß der Staat um des Gemeinwohls willen immer größere Aufgaben übernehmen muß. Aber auch hier will das bereits erwähnte Prinzip der Subsidiarität unbedingt beachtet sein. Nur dann dürfen der Staat und andere öffentlich-rechtliche Gebilde den Umfang ihres Eigentums ausweiten, wenn das richtig verstandene Gemeinwohl dies offenbar verlangt, wobei zu vermeiden ist, das Privateigentum übermäßig zu beschränken oder, was noch schlimmer wäre, ganz zu verdrängen.

Wir müssen darauf hinweisen, daß wirtschaftliche Unternehmungen des Staates oder anderer öffentlich-rechtlicher Gebilde nur solchen Männern anvertraut werden dürfen, die sich durch besondere Sachkenntnis, durch Charakterfestigkeit und durch großes Verantwortungsbewußtsein gegenüber der Volksgemeinschaft auszeichnen. Die Tätigkeit dieser Männer ist sorgsam zu überwachen. Es muß verhindert werden, daß innerhalb der staatlichen Verwaltung selbst wirtschaftliche Macht sich in den Händen weniger anhäuft. Das ist unvereinbar mit dem öffentlichen Wohl.

Soziale Funktion und Verpflichtung des Eigentums

Unsere Vorgänger haben auch wiederholt erklärt, daß das Recht auf Eigentum zugleich eine soziale Funktion einschließt. Nach dem Willen des Schöpfers sind alle Güter an erster Stelle auf die menschenwürdige Versorgung aller hingeordnet. In dem Rundschreiben *Rerum novarum* heißt es: „Wem durch Gottes Fügung mehr Güter zuteil wurden, seien es leibliche und materielle Güter oder seien es Güter des Geistes, hat sie empfangen, um sie im Dienste der Vorsehung zu seiner eigenen Vervollkommnung und zum Nutzen der anderen zu gebrauchen. ‚Wer Geist besitzt, darf nicht schweigen, wer Reichtum an Gütern besitzt, sehe zu, daß seine Barmherzigkeit nicht erlahme, wer über eine Handfertigkeit verfügt, verwende sein Können zum Besten der Mitmenschen‘ (Gregor d. Gr.).“

Wie sehr auch in unserer Zeit der Aufgabenbereich des Staates und der öffentlich-rechtlichen Gebilde sich ausgeweitet hat und immer noch ausweitet, so folgt daraus keineswegs, wie manche offenbar meinen, die soziale Funktion des Eigentums sei dadurch überholt. Die soziale Funktion des Eigentums entspringt vielmehr aus dem Eigentumsrecht selbst. Unmittelbar damit sind die jederzeit überaus zahlreichen Härtefälle und verborgenen, aber schwerwiegenden Notstände zu bedenken, denen die noch so vielseitige öffentliche Fürsorge nicht beikommt und denen sie in keiner Weise abhelfen kann. Hier bleibt für private menschliche Hilfsbereitschaft und christliche Caritas immer ein weites Feld. Es ist zudem eine Tatsache, daß jene Unternehmungen, bei denen es um ideelle Werte geht, durch die Initiative der einzelnen Personen oder Personengruppen besser gefördert werden als durch öffentliche Organe.

Hier scheint noch der Hinweis angebracht, daß die Autorität des Evangeliums das Recht auf Privateigentum eindeutig bestätigt, das nichtsdestoweniger uns Christus den Herrn vor Augen stellt, wie er eindringlich mahnt, die irdischen Güter den Armen zu schenken und sie so in übernatürliche Reichtümer zu verwandeln. „Suchet nicht Schätze auf Erden aufzuhäufen, wo Rost und Motten sie verzehren und Diebe sie ausgraben und stehlen. Sammelt euch vielmehr Schätze für den Himmel, wo weder Rost noch Motten sie verzehren noch Diebe sie ausgraben und stehlen." Und der göttliche Meister sieht als ihm selbst erwiesen an, was den Armen getan worden ist. „Wahrlich, ich sage euch, was ihr dem Geringsten meiner Brüder getan habt, das habt ihr mir getan."

2. Denkschrift der Evangelischen Kirche in Deutschland zur Eigentumsfrage. „Eigentumsbildung in sozialer Verantwortung"*

vom 6. April 1962

Eigentumsbildung in sozialer Verantwortung

Eine Denkschrift zur Eigentumsfrage in der Bundesrepublik Deutschland

I.

Das Eigentum und der Eigentümer vor Gott

1. Die Welt, wir Menschen und alles, was wir haben, sind ein Werk des göttlichen Schöpfers. Jeder Mensch, der Eigentum erstrebt, hat oder darüber verfügt, soll daran denken, daß er und alle Güter Gott zu eigen sind.

2. Gott hat den Menschen in väterlicher Güte geboten, sich die Erde untertan zu machen. Indem der Mensch die Güter der Erde verwalten darf, soll er in Freiheit und in Verant-

* Abdruck nach dem Amtsblatt der Evangelischen Kirche in Deutschland, Hannover-Herrenhausen.

wortlichkeit vor Gott seiner Bestimmung leben. Wo das Eigentumsrecht Gottes mißachtet wird, verkehren sich auch die Eigentumsrechte der Menschen.

3. In Jesus Christus ist allen Menschen, gleichviel, in welcher Art von Eigentumsverhältnissen sie leben, die Erlösung angeboten. Die christliche Botschaft hat den antiken Sklaven und ihren Herren, den mittelalterlichen Hörigen und ihren Herrschaften gegolten. Sie gilt ebenso allen Menschen heute, gleichviel, in welchen Rechts- und Wirtschaftssystemen sie leben. Der Mensch ist mit oder ohne Eigentum berufen, in der Freiheit der Kinder Gottes zu stehen.

4. Diese Freiheit des Menschen in Christus darf nicht so mißdeutet werden, als wäre das Eigentum ohne Bedeutung für das Menschsein. Das Recht des Menschen, über irdische Güter zu verfügen, ist eine Gabe Gottes, die den Menschen hilft, in Verantwortung und Freiheit miteinander zu leben. Bei rechtem Gebrauch dient das Eigentum dem Menschen dazu:

a) für sein Leben und für das seiner Nächsten selber Vorsorge zu treffen;

b) seine Gaben und seine Schaffenskraft in Freiheit zu entfalten;

c) seine sittlichen Entscheidungen in größter wirtschaftlicher Unabhängigkeit zu treffen;

d) die Rechte des einzelnen und der Gesellschaft gegenseitig zu begrenzen und zu sichern;

e) Wirtschaft und Gesellschaft als Ganzes interessiert und verantwortlich mitzubestimmen.

Aus diesen Gründen treten wir als evangelische Christen dafür ein, daß jedem Menschen eine reale Möglichkeit eröffnet wird, Eigentum zu erwerben. Der Mensch soll „mein“ sagen können, um frei zu sein.

Im Dienst Gottes und um des Verhältnisses zu den Mitmenschen und um des Gemeinwohls willen gilt freilich auch der Satz: Der Mensch muß „dein“ sagen können, um frei zu bleiben. In der Nachfolge Jesu Christi und als Mitmensch der Notleidenden wird sich darüber hinaus der Christ immer wieder persönlich vor die Frage gestellt sehen, ob er nicht alles hergeben müsse. Die Bewährung der Menschen vollzieht sich auch in Verzicht und Opfer und in Distanz gegenüber Hab und Gut. So sagt der Apostel Paulus von den rechten Christen, daß sie „haben als hätten sie nicht".

6. Im Umgang mit dem Eigentum soll der Mensch also nach Gottes Willen in einer Spannung leben zwischen der Freiheit zur Aneignung und zum Verzicht. Die Mißachtung dieses göttlichen Willens macht nach der Heiligen Schrift selbst den größten Eifer für Gottes Sache und allen Gottesdienst fragwürdig. Die Heilige Schrift will uns aber keine unabänderlich gültigen Einzelbestimmungen zur Frage des Eigentums auferlegen. Es ist vielmehr notwendig, daß sich jede Generation von neuem unter sorgfältiger Beobachtung der sachlichen Voraussetzungen mit einem von der Heiligen Schrift erleuchteten Gewissen prüft, wie zwischen Recht und Unrecht in der Frage des Eigentums zu unterscheiden ist.

Diese evangelischen Gesichtspunkte geben Veranlassung, im folgenden die neu entstandenen Verhältnisse in der industriellen Gesellschaft und die besondere Entwicklung der Eigentumsverhältnisse in der Bundesrepublik Deutschland kritisch zu prüfen und Anregungen für eine Verbesserung der bestehenden Eigentumsverhältnisse zu geben.

II.

Eigentum in der industriellen Gesellschaft

7. Durch die Industrialisierung haben sich die Bedingungen, unter denen Menschen Eigentum erwerben und besitzen können, wesentlich verändert. (Das hat seine Rückwirkungen bis in die Struktur der Landwirtschaft, deren besondere Probleme aber hier nicht behandelt werden sollen.)

In der modernen Wirtschaft kann der einzelne weithin nicht mehr Eigentümer seiner Arbeitsmittel sein. Arbeit in der Ausrüstung der modernen Technik macht den Einsatz großer Kapitalien und die Zusammenarbeit vieler nötig. Der einzelne wird dadurch in vielfältige Abhängigkeiten verflochten. — Diese Feststellung wird nicht dadurch widerlegt, daß Kapitalgesellschaften einzelnen Persönlichkeiten, die selbst kein Eigentum an Produktionsmitteln haben, in der Unternehmensführung Chancen der Verfügung über große Produktionsmittel geben, die sie sonst in der Regel nicht erlangen können.

8. Die gegenseitige Abhängigkeit, in die die Menschen durch die moderne Wirtschaft geraten sind, braucht nicht im Widerspruch zur Freiheit und zur Würde des Menschen zu stehen. Die Abhängigkeitsverhältnisse müssen aber darauf angelegt sein, daß möglichst jeder daran interessiert und dazu befähigt wird, die Ordnung des gemeinsamen Lebens seinen Aufgaben, Kräften und Gaben entsprechend mitzutragen. Das ist nur dann möglich, wenn auch sein Leistungsbeitrag zum Sozialprodukt möglichst gerecht gewürdigt wird. Dazu sind gemeinsame Anstrengungen vieler nötig! Der Satz in Luthers Katechismus „Der Christ soll seinem Nächsten sein Gut und Nahrung helfen bessern und behüten" ruft uns heute in eine gemeinsame Verantwortung für die rechte Erhaltung und Verteilung des Eigentums.

9. Man kann nicht erwarten, daß eine gesellschaftliche Ordnung durch alle daran Beteiligten mitgetragen wird, wenn in ihr einseitig die einen begünstigt, die anderen aber benachteiligt werden. Diese Gefahr besteht regelmäßig dort, wo die Verfügung über die politische Macht und über die wirtschaftlichen Güter eines Volkes in denselben Händen liegt. Aber auch dort, wo alle Bürger durch freie Wahlen an der Kontrolle der staatlichen Machtmittel beteiligt sind, können Verhältnisse entstehen, in denen zwar der größte Teil der Verbrauchsgüter weitgestreut unter die Glieder des Volkes verteilt wird, das Eigentum am Produktivvermögen aber sich in verhältnismäßig wenigen Händen vereinigt.

10. Eine Ordnung, die eine einseitige Anhäufung von Eigentum am Produktivvermögen begünstigt, die große Masse der damit arbeitenden Menschen aber davon weithin ausschließt, kann zwar unter bestimmten Umständen einer Stärkung der Produktivkraft der Wirtschaft dienlich sein, sie entspricht aber nicht den Grundsätzen einer gerechten Verteilung des Sozialprodukts. Dadurch wird die Bereitschaft der Menschen, solche gesellschaftlichen Ordnungen zu schaffen und zu erhalten, in denen die Freiheit des Menschen gewahrt wird, ernstlich ge-

fährdet. Ordnung der Freiheit, die nicht zugleich so weit als irgend möglich der Gerechtigkeit dienen, gefährden die Freiheit selbst.

11. Zu der Entwicklung der industriellen Gesellschaft und ihrer Produktionsmittel auf den heutigen Stand haben wissenschaftlicher Fortschritt, Erfindergeist, unternehmerische Klugheit, wirtschaftliche Wagnisbereitschaft sowie Fleiß und Können der arbeitenden Menschen beigetragen. Die Bedeutung der Beiträge der einzelnen Personen zu dem gemeinsamen Arbeitserfolg der Industriegesellschaft ist sehr verschieden. So können beispielsweise wirtschaftliche Dispositionen und Erfindungen einzelner Menschen große wirtschaftliche Werte schaffen oder Millionen von Arbeitsstunden ersparen. Es widerspricht nicht einer gerechten Ordnung der Wirtschaft, wenn diejenigen, die besondere Leistungen erbringen, auch einen entsprechenden Anteil an dem gemeinsamen Arbeitsertrag erhalten und wenn allen Mitbürgern die Möglichkeit gegeben ist, den Ertrag ihrer Arbeit wieder nutzbringend in Produktivvermögen anzulegen.

12. Niemand besitzt Güter und Gaben, die er nur durch seine eigene Leistung und nicht in erster Linie durch göttliche und menschliche Hilfe empfangen hat. Darum ist jederman nach seiner Leistungsfähigkeit vor Gott verpflichtet, dem Gemeinwohl zu dienen. Die wirtschaftliche Überlegenheit solcher Menschen, die ein höheres Einkommen und Eigentumsrechte an Produktionsmitteln haben, legt diesen auch größere soziale Verpflichtungen auf. Es ist seit langem unbestritten, daß hohe Einkommen und großer Besitz durch die Rechtsordnung verhältnismäßig stärker zu Leistungen für die Gemeinschaft aller heranzuziehen sind als die Einkommen der wirtschaftlich Schwächeren. Wenn dies gewährleistet werden soll, muß in einer freien Wirtschaft durch geeignete Maßnahmen, insbesondere durch funktionierenden Wettbewerb und durch Stabilität der Währung dafür gesorgt werden, daß die gesetzlich festgelegte Mehrbelastung der wirtschaftlich Stärkeren real bleibt und nicht nur nominellen Charakter annimmt.

III.

Eigentumsentwicklung in der Bundesrepublik Deutschland

13. Nach dem Zweiten Weltkrieg ist der Wiederaufbau einer funktionierenden Wirtschaft in der Bundesrepublik Deutschland überraschend schnell gelungen. Neben dem Arbeitswillen unseres Volkes war die beschleunigte Ausrüstung der Wirtschaft mit Produktionsmitteln die entscheidende Voraussetzung für die Schaffung neuer Arbeitsplätze, für die Unterbringung und Beschäftigung von Millionen von Flüchtlingen, für die Versorgung der Bevölkerung mit Konsumgütern und für das Steigen der Reallöhne. Die Ansammlung der Finanzierungsmittel, die für diesen Prozeß erforderlich waren, wurde durch verschiedene Faktoren begünstigt:

a) Vor der Währungsreform konnten Industrie-Unternehmungen, handwerkliche Betriebe und Einzelhändler Waren ansammeln. Diese bildeten nach der Währungsreform das erste Angebot. Auf diese Weise konnten die genannten Betriebe „schlechtes“ Geld in „gutes“ Geld umwandeln.

b) Die Finanzierung der Betriebe wurde im Interesse des raschen Aufbaus der Produktionsstätten durch verschiedene Maßnahmen der Wirtschafts- und Steuerpolitik erleichtert. So hob z. B. das DM-Bilanzierungsgesetz die Bilanzkontinuität für die Umstellung der Betriebsrechnung auf die neue Währung auf. Daraus ergab sich die Möglichkeit, die Vermögenswerte neu anzusetzen. Die am Währungsstichtag vorhandenen Vermögenswerte — Anlagen und Vorräte — wurden im allgemeinen verhältnismäßig hoch angesetzt, um Abschreibungsmöglichkeiten zu gewinnen. Diese Werte wurden dann zwar durch den Lastenausgleich erfaßt. Die möglichen Steuerersparnisse durch Abschreibungen erwiesen sich jedoch in vielen Fällen als günstiger.

c) Nach dem Krieg bestand ein großer Nachholbedarf an Verbrauchsgütern aller Art. Außerdem herrschten anfangs Zweifel an der Wertbeständigkeit der neuen Währung. Beides hemmte in den ersten Jahren nach der Währungsreform die Spartätigkeit in weiten Kreisen der Bevölkerung. Diese Tatsachen wirkten sich in merkbaren Preissteigerungen für Verbrauchsgüter aus. Infolgedessen wuchsen die Erlöse. Sie ermöglichten den Betrieben, den Wiederaufbau und die Verbesserung ihrer Anlagen selbst zu finanzieren. In einigen Wirtschaftszweigen spielten auch die Marshall-Plan-Hilfe und besondere Steuervergünstigungen eine Rolle.

Die Inhaber von Eigentumsrechten über Produktionsmittel wurden also nicht — wie es in normalen Zeiten zu fordern wäre — entsprechend ihrer Leistungsfähigkeit belastet, sondern im Interesse des wirtschaftlichen Wiederaufbaus entlastet und somit in ihrer Eigentumsbildung einseitig gestärkt.

14. Die auf diese Weise entstandene Eigentumsverteilung wird in vielen Fällen den verschiedenen unter Absatz 11 genannten Beiträgen der im Wirtschaftsleben tätigen Menschen nicht gerecht. Bevorzugt waren vor allem die Inhaber von Besitztiteln an produktivem Vermögen. Diese einseitige Vermögensbildung ist bedenklich.

Der rasche wirtschaftliche Aufbau zum Nutzen aller und die rechte Verteilung des entstandenen Vermögens waren unter den gesellschaftspolitischen Verhältnissen der Nachkriegszeit vielleicht nicht gleichzeitig erreichbar.

15. Auch die öffentliche Hand hat in den letzten Jahrzehnten Vermögenswerte gebildet und gewaltig vermehrt. In den beiden Kriegen wurden nicht nur staatliche Fertigungsbetriebe, sondern auch Rohstoffproduktionen entwickelt. Nach den beiden Kriegen, vor allem aber nach dem zweiten Weltkrieg, veranlaßte die Wohnungsnot den Staat und andere öffentliche Körperschaften unmittelbar oder mittelbar große Beträge im Wohnungsbau zu investieren. Hier mußte zunächst die mangelnde private Spartätigkeit durch öffentliches Vermögen, das aus erhöhten Steuereinnahmen gebildet wurde, ersetzt werden. Es erscheint angezeigt zu überprüfen, ob diese Anhäufung großer Vermögenswerte in der öffentlichen Hand wirklich dem Interesse der Allgemeinheit dient und wie weit sie dazu benutzt werden können, die Bildung von Eigentum in den Händen bisher eigentumsloser Volksschichten zu fördern.

16. Das Anwachsen der Bevölkerung auf dem engen Raum der Bundesrepublik Deutschland führte zu einem wachsenden Bedarf an Wohnraum. Für Familien wurde die Schaffung von Eigenheimen immer dringlicher. Sie ist um der Gesundheit un-

seres Volkes willen unerläßlich. Da außerdem viele von dem Wunsch nach einer sicheren Geldanlage erfüllt sind, wurde in den letzten Jahren der zur Bebauung geeignete Boden knapp und immer teurer. Die Bodenpreise versperren in vielen Fällen die Möglichkeit, Eigentum an Wohnraum für angemessene Gegenleistung zu bilden. — Der Gesetzgeber ist verpflichtet, immer erneut zu prüfen, wie ungerechtfertigtem Bodengewinn entschieden mehr als bisher gewehrt werden kann.

IV.

Die Aufgabe der breiteren Eigentumsverteilung

17. Die besonderen Verhältnisse nach dem Krieg haben einen Teil der Privaten, die öffentlichen Träger der Wirtschaft und viele Eigentümer in Baugrundstücken begünstigt. Dies ist damals rechtlich möglich gewesen. Deswegen kann es kein Verstoß gegen eine gerechte Eigentumsordnung sein, wenn in einer Zeit, in der zu einer solchen Begünstigung kein Anlaß mehr besteht, bisher nicht begünstigte Glieder des Volkes aus Gründen der Gerechtigkeit und im Interesse einer gesünderen Sozialstruktur durch besondere Maßnahmen in ihrer Vermögensbildung unterstützt werden.

In einer wachsenden Wirtschaft wird es auch künftig einen wachsenden Bedarf an Investitionsgütern geben. Es wäre nicht im Interesse der wirtschaftlich schwächeren Volkskreise, wenn die Erhöhung ihres Realeinkommens auf Kosten der notwendigen Kapitalbildung in der Wirtschaft ginge. Der allgemeine Verbrauch kann auf die Dauer nicht steigen, wenn nicht auch die von Investitionen abhängige Produktionskraft der Wirtschaft steigt.

Will man in Zukunft das Eigentum breiter streuen, ohne gleichzeitig die Grundlagen für eine stetige Erhöhung der realen Lohneinkommen zu gefährden, so müssen die Empfänger von Lohneinkommen in wachsendem Maße selbst ein Eigentum an Produktionsmitteln bilden und dieses ständig vermehren. Das ist nur möglich, wenn Lohn- und Gehaltsempfänger, die Anteilsrechte am Produktivvermögen in die Hand bekommen, dieses in der Regel nicht zur Steigerung ihres Konsums veräußern, sondern behalten. Würde etwa die Arbeitnehmerschaft Anteile an der Zuwachsrate des Produktionsvermögens der Wirtschaft erhalten und diese zur Befriedigung zusätzlicher Wohn- und Lebensbedürfnisse verwenden, so würden damit Preissteigerungen auf diesem Gebiet des erhöhten Bedarfs ausgelöst; die gegenwärtigen Eigentumsverhältnisse würden dadurch erst recht bestätigt, gleichzeitig aber auf eine künftige Erhöhung des Realeinkommens der Arbeitnehmer aus Kapitalerträgen verzichtet.

19. Wer Gerechtigkeit der Eigentumsverteilung für sich verlangt, muß auch selbst eine Einstellung zum Eigentum einnehmen, die dessen Bestimmung und den volkswirtschaftlichen Erfordernissen entspricht. Das Recht auf Eigentum ist nicht nur in der seine Entstehung begründenden Leistung, sondern auch in der Bereitschaft zur rechten Bewahrung des Erworbenen sittlich begründet. Diese Bereitschaft gehört zu der rechten Haushalterschaft über das Eigentum, die von jedem verlangt werden muß, der die Gabe des Eigentums und dessen Ertrag sein Eigen nennen will.

20. Jede Rechtsordnung hat die Aufgabe, zu einem Verhalten zu ermuntern und im erforderlichen Umfang zu zwingen, das der Gerechtigkeit und der Wohlfahrt aller dient. Das ist um so notwendiger, je mehr ohne solche Nötigung ein Gefälle zur Ungerechtigkeit entsteht. Ein Gefälle zu einer ungerechten Eigentumsverteilung entsteht dort, wo das Investitionsbedürfnis der Wirtschaft vor allem aus den Mitteln der Empfänger großer Einkommen befriedigt wird, weil sie relativ leichter einen Teil ihres Einkommens zur Schaffung von Investitionsgütern abzweigen können. Wenn nur die Reichen sparen, kann eine gerechte Eigentumsverteilung nicht erreicht werden. Eine nachträgliche Korrektur durch Enteignung bereits gebildeten Eigentums würde — unabhängig von der Frage der verfassungsmäßigen Zulässigkeit — bedenkliche Folgen haben: Eine produktive Verwendung vorhandenen Kapitals würde dadurch für die Zukunft in Frage gestellt, die Rechtsordnung und Rechtssicherheit gefährdet werden.

21. Sollen die Grundsätze der Rechtsstaatlichkeit und der wirtschaftlichen Freiheit gewahrt werden, so müssen wirtschaftliche Verhältnisse und rechtliche Ordnungen angestrebt werden, unter denen eine gerechtere Eigentumsverteilung auf anderem

Wege als dem der Enteignung erreicht wird. Diese Erkenntnis schließt aber nicht aus, daß ein Teil des Gewinns künftig für besondere Maßnahmen herangezogen wird, durch die eine gerechtere, von breiten Kreisen der Bevölkerung getragene Eigentumsordnung eingeleitet wird. Auch sollten Anreize gegeben werden, die Kapitalgrundlage für wirtschaftliches Wachstum weit mehr als bisher in der Bildung eines breitgestreuten Eigentums zu suchen.

Der Konsumverzicht zum Zweck der Bildung von Produktivkapital ist den Menschen verschieden schwer gemacht. Menschen, die selber unternehmerisch tätig sind, empfangen durch die Hoffnung auf Erfüllung ihres Wirkungs-, Gewinn- oder Geltungsstrebens einen starken Sparanreiz. Zudem ist es für sie leichter zu sparen, da sie meist mehr verdienen als sie gesellschaftsüblich für ihre Haushaltsführung brauchen. Bei den meisten Arbeitnehmern verhält es sich umgekehrt. Die berufliche Bewährung des Arbeitnehmers ist nicht abhängig von seiner Sparfähigkeit. Bei meist viel kleineren Einkommen bleiben viele, oft auch dringende Konsumwünsche unerfüllt. Den starken Werbeanreizen zum Verbrauch stehen wenig Sparanreize gegenüber. Das Geltungsstreben findet oft nur durch gesteigerten Konsum seine Befriedigung, wo es nicht in den Dienst einer selbständigen wirtschaftlichen Existenz gestellt werden kann. Der Anreiz, durch Sparleistungen einen Notgroschen für die Zukunft zu haben, wird durch die Sorge vor einer etwaigen Geldentwertung einerseits und durch die Zuversicht auf Rentenleistungen andererseits weithin neutralisiert.

Aus diesen Gründen ist die Schaffung kräftiger Sparanreize sowie eine spürbare Erleichterung der Sparleistung und des Aktienerwerbs der Arbeitnehmerschaft ein notwendiges und berechtigtes Mittel zur Verhütung einer weiteren einseitigen Vermögensbildung. Insbesondere Familien mit mehreren verdienenden Familienmitgliedern sollten dadurch für eine vermehrte Vermögensbildung gewonnen werden. Familien, deren Kinder nicht selbst verdienen, bedürfen besonderer Förderung ihrer Sparleistung, denn sie sind kaum in der Lage, neben den Unterhalts- und Ausbildungskosten Sparrücklagen zu machen.

Der Wille zum Sparen kann auch dadurch geweckt werden, daß neben dem freiverfügbaren Lohn ein zusätzlicher Einkommensteil gewährt wird, der nicht zum Verbrauch, sondern zur produktiven Eigentumsbildung bestimmt ist und darum besonderen Bindungen unterliegt. Durch die Fortentwicklung und Verbesserung der auf diesem Gebiet bereits getroffenen gesetzgeberischen Ansätze könnten weitere Volkskreise erfolgreich an eine höhere Spartätigkeit herangeführt werden. Ein Zwangssparprozeß zugunsten der Unternehmen und der öffentlichen Hand vollzog sich bisher schon dort, wo die Konsumentenschaft durch die hohen Preise der Nachkriegszeit gezwungen war, zu der Bildung von Investitionskapital beizutragen. Es kann kein Widerspruch zu einer freiheitlichen Gesellschaftsordnung sein, wenn der Sparzwang nun auch denen zugute kommt, die bisher an der Kapitalbildung keinen eigenen Anteil hatten. Es ist jedoch sicherzustellen, daß das angesparte Kapital in Form von persönlichen Anteilsrechten (Festkonten, Investment-Zertifikaten, Aktien usw.) den einzelnen Arbeitnehmern gutgeschrieben und in absehbarer Zeit für den Eigentümer verfügbares Vermögen wird. Dabei sollen möglichst alle Kreise der Arbeitnehmerschaft, nicht nur die Arbeitnehmer der gewerblichen Wirtschaft, berücksichtigt werden.

V.

Eigentum in einem mündigen Volk

24. Eine gerechtere Eigentumsverteilung kann vom Gesetzgeber allein nicht verwirklicht werden. Auch bei Arbeitgebern und Arbeitnehmern und ihren Verbänden muß der Wille gestärkt werden, zu einer gerechteren Eigentumsverteilung und einer Bildung von Kleineigentum durch entsprechende Aufklärung und durch wirtschaftliche Maßnahmen beizutragen. Kapitalbesitzer, die über ihrem augenblicklichen Vorteil die zukünftigen politischen Gefahren übersehen, die mit einer einseitigen Kapitalanhäufung verbunden sind, untergraben die politischen Grundlagen ihrer Existenz. Arbeitnehmer, die nur danach trachten, gegenwärtig besser zu leben und die ihnen gebotenen Gelegenheiten zur Teilnahme an der Kapitalbildung nicht wahrnehmen, verbauen sich selbst die Möglichkeit, einen

höheren persönlichen Anteil am Volksvermögen zu gewinnen. Verbände der Arbeitgeber oder der Arbeitnehmer, die Bestrebungen, das Eigentum breit zu streuen, behindern, statt ihre Mitglieder dazu anzuregen, versäumen eine wichtige Gelegenheit, die freiheitliche Wirtschafts- und Gesellschaftsordnung zu stärken.

25. Die Tatsache, daß heute 80 Prozent der Beschäftigten kein Eigentum an den Produktionsmitteln, mit denen sie arbeiten, haben, bedeutet nicht, daß diese Menschen durchweg nicht willens und imstande wären, bei entsprechender Unterweisung und bei Vertretung ihrer Interessen eigene Anteile an dem Produktivvermögen der Wirtschaft zu erwerben und als Sparvermögen nutzbringend für die Wirtschaft zu bewahren. Es muß daher der Auffassung widersprochen werden, das Eigentum an Produktionsmitteln der Industrie müsse im wesentlichen in den Händen großer und erfahrener Kapitalbesitzer — seien sie privatwirtschaftlicher oder gemeinwirtschaftlicher Art — verbleiben. Die Bevormundung wirtschaftlich Unkundiger in der Verwaltung und Auswertung von Eigentum wäre nur dann berechtigt, wenn diese in der Regel der Gefahr erlägen, die Substanz des Eigentums, die für die Durchführung des Wirtschaftsprozesses unentbehrlich ist, zu verbrauchen.

Die Fähigkeit der Menschen, dem göttlichen Auftrag gemäß in rechter Weise „mein“ und „dein“ zu sagen, verkümmert, wenn sich nicht ein wachsender Raum der Freiheit vor ihnen eröffnet und sie rechtlich, wirtschaftlich, geistig und sittlich fähig werden, selber Haushalter über einen Anteil am Produktivvermögen des Volkes zu sein. Dazu gehört nicht nur die Bereitschaft, Produktivvermögen zu bilden und zu erhalten. Die Menschen müssen auch in der Lage sein, die mit diesem Vermögen verbundenen Entscheidungsbefugnisse sachgemäß und wirkungsvoll wahrzunehmen. Das ist bei dem wirtschaftlich Schwachen, wenn er allein steht, vielfach nicht der Fall. Er bedarf der sachgemäßen Beratung und Vertretung, wenn sein Recht entsprechend zur Geltung kommen soll. In einer freiheitlichen Gesellschaftsordnung sind die freien Glieder des Volkes selbst berufen, durch gemeinsame Vertretungen (als Arbeitnehmer oder als Arbeitgeber, als Verbraucher, Kleinaktionäre etc.) dem Überhandnehmen von Machtgruppen in Staat und Wirtschaft zu wehren. Es ist eine wichtige Aufgabe, dafür geeignete Einrichtungen zu entwickeln, damit das Kleineigentum an Produktionsgütern nicht durch Zersplitterung die ihm gebührenden Rechte verliert.

Der Zusammenschluß von freien Menschen, nicht die wirtschaftliche oder politische Entmündigung der Masse des Volkes muß das Ziel der Gesellschaftsordnung sein, deren oberste Richtschnur ist, dem Menschen zu dienen. Darum sind Bestrebungen und Entwicklungen, die auf eine immer stärkere Konzentration der Eigentumsrechte hinführen, bedenklich. Zwar ist die Entwicklung großer und größter Unternehmen aus Gründen der Rationalisierung und zur Durchführung von großen wirtschaftlichen Projekten oft unvermeidlich. Umso mehr sollte es aber vermieden werden, daß auch die Anteilsrechte an diesen Unternehmen als privat- oder gemeinwirtschaftlicher Besitz in den Händen weniger zusammengeballt werden. Beide Formen des Großeigentums vermehren die Gefahr, daß politische und wirtschaftliche Machtentfaltung in dieselben Hände geraten, statt sich gegenseitig in Schach zu halten.

28. Für die Erhaltung der wirtschaftlichen Freiheit aller ist es nicht nur erforderlich, daß alle Glieder des Volkes durch entsprechende Anteilsrechte und deren geeignete Vertretung an der wirtschaftlichen Entwicklung teilnehmen können. Es sollte auch dem einzelnen Gelegenheit gegeben werden — soweit er dazu willens und fähig ist — selbständig und auf eigenes Risiko einen Beitrag zur Wirtschaft zu leisten. Neben einer breiteren Streuung der Anteilsrechte an größeren wirtschaftlichen Unternehmungen ist die Erhaltung der Selbständigkeit kleiner und mittlerer Unternehmen, soweit sie sich wirtschaftlich vertreten läßt, von wesentlicher Bedeutung für die Erhaltung und Weiterentwicklung freiheitlicher Lebensformen.

29. Die Kompliziertheit des wirtschaftlichen Zusammenspiels im Zeitalter der Industrie hat zur Folge, daß Maßnahmen für eine Verbesserung der Eigentumsverhältnisse auch unbeabsichtigte negative Auswirkungen haben oder Möglichkeiten des Mißbrauchs eröffnen können. Maßnahmen zur gerechteren Eigentumsverteilung dürfen die Stabilität des Geldwertes, einen

hohen Beschäftigungsgrad und ein gesundes Wachstum unserer Wirtschaft, das notwendige Steueraufkommen und vor allem die freiheitliche Ordnung unserer Gesellschaft nicht gefährden, sonst würde denen mehr Schaden als Nutzen zugefügt, die Eigentum bekommen sollen. Aus diesem Grunde werden verschiedene, aufeinander abgestimmte und in ihrer Wirkung schrittweise zu erprobende Maßnahmen mehr der Gerechtigkeit und der Wohlfahrt aller dienen als Aktionen, die aus Ungeduld, Verbitterung oder einseitiger Betrachtungsweise erwachsen. Aber auch ein behutsames Vorgehen erfordert einen unbeirrbaren Willen und starke, in der Gesellschaft wirksame Impulse, wenn es nicht alsbald erlahmen soll.

Es ist die Pflicht aller Christen, im Zusammenwirken mit allen nach Gerechtigkeit trachtenden Menschen unseres Volkes unablässig, allen Widerständen zum Trotz, mit Phantasie, unbestechlichem Gerechtigkeitssinn und wirtschaftlicher Vernunft für eine Verbesserung der Eigentumsverhältnisse und für eine verantwortungsbewußte Freiheit der Glieder unseres Volkes zu wirken. Das Eintreten für eine Verbessung der gesellschaftlichen Ordnung gehört zu den Diensten, über deren rechte Erfüllung wir Gott Rechenschaft schulden.

3. Die Evangelisch-Katholische Gutachter-Denkschrift* „Empfehlungen zur Eigentumsfrage" vom Januar 1964

Die christlichen Kirchen haben nachdrücklich betont, welche grundsätzliche Bedeutung sie dem persönlichen Eigentum zuerkennen. In der katholischen Sozialenzyklika „Mater et Magistra" und in der evangelischen Denkschrift „Eigentumsbildung in sozialer Verantwortung" sind Hinweise gegeben, wie eine gerechtere Vermögensbildung und damit eine breit fundierte Eigentumsordnung zu erreichen wäre.

Der Rat der Evangelischen Kirche in Deutschland hat angeregt, nach den grundsätzlichen sozialethischen Darlegungen der Denkschrift „Eigentumsbildung in sozialer Verantwortung" die

* Abdruck nach: Erwin Häussler, „Jedem sein Eigentum", Stuttgart 1965.

volkswirtschaftlichen und gesellschaftspolitischen Möglichkeiten und Auswirkungen konkreter Maßnahmen zu erörtern. Um dieser Anregung zu entsprechen, hat sich auf Grund einer gemeinsamen Initiative der Kirchenkanzlei der Evangelischen Kirche in Deutschland und des Präsidiums der Evangelischen Aktionsgemeinschaft für Arbeitnehmerfragen ein sozialwissenschaftlicher Arbeitskreis gebildet.

Das Zentralkomitee der deutschen Katholiken hat im Einvernehmen mit der Sozialkommission der deutschen Bischöfe einen Kreis fachkundiger Persönlichkeiten zusammengerufen, um realistische Vorschläge für die Eigentumspolitik in der Bundesrepublik Deutschland auszuarbeiten.

Beide Arbeitskreise haben gemeinsam beraten. Das Ergebnis legen sie hiermit der Öffentlichkeit vor. Es handelt sich dabei nicht um ein kirchenamtliches Dokument, sondern um eine von den beiden Arbeitskreisen verantwortete Arbeit, die allein durch ihre sachliche Argumentation überzeugen will.

Nicht alle im Zusammenhang mit der Eigentumspolitik stehenden Probleme konnten hier erörtert werden, insbesondere nicht die sich aus der Verfügung über wirtschaftliche Macht ergebenden Fragen. Diese Empfehlungen verfolgen vielmehr die Absicht, den verantwortlichen Stellen und Persönlichkeiten des wirtschaftlichen, gesellschaftlichen und politischen Lebens konkrete Anhaltspunkte für die Entwicklung ihrer Aktionsprogramme zu geben, mit denen die bestehenden und bewährten Maßnahmen der Eigentumspolitik verbessert und weiter entwickelt werden können. Gleichzeitig zielt diese evangelisch-katholische Aktivität daraufhin, die Verantwortlichen in allen Parteien, vor allem aber in den Gewerkschaften und Arbeitgebervereinigungen, zu gemeinsamen Initiativen zu führen.

I. Zielsetzungen und Ansatzpunkte der Eigentumspolitik in der Bundesrepublik Deutschland

1. Persönliches Eigentum ist eine der Grundlagen einer freiheitlichen Wirtschafts- und Sozialordnung. Es hilft dem Menschen, aus eigenem Willen zu handeln und ruft ihn in die Verantwortung, für das Seine zu sorgen und dem Ganzen zu dienen. Es trägt dazu bei, die persönliche Freiheit des einzelnen

und die seiner Familie zu sichern und ihn gegenüber den Auswirkungen wirtschaftlicher, gesellschaftlicher und staatlicher Macht unabhängig zu machen.

2. Aufgabe der Eigentumspolitik ist es, die Wirtschaftsordnung so zu gestalten, daß den vermögensschwachen Schichten der Bevölkerung, insbesondere den Arbeitnehmern, die Vermögensbildung erleichtert wird. Damit kommen auch diesen Schichten die Vorteile des Vermögensbesitzes zugute; zugleich werden die Vermögen gerechter verteilt und dadurch soziale Spannungen verringert. Bei der Förderung der Vermögensbildung in breiten Schichten geht es nicht um langlebige Konsumgüter und auch nicht nur um das Haus- und Grundeigentum. Im Vordergrund steht vielmehr in zunehmendem Maße die direkte oder indirekte Beteiligung am privaten und öffentlichen Erwerbsvermögen.

3. Die Eigentumspolitik darf die Rechtssicherheit nicht gefährden. Deshalb sollte die entschädigungslose Enteignung rechtmäßig erworbenen Eigentums kein Mittel der Eigentumspolitik sein. Die Eigentumspolitik sollte sich in erster Linie auf die zukünftige Vermögensbildung richten.

4. Bei allen eigentumspolitischen Maßnahmen sind andere wirtschafts- und gesellschaftspolitisch wichtige Ziele nicht außer acht zu lassen. Die Funktionsfähigkeit der marktwirtschaftlichen Ordnung ist auf die Dauer nur bei stabilem Geldwert, wachsender Wirtschaft und hohem Beschäftigungsgrad gewährleistet.

5. Die Anlageformen, die von den breiten Schichten der Sparer zunächst gewählt werden, sind einem Geldwertschwund besonders ausgesetzt. Daher ist eine verantwortungsbewußte Währungspolitik eine wesentliche Voraussetzung der Eigentumspolitik.

II. Der Einfluß des Sparens auf die Vermögensverteilung

1. Neue Vermögenswerte sammeln sich bei denjenigen privaten und öffentlichen Haushalten und Unternehmen an, die ihr Einkommen oder ihre Einnahmen nicht voll verbrauchen, sondern sparen oder investieren. Die Verteilung der neu ent-

stehenden Vermögen wird also vor allem von der Verteilung und der Verwendung der Einkommen bestimmt.

Nur wenn die Besitzer geringer Vermögen in ihrer Gesamtheit relativ mehr sparen als die Besitzer großer Vermögen, kann die Verteilung der privaten Vermögen gleichmäßiger werden.

2. Die volkswirtschaftliche Ersparnisbildung hängt vom Ausmaß der Bildung realer Vermögenswerte ab, die ihrerseits vom Umfang der privaten und öffentlichen Investitionen bestimmt wird. Die Vermögensbildung der privaten Haushalte ist davon allerdings zu unterscheiden. Die Arbeitnehmerhaushalte insgesamt sind in dem Maße an der Vermögensbildung beteiligt, in dem ihre Ersparnisse (d. h. alle nicht verbrauchten Einkommensteile, ganz gleich, wie sie angelegt sind), im Verhältnis zur Gesamtersparnis stehen.

3. In den vergangenen Jahren wurde Vermögen überwiegend in den Unternehmen, in den Haushalten der Selbständigen und zunehmend auch bei der Öffentlichen Hand gebildet. Die Steuerpolitik wirkte — über die an sich schon in der Marktwirtschaft vorhandenen Tendenzen zur Differenzierung der Vermögen hinaus — ebenfalls in diese Richtung. Die Arbeitnehmer waren demgegenüber nicht in der Lage, sich in größerem Umfange an der Vermögensbildung zu beteiligen. Dieser gesellschaftspolitisch unerwünschte Trend zu einseitigem Vermögenszuwachs läßt sich nur durch eine relativ höhere Ersparnisbildung bei Arbeitnehmerhaushalten abändern.

4. Die Spartätigkeit hängt vor allem von der individuellen Spareignung, von bestehenden Spargewohnheiten und von der Höhe des verfügbaren Einkommens ab. Bei gegebener Spareignung wird erfahrungsgemäß von einem privaten Haushalt um so mehr gespart, je höher das Pro-Kopf-Einkommen ist. Bei den Beziehern hoher Einkommen wächst das Sparen überproportional zur Höhe ihres Einkommens, so daß sich schon deshalb die Vermögensunterschiede tendenziell verschärfen. Das Sparen hängt außerdem vom allgemeinen Lebensstandard und von sonstigen Lebensbedingungen der Haushalte ab, wobei insbesondere Familienstand und Kinderzahl, aber auch die gesellschaftliche Stellung von Bedeutung ist.

5. Familien mit mehreren heranwachsenden und auszubildenden Kindern bleiben in der Regel in ihrer Sparfähigkeit erheblich hinter den kinderlosen und kinderarmen Haushalten ihrer jeweiligen Einkommens- und Sozialschicht zurück. Gerade diese Familien stellen den überwiegenden Anteil der nachwachsenden Generation und hätten eine verstärkte Vermögensbildung nötig.

6. Selbständige und Arbeitnehmer haben eine unterschiedliche Spareignung. Der Selbständige muß in der Regel einen Teil seines Einkommens für die Erhaltung und Erweiterung seiner Produktionsanlagen verwenden. Er muß also Kapital bilden und somit sparen, wenn er sich im Wettbewerb behaupten will. Normalerweise muß er sich auch gegen die verschiedenen Lebensrisiken durch die Ansammlung von Vermögen sichern.

Der Arbeitnehmer kennt keinen vergleichbaren Zwang, Vermögen zu bilden. Seine wichtigsten Lebensrisiken werden von der Sozialversicherung abgedeckt, für die er einen erheblichen Teil seines Einkommens abzweigen muß. Außerdem sind die organisatorischen und ideellen Hilfen zur Förderung der Vermögensbildung der Arbeitnehmer unzulänglich den starken Verbrauchsanreizen, denen der heutige Mensch ausgesetzt ist.

7. Zur stärkeren Vermögensbildung der Arbeitnehmer reichen Lohnerhöhungen allein nicht aus, da nach aller Erfahrung nur ein geringer Teil des zusätzlichen Lohneinkommens gespart wird. Sofern Lohnerhöhungen zu Preissteigerungen führen, belasten diese vorwiegend die Geldvermögensbesitzer, d. h. die kleineren Sparer, und machen folglich die Vermögensverteilung noch ungleichmäßiger.

8. Sparen die Arbeitnehmer mehr, so können sie dadurch unter bestimmten Voraussetzungen die volkswirtschaftliche Einkommensverteilung zu ihren Gunsten beeinflussen. Der größeren Vermögensbildung bei den Arbeitnehmern entsprächen dann — relativ gesehen — geringere Gewinne der bisherigen Kapitaleigner, eine stärkere Hereinnahme fremden Kapitals bei den Unternehmen oder eine stärkere Verschuldung des Staates.

Die Gewinne der Unternehmen blieben allerdings — trotz Mehrersparnis der Arbeitnehmer — relativ gleich, wenn sich die Investitionsnachfrage der Unternehmen, die Nachfrage des Staates oder die des Auslandes entsprechend erhöhten.

9. Eigentumspolitische Maßnahmen sollen das Wachstum der Gesamtwirtschaft möglichst nicht beeinträchtigen. Nötigenfalls wären durch geeignete wirtschafts- und finanzpolitische Maßnahmen entweder die privaten Investitionen anzuregen, die Staatsnachfrage auszuweiten oder die Exporttätigkeit zu fördern.

10. Die vermehrte Ersparnis der Arbeitnehmer kann auch die staatliche Vermögensbildung einschränken. In diesem Fall müssen die staatlichen Investitionen (auch die für den Wohnungsbau) in stärkerem Maße als bisher durch Anleihen finanziert werden. Dabei könnten sowohl die Anleihe als auch die vermögensbildenden Ausgaben als Mittel zur Stabilisierung des wirtschaftlichen Wachstums eingesetzt werden. Eine verstärkte Anleihefinanzierung staatlicher Investitionen dient aber nur dann der Eigentumspolitik, wenn sich das Sparen der Arbeitnehmer entsprechend ausweitet. Andernfalls vergrößern sich die Vermögensunterschiede noch mehr.

11. Auch die Wettbewerbspolitik kann zu einer gleichmäßigeren Vermögensverteilung beitragen. Jede Beseitigung von monopolistischen Marktpositionen wirkt der Tendenz nach preissenkend. Sie erhöht damit einerseits das Realeinkommen und damit die Sparfähigkeit der privaten Haushalte, andererseits verringert sie die Unterschiede in den Unternehmereinkommen.

12. Eigentumspolitische Probleme können besser erkannt und gelöst werden, wenn man den jährlichen Vermögenszuwachs und seine Verteilung in der Volkswirtschaft laufend statistisch erfaßt und vom künftigen »Sachverständigenrat zur Begutachtung der gesamtwirtschaftlichen Entwicklung« regelmäßig durchleuchten läßt.

III. Ausbau und Weiterführung der bisherigen Sparförderung

1. Entscheidend wichtig für die Einkommenspolitik ist eine stärkere Ersparnisbildung bei den Arbeitnehmern. An der staatlichen Förderung des freiwilligen Sparens der privaten Haushalte muß deshalb festgehalten werden. Die meisten dieser

Maßnahmen haben einen günstigen Einfluß auf die Vermögensbildung in breiten Schichten gehabt. Es fragt sich nur, ob nicht ein einheitliches System der Sparförderung an Stelle der unterschiedlichen Förderung der Eigentumsbildung durch das Wohnungsbauprämiengesetz, das Sparprämiengesetz, die steuerliche Begünstigung des Bausparens nach § 10 EStG und die steuerliche Begünstigung des Lebensversicherungssparens treten könnte.

2. Unter Voraussetzung gleicher Laufzeiten der Sparverträge sollten die Prämiensätze einheitlich nach Familienstand, und Kinderzahl, und zwar stärker als bisher, gestaffelt werden. Da Eigentumspolitik und Familienpolitik in engem Zusammenhang stehen, kann das Sparen bei Arbeitnehmerfamilien erst dann größeren Erfolg haben, wenn die Einkommen familiengerechter gestaltet sind.

Die Prämiensätze sollten außerdem nach der Höhe des Einkommens gestaffelt werden. Damit erhielten die Besitzer niederer Einkommen bei geringeren Sparleistungen den gleichen Prämienbetrag wie die Bezieher höherer Einkommen bei einer größeren Sparleistung. Bei diesem Verfahren sollten die Prämiensätze für die unteren Einkommen erheblich über die derzeitig geltenden Höchstsätze hinaus angehoben werden.

3. Einen günstigen Einfluß auf die Sparwilligkeit könnte eine kapitalmarktgerechtere Verzinsung des langfristigen Kontensparens ausüben. Zumindest wäre eine höhere Verzinsung der nach dem Sparprämiengesetz festgelegten Sparbeträge zu fordern.

Um das Sparen in Wertpapieren zu erleichtern, wäre es sinnvoll, die Besitzer kleiner Wertpapierdepots von der Börsenumsatzsteuer und von den Depotgebühren zu befreien.

4. Die soziale Privatisierung von geeigneten erwerbswirtschaftlichen Vermögen der Öffentlichen Hand sollte unter Berücksichtigung der volkswirtschaftlichen Bedeutung des öffentlichen Eigentums fortgesetzt werden. Um die unterschiedlichen Risiken solcher Unternehmen auszugleichen, muß geprüft werden, ob die Privatisierung über eine Ausgabe von Investmentzertifikaten erfolgen kann. Bei der Ausgabe dieser Anteile sollten (wie schon bei der Volkswagenaktie) Sozialrabatte je nach Familienstand und Einkommen gewährt werden.

Die Erlöse aus der Privatisierung sollten einer Stiftung zufließen, deren Erträge zusätzlich für die Eigentumsbildung breiter Schichten eingesetzt werden könnten.

Eine Privatisierung ohne die angeführten Auflagen ist unerwünscht, weil die staatliche Vermögenskonzentration nicht durch eine private Vermögenskonzentration, sondern durch eine breite Vermögensstreuung ersetzt werden soll.

5. Die vermögensbildenden Ausgaben der öffentlichen Haushalte sollten zu einem größeren Teil als bisher über den Kapitalmarkt finanziert werden (s. II. 10). Die Vermögensbildung einkommensschwächerer Schichten ließe sich auch hier fördern, wenn Wertpapiere ausgegeben werden, die durch eine familien- und einkommensgerechte Gestaltung der Bezugsbedingungen den Sparmöglichkeiten dieser Schichten Rechnung tragen. Bei einer derartigen Anleihefinanzierung ist dahin zu wirken, daß diese Anleihen tatsächlich auch von den einkommensschwächeren Schichten erworben werden können.

6. Eine gezielte Eigentumspolitik allein kann nicht die gesamtwirtschaftliche Vermögensverteilung verbessern. Allgemeine wirtschafts- und finanzpolitische Regelungen müssen hinzukommen. Unter diesem Gesichtspunkt wären vor allem verschiedene Bestimmungen des Einkommens-, Vermögens- und Erbschaftssteuerrechtes sowie die Subventionen an einzelne Wirtschaftsbereiche zu überprüfen.

7. Eigentumspolitische Ziele sind auch in der Sozialpolitik zu beachten. Die Anrechnung von Vermögen bei der Gewährung von staatlichen Beihilfen (z. B. Ausbildungsbeihilfen) darf nicht so weit gehen, daß die Bereitschaft zur privaten Vermögensbildung praktisch eingeschränkt oder aufgehoben wird. Daher ist bei derartigen Beihilfen ein angemessener Vermögensfreibetrag, nach dem Familienstand gestaffelt, vorzusehen.

8. Die Spartätigkeit der Arbeitnehmer sollte auch auf folgende Weise gefördert werden: Im Rahmen des Gesetzes zur Förderung der Vermögensbildung der Arbeitnehmer sollten alle Zuwendungen der Arbeitgeber in vollem Umfang von der Lohnsteuer und den Sozialabgaben befreit werden. Auch die bisher schon begünstigten Leistungen des Arbeitgebers für die Zukunftssicherung der Arbeitnehmer (Zuwendungen an be-

triebliche Pensionskassen u. ä.) sollten bei der Befreiung von den Sozialabgaben nicht mehr angerechnet werden. Dies würde die Anwendung des Gesetzes wesentlich erleichtern und einen zusätzlichen Anreiz bieten, sich seiner zu bedienen.

Darüber hinaus sollte der Kreis der vom Vermögensbildungsgesetz begünstigten Arbeitnehmer dadurch ausgeweitet werden, daß interessierte Arbeitnehmer auf Antrag bestehende oder neu gewährte außertarifliche Barzuwendungen des Arbeitgebers in der im Gesetz zugelassenen Form und Höhe vermögenswirksam anlegen können. Einsparungen an Arbeitgeberbeiträgen, die sich aus der Umwandlung bisheriger Barleistungen in vermögenswirksame Leistungen ergeben, sollten in vollem Umfang zusätzlich der Vermögensbildung der Arbeitnehmer zugeführt werden.

Kinderreichen Familien kommt in der Regel die steuerliche Begünstigung des Vermögensbildungsgesetzes nicht zugute. Deshalb sollte versucht werden, diese Benachteiligung auszugleichen.

IV. Förderung der Vermögensbildung durch Bindung zusätzlicher Einkommensteile

1. Es ist zu erwarten, daß sich die vorgeschlagenen Sparförderungsmaßnahmen positiv auswirken, jedoch nicht ausreichen werden, das private Sparen im erforderlichen Umfang und in angemessener Zeit zu erhöhen. Vor allem gilt dies für die unteren Einkommensschichten der Arbeitnehmerschaft. Man muß also neben der Spareignung auch die Sparfähigkeit unmittelbar erhöhen.

2. Ansätze dazu finden sich im Gesetz zur Förderung der Vermögensbildung der Arbeitnehmer. Die Erfahrung hat jedoch gelehrt, daß das Vermögensbildungsgesetz in seiner bisherigen Form schon deswegen nicht in ausreichendem Maße angewandt worden ist, weil es auf den Willen des einzelnen Arbeitgebers ankommt, vermögenswirksame Leistungen anzubieten. Durch die in III 8. dargelegten Vorschläge kann sich die Situation insofern verbessern, als dann auch die Initiative des Arbeitnehmers allein einen Prozeß der Vermögensbildung in Gang setzen kann.

3. Eine entscheidende Schwäche des Vermögensbildungsgesetzes liegt darin, daß gegenwärtig nur Maßnahmen im Bereich des einzelnen Betriebes möglich sind. Eine wirksame Eigentumspolitik bedarf deshalb der verantwortlichen Mitwirkung beider Tarifparteien. Wenn die Tarifparteien aber mitarbeiten sollen, dann muß das Vermögensbildungsgesetz tarifvertraglich vereinbarte vermögenswirksame Zuwendungen zulassen und begünstigen. Damit können die Tarifparteien ihre Lohnpolitik unmittelbar mit der Eigentumspolitik verbinden. Bei den vermögenswirksamen Leistungen muß die Freiheit der Anlagewahl erhalten bleiben. Das Problem der Betriebsgebundenheit und des Miteigentums stellt sich deswegen nicht. Eine Barauszahlung vor Ablauf der Festlegungsfrist sollte entsprechend den Bestimmungen der Prämiengesetzgebung möglich sein.

4. Neben dem Barlohn gewährte und vermögenswirksam angelegte Einkommensteile, auch wenn sie durch tarifvertragliche Bindung zustande kommen, erhöhen die Gesamtersparnis der Arbeitnehmer, soweit ihr sonstiges Sparen dadurch nicht beeinträchtigt wird. Diese Art der Ersparnisbildung wird als Investivlohn verstanden, weil die vermögenswirksame Zuwendung zwar ein Teil des Arbeitseinkommens ist, aber nicht in bar ausgeschüttet, sondern mittelbar oder unmittelbar investiv verwendet wird. Die Arbeitnehmer erhalten dafür Vermögensrechte (Sparguthaben, Darlehensforderungen, Wertpapiere u. a.), über die sie — von Notfällen abgesehen — nicht sofort, sondern erst nach einer gewissen Zeit frei verfügen können.

5. Diese vermögenswirksamen Einkommensteile können in einem festen Betrag oder als Prozentsatz des Lohnes oder Gehaltes (investiver Lohnanteil) gewährt werden. Sie können aber auch den Arbeitnehmern in Abhängigkeit von bestimmten betrieblichen Ertragsgrößen zufließen (investive Ertragsbeteiligung). Sie sollten im Regelfall nicht im eigenen Betrieb angelegt werden.

6. Vereinbarungen über beide Arten vermögenswirksamer Einkommensteile können im Rahmen des Vermögensbildungsgesetzes schon heute durch Einzelverträge oder durch Betriebsvereinbarungen getroffen werden. Die vorgeschlagene Erwei-

terung des Vermögensbildungsgesetzes ermöglichte es darüber hinaus, einen investiven Einkommensteil durch tarifvertragliche Vereinbarungen einzuführen.

7. Eine gesetzliche Regelung in gleicher Weise wie für die übrigen Arbeitnehmer sollte auch für die Beschäftigten des öffentlichen Dienstes getroffen werden, die bislang nicht unter den personellen Geltungsbereich des Gesetzes fallen.

8. Nach einer Novellierung des Vermögensbildungsgesetzes ist es in erster Linie Sache der Sozialpartner, die damit gegebenen Möglichkeiten zu nutzen und sich im Rahmen der Tarifpolitik um Vereinbarungen zu bemühen, die in diesem Sinne wirken.

Soweit sich — wie bei jeder Lohnerhöhung — die Kosten- und Ertragslage der Unternehmen ändert, werden arbeitsintensive Unternehmen stärker belastet als kapitalintensive, obwohl diese häufig ertragsstärker sind als jene.

Die notwendig werdenden Anpassungsvorgänge verlaufen um so reibungsloser, je höher die reale Wachstumsrate der Wirtschaft ist.

9. Die Tarifpartner sollen die allgemeine Wirtschaftslage wie auch die Situation innerhalb der jeweiligen Wirtschaftsbereiche bei der Bemessung der vermögensbildenden Zuwendungen und bei der Wahl des Einführungszeitpunktes berücksichtigen. Dabei ist davon auszugehen, daß vermögenswirksame Zuwendungen vom Unternehmen aus gesehen zweifellos Kosten sind, die sich im Rahmen der wirtschaftlichen Leistungsfähigkeit halten müssen. Kompensierende wirtschafts- und finanzpolitische Maßnahmen können negative Rückwirkungen auf Produktion und Investitionen abfangen.

10. Die zeitweilige Bindung investiver Einkommensteile ist ganz anders zu beurteilen als der kollektive Zwangssparprozeß über die Preise, dem die Verbraucher infolge übergroßer Nachfrage oder ungenügenden Wettbewerbs immer wieder ausgesetzt sind. Während die investive Bindung von Einkommensteilen zur Vermögensbildung bei den Arbeitnehmern führt, ist mit dem Zwangssparprozeß über die Preise eine Konzentration von Vermögen bei Unternehmen, Sachwertbesitzern oder auch bei der Öffentlichen Hand verbunden.

11. Die vorgeschlagenen Mittel sind geeignet, das Ziel dieser Empfehlungen zu erreichen. Werden diese Möglichkeiten jedoch nicht genutzt, so werden andere Verfahren in der Diskussion an Gewicht gewinnen. Entsprechende Vorschläge sehen vor, durch Gesetz den Investivlohn oder ein System überbetrieblicher Ertragsbeteiligung zur Vermögensbildung der Arbeitnehmer einzuführen. Hierbei stellen sich Probleme insbesondere wirtschaflicher und verfassungsrechtlicher Art sowie die Verteilung wirtschaftlicher Macht, die noch gründlicher Überlegung bedürfen.

V. Die Verantwortung zur Verwirklichung einer konstruktiven Eigentumspolitik

Die Bundesregierung und die im Bundestag vertretenen Parteien haben in den letzten Jahren wiederholt die Bildung von Eigentum in allen Schichten der Bevölkerung als wichtiges Ziel ihrer Wirtschafts- und Gesellschaftspolitik bezeichnet. Zur Verwirklichung dieses Zieles sind von der Bundesregierung für die nächsten Jahre weitere konkrete Schritte angekündigt worden. Auch die Gewerkschaften und die Arbeitgeberverbände haben eigene Vorstellungen darüber entwickelt, wie diese Aufgabe zu lösen sei. Beiträge hierzu sind auch von evangelischen und katholischen Gruppen und Organisationen erarbeitet worden. Bei aller Verschiedenartigkeit der vorgeschlagenen Maßnahmen sollte die Erkenntnis Gemeingut werden, daß hierbei nicht das Eigentum an gehobenen Konsumgütern gemeint ist. Es geht darum, daß alle, die am Zuwachs des volkswirtschaftlichen Kapitals mitarbeiten, daran einen gerechten Anteil gewinnen können.

In der jüngsten Diskussion über die Wege zu einer breiten Eigentumsbildung werden hier und da Zweifel geäußert, ob das Ziel nicht zu hoch gesteckt sei und zuviel versprochen werde. Es heißt auch, daß die soziale Frage auf diesem Wege nicht gelöst werden könne und andere ordnungspolitische Mittel wichtiger seien als eine ausgeglichenere Eigentumsstruktur. Die Verfasser der vorliegenden Empfehlungen sind weit davon entfernt, sämtliche sozialen Probleme allein durch die Eigentumspolitik lösen zu wollen. Sie wissen durchaus, daß neben einer breiten Eigentumsstreuung viele andere wichtige soziale Ziele verfolgt werden müssen. Sie halten aber daran fest, daß die Eigentumspolitik ein entscheidendes Mittel ist, unsere demokratische und freiheitliche Gesellschaftsordnung überzeugender zu gestalten und innerlich zu festigen. Die gesamtwirtschaftliche Vermögensentstehung und -verteilung ist ein Strukturproblem der modernen Industriewirtschaft, an dem man nicht vorbeigehen kann.

Die Verfasser der vorliegenden Stellungnahme sind bei ihren Vorschlägen von der Frage ausgegangen, welche Möglichkeit für die weitere Eigentumspolitik sich kurzfristig bieten und relativ leicht zu verwirklichen sind. Sie haben dabei bewußt von allen Gedankengängen und Plänen abgesehen, die schwerwiegend in die gegenwärtige Rechts- und Wirtschaftsordnung eingreifen würden. Das, was hier vorgelegt wird, ist ein begrenztes Programm, das sich in kurzer Zeit verwirklichen läßt. Wenn die breite Eigentumsstreuung kein Lippenbekenntnis sein soll, sondern eine realistische gesellschaftspolitische Aktion, so weisen die gemachten Vorschläge einen vernünftigen Weg.

G. Das „Vierer Programm" der Parlamentarischen Staatssekretäre*

Ausgehend von den vermögenspolitischen Entschließungen der beiden Regierungsparteien auf ihren Bundesparteitagen im Sommer 1970 haben die vier Parlamentarischen Staatssekretäre der Ressorts Arbeit und Sozialordnung, Wirtschaft, Finanzen und Inneres ein »Denkmodell« zur Intensivierung der Vermögenspolitik erarbeitet und dieses im Herbst 1970 unter dem Titel «Vierer-Programm zur sozialgerechten Vermögensbildung und Sparförderung der Erwerbstätigen« vorgelegt. Dieses Programm, das erst als internes Arbeitspapier der Bundesregierung gedacht war, ist durch eine der üblichen Bonner Indiskretionen schnell bekannt geworden und hat ein weites öffentliches Echo gefunden. Die Konzeption des „Vierer-Programms" enthält im wesentlichen folgendes:

I.

1. *Alle Arbeitnehmer* einschließlich der Beamten, Richter, Berufssoldaten und Soldaten auf Zeit unterhalb noch festzusetzender Einkommensgrenzen werden jährlich am Vermögenszuwachs der Wirtschaft beteiligt. Für Teilzeitbeschäftigte werden entsprechende Abschläge vorgesehen.

2. Der Gegenwert der jährlichen Gewinnbeteiligung zur Vermögensbildung wird vor allem durch die *größeren Unternehmen* aufgebracht. Bemessungsgrundlage ist der steuerpflichtige Jahresgewinn. *Kleinere und mittlere Unternehmen* mit einem Jahresgewinn unter 100 000 DM unterliegen *nicht* der gesetzlichen Verpflichtung. Der Anteil der betroffenen Unternehmen würde bei der Grenze von 100 000 DM steuerpflichtigem Jahresgewinn bei weniger als 5 Prozent aller Unternehmen in der Bundesrepublik Deutschland liegen. Die Gewinnbeteiligung

* Auszug aus: Herbert Ehrenberg „Vermögensbildung für die siebziger Jahre", Stuttgart 1971.

soll im Hinblick auf die Leistungskraft der mittleren Unternehmen mit 2 Prozent des steuerpflichtigen Jahresgewinns ab 100 000 DM einsetzen und bis zum Höchstsatz von *10 Prozent ab 1 Million DM* Jahresgewinn steigen.

Bei Anwendung der vorstehenden Grundsätze würde das Aufkommen schätzungsweise *4 Milliarden DM* im Jahr ausmachen. Bei rd. 20 Millionen berechtigten Arbeitnehmern würde damit auf den einzelnen Arbeitnehmer eine Beteiligung von etwa 200 DM entfallen. Außer den Einkünften aus Gewerbebetrieb sollten die steuerpflichtigen Einkünfte ab 100 000 DM jährlich aus Kapitalvermögen, aus Vermietung und Verpachtung sowie aus Land- und Forstwirtschaft auf gleiche Weise für die Gewinnbeteiligung herangezogen werden.

3. Der gesetzlichen Verpflichtung kann wahlweise durch Übertragung von *Beteiligungswerten, Bargeld oder Schuldschein-Darlehen,* die durch Kreditinstitute refinanziert werden, nachgekommen werden. Der Gewinnanteil ist steuerlich *nicht absetzbar.* Andernfalls würde die Gewinnbeteiligung zum Teil von den übrigen Steuerzahlern getragen werden müssen, also weitgehend zu Lasten der Begünstigten gehen.

4. Die erforderlichen *Beteiligungsfonds* werden dezentral aufgebaut und in das bestehende *Banken- und Sparkassensystem* eingegliedert, so daß sie miteinander im Wettbewerb um die beteiligten Arbeitnehmer stehen und neue Machtkonzentrationen vermieden werden. Es wird also kein Zentralfonds geschaffen. Dem einzelnen Arbeitnehmer ist die freie Wahl seines Beteiligungsfonds zu gewährleisten. Die von den Beteiligungsfonds an die berechtigten Arbeitnehmer ausgegebenen Anteilscheine unterliegen grundsätzlich einer Sperrfrist von 7 Jahren.

5. Die Unternehmen haben die abzuführenden Beträge an eine *Clearing-Stelle* zu entrichten. Sie leitet die Mittel an die Beteiligungsfonds der Banken und Sparkassen weiter. Die Clearing-Stelle darf keine eigene Anlagepolitik betreiben. Um nicht einen neuen Verwaltungsapparat aufbauen zu müssen, kommt als Clearing-Stelle die Lastenausgleichsbank nach entsprechender Umbenennung in Betracht.

6. Durch *Publizitätspflichten* ist sicherzustellen, daß die Tätigkeit der Clearing-Stelle und der Beteiligungsfonds öffentlich verfolgt und kontrolliert werden kann. Stimmrechtsbeschränkungen müssen gewährleisten, daß einzelne Kreditinstitute über die neuen Beteiligungsfonds keinen unangemessenen Einfluß auf die einzelnen Unternehmen erhalten. Eine Vertretung der beteiligten Sparer und der verpflichteten Unternehmen in den Aufsichtsgremien der Clearing-Stelle und der Beteiligungsfonds ist vorzusehen.

II.

Vermögensbildung für Selbständige

Gleichzeitig mit der Einführung der Gewinnbeteiligung wird für Selbständige unterhalb noch festzusetzender Einkommensgrenzen die Vermögensbildung auf andere Weise, aber *in gleicher Höhe*, gefördert: Bei der geplanten Reform der Sparförderung ist zugunsten dieser Selbständigen das Sparen im eigenen Betrieb zu fördern. Auf diese Weise sollen insbesondere die Selbständigen in den unteren und mittleren Einkommensgruppen, die ihre Spargelder nicht bei Banken und Bausparkassen anlegen können, sondern diese Gelder dringend im eigenen Betrieb benötigen, in die Sparförderung einbezogen werden. Eine steuerliche Förderung der nichtentnommenen Gewinne würde die vielen Selbständigen leer ausgehen lassen, die wegen ihres niedrigen Einkommens ohnehin keine Einkommensteuer zahlen.

III.

Reform der Sparförderung; Vermögensbildung für Rentner und Pensionäre

Die Reform der Sparförderung, die ein Teil der Steuerreform ist, wird mit der geplanten Gewinnbeteiligung zeitlich koordiniert. Die Sparförderung wird vereinfacht und vor allem stärker auf die unteren und mittleren Einkommensschichten ausgerichtet. Das Spar-Prämiengesetz und das Wohnungsbau-Prämiengesetz werden zu *einem* Gesetz zusammengefaßt. Die Vorschriften werden materiell und verfahrensrechtlich vereinheitlicht. Das 624-DM-Gesetz bleibt jedoch erhalten. Eine Neuregelung des Sonderausgabenabzugs sollte ihren Schwerpunkt in der Berücksichtigung der Beiträge für die langfristige Altersvorsorge haben. Da Sparprämien für Bezieher hoher Einkommen, die ohnehin sparen, nicht sinnvoll sind, wird in das neue Spar-Prämiengesetz eine Einkommensgrenze eingeführt. Sie soll aber nicht so niedrig angesetzt werden, daß Schichten ausgeschlossen sind, die nach wie vor des Sparanreizes bedürfen.

Für *Rentner und Pensionäre,* die an der unmittelbaren Förderung der Vermögensbildung der Arbeitnehmer wegen ihres Ausscheidens aus dem Arbeitsprozeß nicht mehr teilnehmen können, wird bei der Reform der Sparförderung und bei der Steuerreform ein Ausgleich geschaffen. Gedacht ist unter anderem an eine Verkürzung der Sperrfrist für diese Mitbürger, die in der Regel in fortgeschrittenem Alter stehen.

IV.
Innere Reformen durch Vermögensbildung — Vermögensbildung für innere Reformen

Die verstärkte Förderung der Vermögensbildung aller Erwerbstätigen ist ein wichtiger Teil der inneren Reformen. Umgekehrt kann ein Teil der Mittel, die durch die Maßnahmen zur Vermögensbildung und Sparförderung mobilisiert werden, für öffentliche Investitionen im Bereich der inneren Reformen eingesetzt werden. Dabei ist eine marktgerechte Verzinsung sicherzustellen. Der Bürger soll an den notwendigen Sozialinvestitionen des Staates eigentumsmäßig beteiligt werden.

H. Vermögensbildungspläne — Vorstellungen und Vorschläge zu einer gerechteren Vermögensverteilung

1. Der „Büttner-Plan“

a) Eigentumsstreuung über Sozialkapital*

Der Gedanke, eine Eigentumsstreuung auf dem Wege über Sozialkapital vorzunehmen, knüpft an diesen unleugbaren Tatbestand an. Wie könnte nun eine solche Verteilung des Vermögenszuwachses der Unternehmen auf die breite Masse vor sich gehen? Der Ausgangspunkt wäre zweifellos der Ausweis der stillen Reserven in den Bilanzen und die Umwandlung des als Sozialkapital beanspruchten Teils der Reserven in echtes Eigenkapital oder in Fremdkapital. Die Betriebe müßten also gewissermaßen veranlaßt werden, die bereits getätigten Investitionen, die sie bisher aus den eigenen Gewinnen finanzieren konnten, noch nachträglich entweder in fremdfinanzierte Investitionen umzuwandeln, sich also bis zu einem gewissen Anteil der Gesamtinvestitionen noch nachträglich zu verschulden, oder das Eigenkapital entsprechend zu erhöhen.

Mit dem letzteren Vorgang würde zunächst etwas Ähnliches geschehen, wie von der Bundesregierung durch die bei den entsprechenden Ministerien in Vorbereitung befindlichen Gesetzesentwürfe über die steuerliche Behandlung der Gratisaktien beabsichtigt wird: Reserven würden als Reserven verschwinden und im eigenen Kapital der Unternehmungen in Erscheinung treten. Bei Aktiengesellschaften ist ein derartiger Vorgang nicht ungewöhnlich. Praktisch würde hier der einzige Unterschied gegenüber der als normal empfundenen Austeilung von Gratisaktien an die Aktionäre nur der sein, daß die Gratisaktien dem Sozialkapital und damit — wie wir weiter unten sehen werden — den „Begünstigten“ zugeteilt werden. Das

* Abdruck nach „Sozialer Fortschritt“, Unabhängige Zeitschrift für Sozialpolitik, 7. Jahrgang 1958.

Ziel der Manipulation wäre erreicht: Eine größere Anzahl von Menschen, die normalerweise nicht in der Lage wären, eigenes Vermögen (in diesem Fall sogar Eigentum an den Produktionsmitteln) zu bilden, ist mit einem solchen Vermögen ausgestattet worden.

Es erhebt sich die Frage, ob ein solcher Vorgang der Auflösung der Reserven und Überführung in das Eigenkapital bei gleichzeitiger Verpflichtung zur Beteiligung von Nichtaktionären an dieser Kapitalerhöhung durch steuerliche Maßnahmen so attraktiv gestaltet werden kann, daß allein aus dem Wunsch zur Steuerersparnis heraus die Unternehmungen Sozialkapital zu bilden geneigt sind. Für die Zwecke der Diskussion wollen wir vorerst einmal unterstellen, daß ein gesetzlicher Zwang hierfür zusätzlich vorgesehen wird. Die Unternehmungen der Wirtschaft, von einer bestimmten Größenklasse an aufwärts, wären also gesetzlich verpflichtet, einen bestimmten Prozentsatz ihrer jährlichen Vermögensbildung — nehmen wir wiederum für Zwecke der Diskussion 50 v. H. an — in Fremdkapital oder bei Aktiengesellschaften in Eigenkapital umzuwandeln. Es ergeben sich nunmehr für die Übertragung der Rechtsansprüche, von denen Professor Gleitze in seinem Diskussionsbeitrag gesprochen hat, folgende drei Möglichkeiten:

Als Sammelstelle für das Sozialkapital tritt der Sozialkapitalfonds in Erscheinung. Eine Aktiengesellschaft oder eine KG auf Aktien kann sich ihrer Verpflichtung gegenüber dem Sozialkapitalfonds (50 v. H. des im voraufgegangenen Jahr entstandenen Vermögenszuwachses) dadurch entledigen, daß sie in gleicher Höhe ihr Eigenkapital erhöht und die neuen Aktien an den Sozialkapitalfonds übergibt. Die gleiche Gesellschaft kann aber auch, wenn sie es vorzieht, ihr Kapital nicht zu erhöhen und statt dessen in Höhe von 50 v. H. des Vermögenszuwachses langfristige Verbindlichkeiten einzugehen, in ein schuldrechtliches Verhältnis zu dem Sozialkapitalfonds treten. Sie übergibt ihm Schuldscheine oder andere Schuldtitel, so daß der Sozialkapitalfonds Gläubiger dieser Unternehmung wird.

Schließlich besteht die dritte Möglichkeit für das Unternehmen, seine Verpflichtung gegenüber dem Sozialkapitalfonds in bar abzulösen. Dies ist nach der Definition der Entstehung des

Sozialkapitals an sich nicht möglich. Das Unternehmen müßte sich also in der gleichen Höhe anderweitig verschulden, so daß bei der Barablösung an sich nur ein Auswechseln der Kontrahenten stattfindet. Immerhin gibt es vielleicht Gründe für Unternehmungen, die sie veranlassen könnten, langfristige Darlehen lieber bei ihrer Hausbank aufzunehmen statt bei dem ihnen fremden Sozialkapitalfonds.

Von den hier genannten drei Möglichkeiten der Erfüllung der Verpflichtungen von seiten der Unternehmungen wird normalerweise die erste nur angewandt werden können von bestimmten Kapitalgesellschaften; aber bereits die GmbH. hat diese Möglichkeit kaum mehr. Ganz bestimmt können Personalgesellschaften oder Einzelkaufleute den Sozialkapitalfonds nicht anteilmäßig beteiligen, wenn sie ihren Charakter nicht verlieren wollen. Hier müßte sonst bei der Kapitalbeteiligung der Sozialkapitalfonds praktisch eine echte Gesellschafterfunktion übernehmen, so daß de facto von diesen Gruppen von Unternehmungen nur schuldrechtliche Verpflichtungen gegenüber dem Sozialkapitalfonds (bzw. gegenüber einer anderen Bank oder sonstigen Finanzierungsquellen bei der Barablösung) eingegangen werden können.

Soweit Unternehmungen durch diesen Zwang zur Sozialkapitalbildung langfristige Verpflichtungen eingegangen sind —, was, wie wir gesehen haben, in allen Fällen eintreten muß, bei denen Unternehmen betroffen sind, die keine Aktiengesellschaften sind — wird die Verzinsung und Tilgung dieser Verpflichtungen so gestaltet werden müssen, daß sie im Rahmen der normalen Ertragsfähigkeit der Unternehmung bleibt. Durch die Pflicht zur Tilgung und Verzinsung entsteht kein grundsätzlich neues Moment. Ein Unternehmen, das von vornherein den Weg der Fremdfinanzierung gegangen wäre bei der Vornahme seiner Investition, würde sich ebenfalls bei seiner Verschuldung nach der erwarteten Ertragsmöglichkeit richten müssen.

Durch die Bildung des Sozialkapitals wird die Finanzierung langfristiger Investitionsvorhaben wieder normalisiert. Die Unternehmen haben die Wahl, sich entweder die erforderlichen langfristigen Mittel auf dem Kapitalmarkt (durch Bankkredite, langfristige Schuldverschreibungen, Eigenkapitalerhöhung) zu beschaffen, oder — sollte dieser dazu nicht in der Lage sein — sich weiterhin über den Preis zu finanzieren. Selbstfinanzierung und Fremdfinanzierung werden wieder in ein vernünftiges Verhältnis zueinander gebracht, wenn das Unternehmen nun gezwungen ist, sich bis zu einem gewissen Teil der vorgenommenen Neuinvestition durch Übertragung des Sozialkapitals auf den Fonds zu verschulden.

Durch den Zwang zur Fremdfinanzierung könnte eine Gefahr für die Preisgestaltung nur insofern entstehen, als evtl. die Zinslasten auf die Preise abgewälzt werden könnten. Ein Abwälzen der Amortisationsraten dagegen wäre aus der Definiton des Entstehens des Sozialkapitals heraus nicht möglich.

Grundsätzlich sollten sämtliche Unternehmungen der gewerblichen Wirtschaft, der Verkehrswirtschaft, der Banken, Versicherungen, des Handels und auch der Landwirtschaft zur Bildung von Sozialkapital verpflichtet sein, soweit sie eine bestimmte Mindestgröße haben, über die noch zu sprechen wäre (die aber etwa in der Größenordnung von 10 Millionen DM tätigem Vermögen liegen sollte). Dabei müßte es ebenfalls grundsätzlich unerheblich sein, in welcher Rechtsform diese Unternehmen geführt werden und wer der Eigentümer ist. Eine Ausnahme wäre vorzusehen für die Eigenunternehmungen der öffentlichen Hand (nicht aber für die im Besitz der öffentlichen Hand befindlichen Unternehmen in der Rechtsform der Aktiengesellschaft oder GmbH.), für Genossenschaften und für Stiftungen. Da die letzten beiden Kategorien nicht in erster Linie auf Gewinnerzielung abgestellt sind bzw. der Gewinn gemeinnützigen Zwecken zufließen soll, müßten sie von einer obligatorischen Sozialkapitalbildung ausgenommen sein.

Es wäre wünschenswert, die gesamte Wirtschaft auf diese Weise zur Sozialkapitalbildung heranzuziehen. Allerdings wäre auch ein bereichsweises Vorgehen denkbar. Der hohe Vermögenszuwachs läßt sich — wie Gleitze ausgeführt hat — in einigen Wirtschaftsbereichen besonders deutlich nachweisen. Der Sozialkapitalfonds könnte naturgemäß auf derartige Wirtschaftszweige zunächst beschränkt werden. Er könnte ebenso abgegrenzt werden. Wenn man die Unternehmungen aller Wirtschaftszweige in der gesamten Volkswirtschaft für diese Sozialkapitalbildung heranziehen kann, wäre es gerechtfertigt, z. B. *sämtliche* Arbeitnehmer (im weitesten Sinne des Wortes) zu „Begünstigten" zu machen. Sie würden jährlich an der Sozialkapitalbildung teilnehmen. Dies könnte technisch sehr einfach dadurch geschehen, daß jeder Arbeitnehmer praktisch Anteilseigner an dem Sozialkapitalfonds wird. Die Höhe dieses Anteils richtet sich eben nach dem Wert der gesamten Forderungen oder Anteilsrechte im Portefeuille des Fonds. Ein solcher Anteilschein am Fonds entspräche etwa einer Aktie ohne Nennwert oder einem Investmentzertifikat. Die jährliche Verzinsung dieses Anteilscheines könnte gleichermaßen wie bei diesen vor sich gehen.

Die Anteilscheine stellen echte Vermögenswerte in den Händen der breiten Masse dar. Sie würden sich bei einer erwarteten ständigen Wirtschaftsexpansion stetig im Werte erhöhen müssen. Sie wären an sich ihrer Natur nach ohne weiteres handelbar. Für sie würde sich an den normalen Wertpapiermärkten ein Preis bilden. Es widerspräche aber der Zielsetzung der Vermögensbildung, wenn diese Vermögensanteile nicht gespart würden. Vermögen kann sich auch auf dem Wege über Sozialkapital in den Händen der Einzelnen nur halten und weiterbilden, wenn es von diesen Einzelnen gespart wird. Darum müßte im Interesse dieser Vermögensbildung die Verflüssigung dieser Anteilsrechte erschwert oder grundsätzlich sogar unmöglich gemacht werden. Hier wäre evtl. daran zu denken, die Veräußerung nur für bestimmte, genau umrissene Notfälle zuzulassen oder sie dann zu begünstigen, wenn es sich um die Anschaffung des einzigen in diesem Sinne *echten Eigentums* handelt, nämlich um den Erwerb von Grund und Boden und des dazu gehörenden Hauses.

Der hier skizzierte Plan zur Streuung des Vermögens über Sozialkapital geht absichtlich nicht in die Details. Er ist aber in seinen weitergehenden Einzelheiten bereits diskutiert. So gibt es insbesondere Vorstellungen darüber, welches die Bemessungsgrundlage für die Höhe des als Sozialkapital abzuführenden Teils des Vermögenszuwachses sein sollte. Hierbei kann etwa daran gedacht werden, von den bestehenden Handels- und Steuerbilanzen auszugehen (und hier etwa den versteuerten Gewinn plus überhöhte Abschreibungen plus Rücklagenbildung zu berücksichtigen). In diesem Zusammenhang wird aber der im Zuge der Aktienrechtsreform erwartete stärkere Zwang zur Publizität von Bedeutung sein. Es bleibt jedenfalls zu hoffen, daß eine Aufhellung jetzt noch stark verdunkelter Bilanztatbestände auch für die Zwecke der Erfassung von Sozialkapital erleichternd wirken wird.

Nicht unerwähnt soll an dieser Stelle bleiben, daß der Fonds an sich eine konjunktur-stabilisierende Wirkung haben kann. Das kann auf der einen Seite durch seine eigene Tätigkeit am Wertpapiermarkt der Fall sein, zum anderen aber sollte nicht übersehen werden, welche konjunkturpolitischen Möglichkeiten in der Sperre oder Freigabe der Fonds-Anteile für den Verkauf liegen.

Die politischen Schwierigkeiten, die sich einem solchen Projekt der Vermögensstreuung über die Bildung von Sozialkapital entgegenstellen werden, werden nicht verkannt. Es wäre wünschenswert, wenn diese kurze Darstellung eine *wirtschaftliche* Diskussion anregen würde.

b) Vermögensbildung durch Umverteilung*

Vermögensbildung durch Umverteilung

Auf Seite 109 (Heft 2/61) der *Gewerkschaftlichen Monatshefte* war die Stellungnahme des DGB-Bundesvorstandes zur Vermögensumverteilung abgedruckt. Der Kern dieser Stellungnahme ist die Forderung des DGB nach einer Änderung der Vermögensbildung in dem Sinne, daß diese bei der Masse der Arbeitnehmer zu Lasten der Vermögensbildung der Unternehmer erfolgen soll. Dieser Vorschlag fordert also nicht einen weiteren zusätzlichen Konsumverzicht, der — wie *Thiemeyer* im gleichen Heft der *Gewerkschaftlichen Monatshefte* ausführt

* Abdruck nach „Gewerkschaftliche Monatshefte", herausgegeben vom Bundesvorstand des Deutschen Gewerkschaftsbundes, 12. Jahrgang S. 264 bis 269.

— konjunkturell sehr bedenklich wäre, sondern geht von der vollzogenen volkswirtschaftlichen Sparung aus. Damit rückt der DGB-Bundesvorstand die Frage der Vermögensbildung bei den Arbeitnehmern (genauer gesagt: bei den Beziehern von Masseneinkommen) in die volkswirtschaftlich einzig richtige Perspektive. *Thiemeyer* hat diese volkswirtschaftlichen Voraussetzungen sehr eingehend dargestellt, so daß an dieser Stelle hierauf nur Bezug genommen zu werden braucht.

Es geht also darum, den aus bereits vollzogenem Konsumverzicht (über zu hohe Preise oder zu hohe Steuern) entstandenen Vermögenszuwachs nunmehr eigentümlich denjenigen zuzuteilen, die im wesentlichen den volkswirtschaftlichen Sparprozeß vollbracht haben, also den Masseneinkommensbeziehern. Zweifellos gibt es hierfür verschiedene technische Möglichkeiten. Erwähnt seien hier lediglich die Vorschläge von *Heinrich Deist* (allerdings mit den Einschränkungen *Thiemeyers)* und von Professor *Föhl,* Tübingen, der den Umverteilungseffekt über eine grundsätzliche Änderung des Steuersystems erreichen möchte. Der DGB-Vorschlag auf Bildung von Sozialkapital hat den Vorteil der größeren Einfachheit und der größeren Übersichtlichkeit.

Das Sozialkapital

Der in einer expandierenden Wirtschaft aus dem Massenkonsumverzicht (der volkswirtschaftlichen Sparung) resultierende Vermögenszuwachs entsteht in den Unternehmen der Wirtschaft. Er schlägt sich im wesentlichen nieder im Anlagevermögen, bis zu einem gewissen Grade (z. B. in Form von Lagerbeständen) auch im Umlaufvermögen. Dieser Vermögenszuwachs ist selbstverständlich rechnerisch aus der Finanzbuchhaltung der Unternehmen ermittelbar. Er wird bei der Dehnbarkeit unserer Bilanzierungsvorschriften nicht in voller Höhe ohne weiteres aus dem Vergleich verschiedener Jahresabschlüsse zu entnehmen sein, aber er wäre bei Vorliegen entsprechender gesetzlicher Buchhaltungsvorschriften ohne weiteres deutlich zu machen. Diesem Zuwachs des Anlage- und Umlaufvermögens entsprechen heute verschiedene Quellenpositionen der Passivseite der Bilanz. Die wesentlichsten sind die Abführungen in die Rücklagen und in langfristig wirkende Rückstellungen, insbesondere für Pensionsverpflichtungen (einschließlich Abführungen an ausgegliederte selbständige Pensionskassen), Wertberichtigungen, eventuelle Kapitalerhöhungen aus Eigenmitteln und der Buchgewinn. Wir wissen außerdem, daß die Möglichkeit der Unterbewertung bestimmter Aktiven oder der Überbewertung von Passiven eine zusätzliche Möglichkeit der Investitionsfinanzierung bietet, und daß also hierdurch bestimmte Teile des Vermögenszuwachses in der Bilanz überhaupt nicht zum Ausdruck kommen. Diesem „verschwundenen“ Vermögenszuwachs müßte durch neue Bilanzierungsvorschriften entgegengewirkt werden. Zumindest wäre es erforderlich, die Buchhaltung so durchsichtig zu gestalten, daß den vermögenswirksamen Bewertungen des Anlage- und Umlaufvermögens oder der Schulden nachgespürt werden kann.

Wir gehen also davon aus, daß eine rechtliche Neuordnung — die auf jeden Fall Grundlage eines so revolutionären Aktes, wie ihn eine Umverteilung des Vermögenszuwachses darstellt, sein müßte — ohne Schwierigkeiten die Voraussetzungen dafür schaffen kann, daß der Vermögenszuwachs in den einzelnen Unternehmen auch erkannt werden kann. Auf der Grundlage dieser Voraussetzung ist es weiterhin nicht schwer, sich vorzustellen, daß das Gesellschaftsrecht in der Art geändert werden kann, daß es der gleichen Zielsetzung nicht mehr entgegensteht.

Diese Änderung des Gesellschaftsrechts wird aus verschiedenen Gründen erforderlich sein. Sie ist zunächst notwendig, um eine neue Art von „Kapital“ zu sanktionieren. Theoretisch wäre es ja auch heute möglich, ein Unternehmen zu veranlassen, den Vermögenszuwachs einer Rechnungsperiode ganz oder überwiegend durch Kapitalerhöhungen auszuweisen. Bis zu einem gewissen Grade tun dies Firmen, die nach amerikanischem Recht bilanzieren. Verwiesen sei hier auf das Beispiel der Firma *Opel*, die tatsächlich den größten Teil ihres Vermögenszuwachses als Dividende ausschüttet (bei gleichzeitiger Wiedereinzahlung durch den Aktionär) oder als Gewinnvortrag auf die kommende Rechnungsperiode überträgt. Unsere betriebswirtschaftlichen Vorstellungen stehen aber einer Ausweitung des Eigenkapitals ad infinitum entgegen. Es gibt auch bei unserer heutigen betriebswirtschaftlichen Grundlage, insbesondere auch nach den bestehenden gesellschaftsrechtlichen Vorschriften, gute Gründe dafür, das Eigenkapital nicht ständig wachsen zu lassen. Die Notwendigkeit der Verzinsung und die daraus resultierende ständig wachsende Belastung seien hier nur als Beispiel erwähnt.

Ein Eingriff in das aus der Vermögensbildung resultierende Eigentum ändert naturgemäß den Eigentumsbegriff überhaupt. Über dieses Thema ist bereits unendlich viel geschrieben worden. Es scheint aber tatsächlich kaum noch einem Zweifel zu unterliegen, daß die moderne arbeitsteilige Wirtschaft industrieller Großbetriebe und der liberale Eigentumsbegriff des Bürgerlichen Gesetzbuches kaum miteinander in Einklang gebracht werden können. Die Juristen werden also Phantasie aufbringen müssen, um die Institution des Eigentums an die geänderten wirtschaftlichen Verhältnisse anzupassen. (Vielleicht gehört hierzu mehr Phantasie, als sie von *Karl Marx* aufgebracht wurde, der ja glaubte, überhaupt ohne Sondereigentum an den Produktionsmitteln im Endstadium seiner wirtschaftlichen Zukunftsvision auskommen zu können.)

In diesem Sinne ist das neue Kapital zu verstehen, das nach dem Vorschlag des DGB ausgewiesen werden soll, um den Vermögenszuwachs kenntlich zu machen. Es wird „Sozialkapital“ genannt, weil es das Resultat der Sozialleistung ist und nicht das Resultat einer nachspürbaren Leistung etwa von Aktionären, von Arbeitnehmern des in Rede stehenden Unternehmens oder von dessen Managern. Diese Kennzeichnung „Sozialkapital“ ist also von Bedeutung, wenn über die Weiterverteilung im Sinne der Vermögensbildung bei den Masseneinkommensbeziehern gesprochen wird. Nach unseren heutigen Vorstellungen entspräche jedenfalls der Ausweis des Vermögenszuwachses als „Sozialkapital“ etwa einer Kapitalerhöhung. Vermutlich würde dieser Vorgang zu einer Revision der heute notwendigen Rücklagenbildung führen können oder sogar führen müssen. Es wäre jedenfalls bei der Konstruktion des „Sozialkapitals“ — und insbesondere auch bei dem Vorhandensein des noch zu erörternden „Sozialkapitalfonds“ — sicher nicht mehr notwendig, Reserven gesetzlich vorzuschreiben oder auch nur zu dulden. Es wäre darüber hinaus zu überlegen, ob die langfristigen Verbindlichkeiten, die sich aus Pensionszusagen ergeben könnten, nicht besser dann ebenfalls überbetrieblich durch Institutionen erfüllt werden, die von ganzen Branchen (etwa so wie heute in der Stahlindustrie) getragen würden. Ihre Koppelung mit dem „Sozialkapitalfonds“ läge zumindest nahe.

Damit würde sich bei Realisierung des DGB-Vorschlags eine Situation abzeichnen, in der die Finanzierung der Vermögensbildung sich ausschließlich oder doch überwiegend in der Entwicklung des Passivpostens „Sozialkapital“ niederschlagen würde. Gesetzliche oder freiwillige Rücklagen wären überflüssig. Rückstellungen für Pensionsverpflichtungen könnten gesondert ausgewiesen werden, würden aber praktisch mit dem „Sozialkapital“ institutionell gekoppelt sein. Stille Reserven aus „falschen“ Bewertungen wären nicht mehr möglich.

Theoretisch verbliebe nunmehr natürlich die Möglichkeit, den gesamten Vermögenszuwachs des Unternehmens als Gewinn an die Aktionäre oder sonstigen Eigentümer zu verteilen (eventuell mit der Auflage, ihren so empfangenen Anteil in dem betrieblich notwendigen Ausmaß sofort wieder als neue Einlagen einzuzahlen). In der Entscheidung darüber, ob ein solches Verfahren geduldet werden könnte oder nicht, läge das Kriterium dafür, ob eine entsprechende Gesetzgebung ernsthaft von der Zielsetzung der Vermögensumverteilung ausgehen will oder nicht. Ist dies nicht der Fall, würden also sehr hohe Gewinne deutlich werden, und es würde sich auch deutlich zeigen, bei wem sich der volkswirtschaftliche Vermögenszuwachs als Eigentum niederschlägt. Da dann Dividenden zwischen 50 und 100 v. H. an der Tagesordnung sein müßten, würden entsprechende Lohnforderungen der Gewerkschaften unvermeidlich sein. In gewissem Umfang würde aus solchen Lohnforderungen vielleicht auch der gewünschte Umverteilungseffekt entstehen, und zwar in dem Maße, in dem die mit höherem Einkommen ausgestatteten Arbeitnehmer sich nunmehr am Produktivvermögen beteiligen würden. Dieser Vorgang würde allerdings mit sehr viel größeren volkswirtschaftlichen Störungen verbunden sein, als der Eingriff in den aus der Wirtschaftsexpansion notwendigen industriellen Vermögenszuwachs. Insbesondere würde bei einem solchen Verfahren sicherlich auf die Dauer entweder die Expansion als solche gefährdet werden oder aber zumindest der Geldwert sehr viel stärkeren Belastungen ausgesetzt sein.

Wir dürfen aber wohl davon ausgehen, daß der Gesetzgeber, der es überhaupt unternimmt, einschneidend in den Prozeß der Vermögensbildung einzugreifen und einschneidend die Rechtsinstitution des Eigentums zu ändern, diese Möglichkeit des Ausweichens selbstverständlich unterbinden würde. Dies bedeutet mit anderen Worten, daß der Vermögenszuwachs des Unternehmens zunächst grundsätzlich im „Sozialkapital" seinen Niederschlag findet. Die Frage der Verzinsung, also auch der Dividendenausschüttung, wäre unter diesen Umständen nicht mehr einseitig zu erledigen, sondern bedürfte einer echten demokratischen Entscheidung unter Hinzuziehung des Repräsentanten der „sozialen Leistung", des „Sozialkapitalfonds".

Der Sozialkapitalfonds

In der hochgradig arbeitsteiligen, modernen Industriewirtschaft ist der Beitrag einzelner zur Sozialleistung nicht zu messen und nicht zu bewerten. Unterschiedliche Intelligenz, unterschiedliche physische Stärke, unterschiedliche Bereitschaft zu arbeiten und unterschiedliche Bereitschaft zur Übernahme von Risiko müssen durch die jeweilige Entlohnung so gut es eben geht abgegolten werden. Insoweit würde sich die Zukunft nicht von der Gegenwart unterscheiden. Es wird nach wie vor ein schwieriges, ja vielleicht unlösbares Problem sein, den „gerechten Lohn" für diese Unterschiede der Individuen zu suchen und zu finden. Aber alles, was über den trotz aller Mängel der Determination doch als etwa gerecht zu bezeichnenden Lohn hinausgeht, ist nunmehr Ergebnis der Sozialleistung, kann nicht mehr auf einzelne aufgegliedert werden und muß daher der Gesamtheit schlechthin zufallen. Deshalb auch wären betriebliche Gewinnbeteiligungssysteme, die zur Eigentumsbeteiligung führen, in diesem Sinne ungerecht, weil sie nur den kleinen Kreis der Arbeitnehmer beteiligen, der zufällig in einem Unternehmen beschäftigt ist, in dem der Gegenwert der Sozialleistung deutlich zum Ausdruck kommt. Ihrer Leistung braucht die günstige Marktsituation überhaupt nicht zu verdanken zu sein. Sie aber profitieren hieraus.

Konsequenterweise muß nach einem Weg gesucht werden, den aus der sozialen Leistung resultierenden Vermögenszuwachs allen an der sozialen Leistung Beteiligten auch zukommen zu lassen. Die notwendige Voraussetzung hierfür ist eine Sammelstelle für das in den einzelnen Unternehmen anfallende Sozialkapital. Der DGB nennt diese Sammelstelle „Sozialkapitalfonds“, die ihrer Konstitution und ihrer Wirkungsweise nach eine gewisse Ähnlichkeit mit einer Investmentgesellschaft haben würde. Alle Unternehmen der Wirtschaft, die zur Bildung von Sozialkapital gesetzlich verpflichtet wären, würden jährlich dieses Sozialkapital dem Fonds zu „übertragen“ haben.

Ehe von der Form dieser Übertragung die Rede sein soll, wäre es vielleicht zweckmäßig, einige Gedanken darüber zu äußern, welches der Kreis der zur Bildung von Sozialkapital verpflichteten Unternehmen sein müßte. Nach der Definition der Entstehung dieses Kapitals gäbe es zunächst überhaupt keine Einschränkungen. Wo immer Vermögenszuwachs entsteht, der nicht aus dem „gerechten Lohn“ irgendwelcher am Wirtschaftsprozeß Beteiligten bezahlt worden ist, ist dieser Vermögenszuwachs eine Folge der sozialen Leistungen. Es gäbe keinen logischen Grund, irgendeine Grenze zu ziehen, wenn der Gegenwert dieser sozialen Leistungen neu verteilt werden sollte. So gesehen müßten sämtliche Unternehmen der Wirtschaft, gleichgültig aus welcher Sparte, gleichgültig welcher Größe oder welcher Unternehmensform, zur Bildung von Sozialkapital verpflichtet sein. Im Sinne einer echten Änderung der Gesellschaftsstruktur wäre dies auch zweifellos das anzustrebende Ziel. Es mag aber sein, daß organisatorische oder technische Schwierigkeiten dem zunächst entgegenstehen. Vielleicht wäre der Verwaltungsaufwand zu groß, wenn man eine Riesenzahl von Unternehmungen — auch die kleinen und kleinsten, auch die der Landwirtschaft und des Handwerks — zur Sozialkapitalbildung verpflichten würde und sich damit der Notwendigkeit unterziehen müßte, die Vermögensbildung rechnerisch zu überprüfen.

Vielleicht also wäre es aus diesen technischen Gründen zweckmäßiger, sich zunächst zu beschränken. Allerdings muß zugegeben werden, daß jede in dieser Weise gezogene Grenze mehr oder minder willkürlich ist, so daß hier aus Verwaltungszweckmäßigkeit heraus rechtliche Ungleichheiten geschaffen würden. Prinzipielle Gründe jedenfalls für eine Differenzierung gäbe es kaum. Man sollte daher diese Frage nötigenfalls der politischen Diskussion überlassen.

Von grundsätzlicher Bedeutung allerdings ist die Form der Übertragung des im einzelnen Unternehmen ausgewiesenen Sozialkapitals auf den Sozialkapitalfonds. Hier müßten wir uns wieder von den uns geläufigen, auf der Rechtsinstitution „Eigentum" des BGB und der einschlägigen wirtschaftlichen Gesetze beruhenden Vorstellungen lösen. Auf jeden Fall muß es eine Überleitung mit Beteiligungscharakter sein, nicht eine schuldrechtliche Verpflichtung des einzelnen Unternehmens gegenüber dem Fonds. Es werden also „Anteile" am Vermögen übertragen und nicht etwa dem Fonds Forderungen eingeräumt. In unseren gegenwärtigen Rechtsvorstellungen können wir als Beispiel nur mit der Übertragung von Aktien oder Gesellschafteranteilen operieren. Da aber das ganze System der Sozialkapitalbildung nicht auf Kapitalgesellschaften beschränkt sein soll, müßten — wie gesagt — neue Formen der Anteilsübertragung erfunden werden.

Auf jeden Fall entsteht im Fonds ein Vermögen, das dem Vermögenszuwachs aller erfaßten Unternehmen entspricht. Dieses Vermögen wächst in dem Ausmaß des volkswirtschaftlichen Vermögenszuwachses, also im Ausmaß der Wirtschaftsexpansion. Durch Schwierigkeiten einzelner Unternehmen kann das Fondsvermögen zwar beeinträchtigt werden, es wird aber unter der Voraussetzung des stetigen wirtschaftlichen Wachstums selbst auch immer stetig wachsen. Das Ausmaß seiner Verzinsung hängt davon ab, welchen „Lohn" man dem Kapitalgeber für seine Leistungen in der Volkswirtschaft gewähren will. Die Bestimmung des Zinses ist damit eine soziale Angelegenheit und nicht länger eine Frage privater Profitinteressen. Selbstverständlich wird es dem Fonds als Institution freistehen, einzelne Unternehmen von der Verpflichtung zur Zinsleistung grundsätzlich zu befreien, wenn dies aus wirtschaftlichen Gründen erforderlich sein sollte. Der Fonds kann darüber hinaus konjunkturbeeinflussend wirken, indem er gewissermaßen im Sinne der Offenmarktpolitik der Notenbank eigene oder fremde Vermögensanteile auf dem Markt anbietet oder das Angebot verknappt.

Aus dieser Andeutung erhellt schon, daß das ständig wachsende Vermögen des Fonds die Gefahr in sich birgt, zu einem wirtschaftlichen Machtinstrument zu werden, das die staatliche Wirtschaftspolitik schließlich zu stark beeinflußt oder gar unwirksam macht. Auf der Grundlage der Einheitlichkeit der Festlegung der Politik kann der Fonds also nur eine Institution sein, die der staatlichen Wirtschaftspolitik unterworfen ist und ihr keineswegs entgegenwirken darf. Er wird demnach eine Rechtsform eigener Art darstellen müssen, die am ehesten der Körperschaft des öffentlichen Rechts entspricht, ähnlich wie dies bei der Bundesbank der Fall ist. In seinen Organen müssen alle wesentlichen Gruppen des Volkes angemessen vertreten sein. Er muß in seiner Wirkungsweise der öffentlichen Kontrolle völlig unterliegen. Die verschiedentlich bereits geäußerte Meinung, daß der Fonds ein Machtinstrument der Gewerkschaften darstelle, ist also irrig. Die Gewerkschaften wären nur eine von den Gruppen, die in seinen Organen vertreten sein sollten.

Die Fondsanteile

Die Zielsetzung war die „Umverteilung“ des Vermögenszuwachses. Die Sammlung der Anteile im Fonds würde lediglich eine besondere Art von Sozialisierung darstellen. Im Sinne der Zielsetzung muß das dem Fonds stetig zuwachsende Vermögen weiterverteilt werden. Theoretisch wäre es richtig, alle Menschen gleichmäßig an diesem Vermögenszuwachs zu beteiligen, da ja die individuelle Leistung bereits durch den „gerechten Lohn“ abgegolten ist. Die „soziale Leistung“ kann nur noch gleichmäßig von allen gemeinsam erbracht worden sein und daher auch nur gleichmäßig auf alle wieder verteilt werden.

Da in unserem Wirtschaftssystem die Unternehmer in der Lage sind, ihren Unternehmerlohn zu bestimmen die Arbeitnehmer dagegen ihren Lohn nur nach Verhandlungen mit den

Unternehmern festsetzen können, befinden sich die Unternehmer auf jeden Fall in einer günstigeren Ausgangsposition. Solange ein übergeordnetes Kriterium für den gerechten Lohn — also auch für den gerechten Unternehmerlohn — nicht gefunden ist, darf davon ausgegangen werden, daß in dem selbst bestimmten Unternehmerlohn auch schon wesentliche Anteile des eigentlichen gesellschaftlichen Ergebnisses enthalten sind. Aus diesem Grunde kann die Verteilung der Vermögenszuwächse auf die Arbeitnehmer beschränkt werden. Der Begriff „Arbeitnehmer" ist dann allerdings im weitesten Sinne des Wortes zu verstehen. Hierzu würden alle Selbständigen, mit Ausnahme der „wirtschaftlichen Unternehmer", also z. B. alle Ärzte, Rechtsanwälte, Künstler usw., gehören. Eine Differenzierung der Anteile — etwa nach der Leistung — ist nun nicht mehr möglich. Es kann sich also nur um eine gleichmäßige „Pro-Kopf-Verteilung" handeln. Wegen der Unmöglichkeit der Zurechnung würde eine derartige gleichmäßige Verteilung auch absolut gerechtfertigt sein.

In den Diskussionen um die Vermögensumverteilung ist eine der wesentlichsten Forderungen die nach einem „freien Eigentum", einem Eigentum also, mit dem der Eigentümer tun und lassen kann, was er will. Diese Forderung ist auf jeden Fall irreal, da auch jetzt Eigentum trotz des überwiegend liberalen Eigentumsbegriffs des DGB vielen sozialen und wirtschaftlichen Bindungen unterliegt. Das gleiche träfe naturgemäß auch für das umverteilte Fondsvermögen zu. In der Hand der einzelnen Empfänger wären die Anteile, deren Wert entsprechend dem Wertzuwachs des Fondsvermögens ständig wachsen würde, echtes Eigentum. Theoretisch könnten sie mit diesem Eigentum machen, was sie wollen. Es gilt allerdings die Einschränkung, die grundsätzlich für die Volkswirtschaft gilt: „Was der einzelne darf, dürfen alle noch lange nicht!" Der einzelne kann seine Anteile verkaufen oder in irgendeiner anderen Form von Vermögen, z. B. in einem Haus, anlegen. Alle — oder auch nur verhältnismäßig viele — sind dazu natürlich nicht in der Lage. Sie unterliegen der gleichen zwangsläufigen Beschränkung, der heute z. B. alle Aktionäre oder alle Hauseigentümer unterliegen, die ebenfalls nicht in der großen Masse ihre Aktien oder ihre Häuser plötzlich verkaufen könnten. Es gilt für dieses Vermögen, wie für jedes andere Vermögen: Um seinen Wert zu erhalten, muß es „aufgehoben“ werden. Ein Vermögen, das verbraucht wird, ist eben kein Vermögen mehr. Diesen Zusammenhang sollte sich jeder, der gegen die Beschränkung irgendeiner Form von Vermögen Stellung nimmt, klarmachen.

Diese Forderung des DGB-Bundesvorstands nach Umverteilung der zuwachsenden Vermögen über Sozialkapital ist nicht zu erreichen, ohne daß eine revolutionäre Änderung unserer gesellschaftlichen und wirtschaftlichen Vorstellungen vorausgeht. Diese Änderung erfordert vom Gesetzgeber den Willen zu einer gesellschaftlichen Revolution. Wenn dieser Wille aber einmal vorhanden ist, dann würde eine solche scheinbar rein wirtschaftliche Tat zeigen, daß es sich hier um eine echte Alternative zu gesellschaftspolitischen Vorstellungen des vergangenen Jahrhunderts handelt. Wer auch immer davon überzeugt ist, daß die Produktionsmittel, insbesondere in der Form der modernen Großbetriebswirtschaft, sozialen Bindungen ersten Ranges unterliegen müssen (einige Beispiele drohender Zusammenbrüche großer Privatunternehmen in der Bundesrepublik haben dies in den letzten Jahren recht drastisch bewiesen), der wird sich der Notwendigkeit zu einer echten Lösung nicht verschließen können. Flicken auf das durchlöcherte Kleid wirtschaftsliberalistischer Vorstellungen sind aber keine Lösung. Man kann das Privateigentum gänzlich ablehnen, man kann an seine Stelle den Staat setzen und die Bürokratie, man kann auch davon ausgehen, daß in einer hohen Entwicklungsstufe der Industrialisierung das Privateigentum überhaupt nicht mehr existiert. Die hier beschriebene Vorstellung von der Verteilung von Eigentum an den Produktionsmitteln an *alle* ist eine Alternative. Sie wäre ganz sicher ebenso eine soziale Revolution wie die völlige Eigentumslosigkeit aller.

2. Der „Burgbacher-Plan“ Grundsätze für die Eigentumsbildung und ihre Förderung*

1. Der Erwerb persönlichen Eigentums soll möglichst breiten Volksschichten ermöglicht werden.

2. Wir gehen dabei von der Erkenntnis aus, daß echte Demokratie nur in Freiheit bestehen kann. Die Freiheit einer Nation aber steht in engstem Zusammenhang mit der Freiheit ihrer Bürger.

3. Eine Voraussetzung für Freiheit und Unabhängigkeit ist die Verfügungsgewalt über individuelles Eigentum. Kollektives Eigentum stützt die Macht weniger und bedeutet weitgehend Abhängigkeit und Entrechtung des einzelnen.

4. Der Eigentumserwerb soll der freien Entscheidung des einzelnen überlassen bleiben.

5. Irgendwelche Formen des Zwangssparens kommen nicht in Frage.

6. Der Sparwille und die Bereitschaft zur Bildung von Eigentum sollen in der Bevölkerung durch entsprechende Aufklärung angeregt und der Sparwillige in seinen Bemühungen mit öffentlichen Mitteln, wie Steuerprivilegien und Prämien, unterstützt werden.

7. Diese öffentliche Förderung ist einmal dadurch gerechtfertigt, daß sie nun auch denen direkt zugute kommt, denen bisher auf Grund logischer wirtschaftspolitischer Überlegungen zugunsten des Wiederaufbaues unserer Wirtschaft und der damit verbundenen Sicherstellung der Arbeitsplätze die Möglichkeiten einer privilegierten Eigentumsbildung verschlossen waren.

8. Ein Staat, der es zutreffend für richtig gehalten hat, die Mittel der Finanzpolitik und der Prämienpolitik und anderer Unterstützungen dem Aufbau der Wirtschaft und der Vollbeschäftigung mit Erfolg zuzuwenden, darf nicht auf halbem Wege stehenbleiben. Er muß mit den gleichen Mitteln nunmehr Gesellschaftspolitik im besten Sinne des Wortes treiben, und das bedeutet in diesem Falle, den Zuwachs an Nationalvermö-

* Abdruck nach „Sparkasse“, Heft 21/1959.

gen der kommenden Jahrzehnte in die Personenhand zu leiten und diese Entwicklung zu fördern.

9. Zum andern stellt sich die mit der Eigentumsbildung verbundene Spartätigkeit aber auch insofern in den Dienst einer gesunden Volkswirtschaft, als sie zu einer Normalisierung des Kapitalmarktes (damit Reduzierung der Selbstfinanzierung auf ein Normalmaß) beiträgt und preis- und währungsstabilisierend wirkt.

10. Ziel der Eigentumspolitik in breiter Streuung ist eine sowohl volkswirtschaftlich als auch gesellschaftspolitisch wünschenswerte Verteilung des künftigen Zuwachses am Sozialprodukt.

11. Eine Umverteilung legal entstandenen Eigentums steht nicht zur Diskussion. Sie würde nicht eigentumsfördernd wirken, sondern das Vertrauen in die Sicherheit des einmal erworbenen Eigentums erschüttern.

12. Das Eigentum muß normalerweise jederzeit frei verfügbar sein. Wird diese Verfügbarkeit vorübergehend eingeschränkt (was beispielsweise beim Aktiensparen gerade zum Schutz des Kleinaktionärs geschieht), so muß dies mit einer öffentlichen Leistung honoriert werden.

13. Es ist darauf zu achten, daß nur Eigentum gleicher Qualität geschaffen wird, das für alle auf einer einheitlichen Rechtsgrundlage beruht.

14. Nicht nur Kapitalanlagen, die der Vermögensbildung im engeren Sinne dienen, sollen gefördert werden, sondern auch solche, die mittel- oder langfristigem Zwecksparen gelten.

15. Volks- und sozialwirtschaftlich zu befürwortendes Zwecksparen gilt für Ausbildung, Aussteuer, Heirat, Eigenheim und andere langlebige Güter. Dabei sollte der Erwerb von Eigenheim und Eigentumswohnung besonders gefördert werden.

16. Sofern die notwendigen Mittel vorhanden sind, ist auf das richtige Nebeneinander der Sparvorgänge zu achten. Niemand sollte eine Sparart unter Aufgabe oder Nichtbeachtung der anderen einseitig forcieren, und immer sollte das Geldsparen die Basis jeder Eigentumsbildung sein.

17. Wo aber nur geringe Sparmittel erübrigt werden können, sollten diese nicht in mit mehr oder weniger großen Risiken belasteten Wertpapieren, sondern in Geld-Sparkonten angelegt werden.

18. Jeder, auch wenn er über Sparguthaben und sonstiges Eigentum verfügt, muß zu der Erkenntnis gelangen, daß eine Vermögensbildung in der Regel eine Altersversorgung nicht ersetzen kann.

19. Die Eigentumsbildung kann und darf kein revolutionärer Vorgang sein, sondern stellt eine langfristige organische Entwicklung dar.

20. Eine Überbetonung des Sparens zu Lasten des Konsums ist unter allen Umständen zu vermeiden, da eine solche Entwicklung durch den Nachfrageausfall auf dem Konsumgütermarkt zwangsläufig das Ende unseres volkswirtschaftlichen Aufschwunges bedeuten würde."

3. Der „Deist-Plan"
Sechs Thesen zur Vermögensbildung*

I.

Jede Diskussion über Fragen der Vermögensbildung muß von folgenden Tatbeständen ausgehen:

Bis auf wenige Außenseiter besteht Übereinstimmung darüber, daß die heutige Vermögensverteilung ungerecht ist. Die vor kurzem bekanntgewordenen Ergebnisse der Vermögensteuerstatistik 1960 bestätigen es. In der Zeit von 1957 bis 1960 lag das Schwergewicht des Vermögenszugangs wiederum bei den Vermögensmillionären und den Vermögen von mehr als 10 Millionen Mark bei nicht natürlichen Personen, d. h. also insbesondere in der Großwirtschaft. Das Einkommen der meisten Menschen, insbesondere das Einkommen von mehr als 50 % aller Arbeitnehmer, reicht nicht aus, um eine angemessene Vermögensbildung zuzulassen. Infolgedessen beträgt die

* Abdruck nach „Pressemitteilungen und Informationen der SPD", Nr. 248/1963 vom 21. August 1963.

Sparquote bei den Arbeiterhaushalten nur 4 % gegenüber einer durchschnittlichen Sparquote von 9 %. Sparen setzt Sparfähigkeit, d. h. ausreichende Einkommen voraus.

Wer eine gerechte Vermögensverteilung herbeiführen will, steht vor der Frage, ob er die Einkommensverteilung so beeinflussen will, daß eine gerechtere Vermögensbildung ermöglicht und gesichert wird, oder ob er unabhängig von der Einkommensverteilung eine Umverteilung des Vermögens herbeiführen will. Eine solche Umverteilung erfolgt im Bereich der Einkommen in großem Umfang durch die Sozialpolitik.

II.

Der soziale und demokratische Rechtsstaat, zu dem die Bundesrepublik nach unserem Grundgesetz auszugestalten ist, muß auch die sozialen Vorbedingungen dafür schaffen, daß der einzelne sich in freier Selbstentfaltung und gesellschaftlicher Verpflichtung entfalten kann. Der hierfür notwendige soziale Status wird insbesondere durch die Sozialversicherung gewährleistet. Die Frage ist, ob Eigentum eine so unabdingbare Voraussetzung für ein freies und verantwortliches Leben ist, daß darauf nicht verzichtet werden kann. Meines Erachtens zeigt insbesondere die Geschichte der letzten hundert Jahre, daß ein freies Leben ohne Not und ohne Furcht wohl abhängig ist von einem störungsfreien Wirtschaftswachstum, von einer ausreichenden sozialen Sicherung von der Eröffnung aller Bildungsmöglichkeiten für jedermann, nicht aber von Vermögen und Eigentum. Es kann daher nicht Aufgabe des Staates sein, durch gesetzlichen Zwang eine bestimmte Eigentumsbildung herbeizuführen. Wohl aber ist seine Aufgabe, allen Menschen angemessene Chancen zur Vermögensbildung zu eröffnen. Darum sollte jeder Zwang zur Eigentumsbildung — sei es durch Umverteilung eines Teils des Volksvermögens (z. B. der Großwirtschaft), sei es durch gesetzliche Bindung bestimmter Lohnanteile (z. B. gesetzlicher Investivlohn!) — abgelehnt werden.

III.

Die entscheidende Aufgabe einer gesunden Vermögenspolitik besteht darin, durch eine zielbewußte Einkommenspolitik die

Voraussetzungen zu schaffen, daß möglichst alle Menschen in die Lage versetzt werden, zu sparen. Es handelt sich also nicht darum, dem einen etwas zu nehmen, was dem anderen gegeben wird. Es handelt sich allein darum, die Einkommensentwicklung so zu beeinflussen, daß die verschiedenen Schichten des Volkes in einer gerechteren Weise am Ergebnis der gemeinsamen Arbeit beteiligt werden, als das bisher der Fall ist.

Unsere Wirtschaft ist außerordentlich vielfältig und kompliziert. Unser Lebensstandard ist abhängig von einem stetigen Wachstum der Wirtschaft. Veränderungen in der Einkommensverteilung müssen sich daher in einem Rahmen halten, der eine gefahrlose Anpassung der Gesamtwirtschaft ermöglicht. Eine soziale Einkommenspolitik mit dem Ziele einer besseren Vermögensverteilung kann daher nur dann erfolgreich sein, wenn sie wesentliche Aufgabe einer Gesamtpolitik ist, die in allen ihren Bereichen — insbesondere in der Wirtschafts-, Finanz-, Steuer- und Sozialpolitik in den Dienst dieser Aufgabe gestellt wird. Dazu gehört also nicht nur die Erhöhung der Sparfähigkeit durch Anhebung der Masseneinkommen. Dazu gehört auch die Sicherung einer ausreichenden Spartätigkeit durch starke Sparanreize und eine Preispolitik, die inflationäre Folgen verhindert. Vierzehn Jahre hindurch war es möglich, im Interesse des Wiederaufbaus der deutschen Wirtschaft die Vermögensbildung der Unternehmungen zu fördern: es ist ebenso möglich, nunmehr die Vermögensbildung der breiten Schichten des Volkes, insbesondere der Arbeitnehmer, durch eine entsprechende Politik zu fördern.

IV.

Die Sparförderung ist um so wirksamer, je höher die Sparanreize und je geschlossener das Sparförderungssystem ist. Der Sparförderung dienen zur Zeit das Sparprämiengesetz, die Förderung des Bausparens und die Privatisierung von öffentlichen Unternehmen. In ihnen ist die Sparförderung völlig verschieden geregelt. Sie führt insbesondere durch die unangemessene Bevorzugung des Aktiensparens bei privatisierten Bundesunternehmen zu erheblichen Verzerrungen. Notwendig ist daher die Schaffung einer geschlossenen, einheitlichen Sparförderung, die alle Sparvorgänge in gleicher Weise behandelt und daher eine organische Vermögensbildung erlaubt.

Sparförderung allein aber genügt nicht. Sie regt die Sparwilligkeit an — und das ist bei angemessenem Einkommen gut. Sie hebt aber nicht die Sparfähigkeit —, das aber ist für eine Vermögensbildung in breiteren Schichten der Bevölkerung erforderlich.

Mit dem im Jahre 1961 im Bundestag verabschiedeten Gesetz zur Förderung der Vermögensbildung der Arbeitnehmer wurde ein erster Versuch unternommen, die Sparfähigkeit anzuheben. Deshalb ist dieses Gesetz zu begrüßen; es erhielt auch die Zustimmung der sozialdemokratischen Bundestagsfraktion. Es leidet aber an drei entscheidenden Mängeln. Die Begrenzung der Vermögensbildung auf einen Jahresbetrag von 312 DM und die Möglichkeit, bisherige Sozialleistungen einfach in eine begünstigtere Form umzuwandeln, schränken das Ausmaß der möglichen Vermögensbildung von vornherein ein. Die Bestimmung, daß nur betriebliche Vereinbarungen zulässig sind, und die Bevorzugung der Belegschaftsaktien enthalten die Gefahr zusätzlicher unerwünschter Bindung der Arbeitnehmer an die Betriebe; damit wurde das Gesetz, das eine große gesellschaftspolitische Aufgabe erfüllen sollte, zu einem Instrument der Betriebspolitik. Die Einengung der Möglichkeiten zur Vermögensbildung und der Ausschluß tarifvertraglicher Vereinbarungen taten ein übriges, um die Chancen einer weitschichtigen Vermögensbildung herabzumindern. Infolgedessen ist der Erfolg des Gesetzes außerordentlich bescheiden. Wenn diese Mängel beseitigt würden, bestünde eine größere Chance zur Vermögensbildung in Arbeitnehmerhand. Sie sollte genutzt werden. Dazu ist aber vor allem die Zulassung tariflicher Vereinbarungen, die eine Ausdehnung auf ganze Tarifbereiche und überbetriebliche Regelungen ermöglicht, erforderlich. Ebenso sollten den Tarifparteien keine Schranken bei der Suche nach neuen Möglichkeiten zur Vermögensbildung auferlegt werden. Eine solche Regelung würde auch eine Ausdehnung dieser Art der Vermögensbildung auf Arbeitnehmer des öffentlichen Dienstes erlauben. Aber es ist sicher, daß eine solche Form der Vermögensbildung immer nur in begrenztem Rahmen möglich ist und daher nur einen Teilbetrag zu der großen Aufgabe leisten kann, eine wirklich breite Vermögensbildung zu erreichen. Eine Einkommenspolitik, wie sie in These III für notwendig gehalten wurde, kann sie nicht ersetzen.

V.

Unabhängig von diesen Überlegungen bleibt der Tatbestand bestehen, daß die moderne Großwirtschaft auch in Zukunft nicht ohne ein größeres Maß an Selbstfinanzierung und damit ohne eine stärkere Vermögenskonzentration der Großunternehmen denkbar ist. Die Unternehmen der Großwirtschaft sind überwiegend Aktiengesellschaften; die Vermögensmehrung durch Aktienausgabe steht nicht nur nach dem Aktienrecht grundsätzlich den bisherigen Aktionären zu, sondern dieser Anspruch wird auch wirtschaftlich durch attraktive Bezugsrechte usw. gesichert. So fließt dieser Vermögenszuwachs immer einseitig den bisherigen Vermögensbesitzern zu. Dieser Trend zur Vermögenskonzentration kann nur beseitigt werden, wenn man breiteren Schichten der Bevölkerung ebenfalls eine reale Möglichkeit zum Erwerb solcher Aktien gibt. Die Ausgabe neuer Aktien geschieht entweder auf dem Wege einer normalen Kapitalerhöhung oder auch auf dem Wege der Kapitalaufstockung durch Ausgabe von Gratisaktien. Es ist daher ernsthaft zu überlegen, ob nicht ein Teil dieser ständigen Vermögensmehrung — man könnte an 25 % denken — breiteren Schichten der Bevölkerung angeboten werden sollte. Im Zusammenhang mit den Überlegungen zu einer gerechteren Ordnung der Vermögensteuer und der Erbschaftsteuer sollte auch geprüft werden, ob nicht ein Teil des Mehraufkommens aus der Großwirtschaft ebenfalls der breiteren Vermögensstreuung nutzbar gemacht werden sollte.

Wenn man allen gleiche Chancen zu einem solchen Vermögenserwerb und — was bei neuen Sachwertsparern wichtig ist — größtmögliche Sicherheit geben will, so bietet sich von selbst an, diese Vermögenswerte in Form von Wertpapieren zu streuen, die den Investmentzertifikaten entsprechen. Dann ist naturgemäß eine besondere Institution in der Art der Investmentfonds notwendig; die Sozialdemokratie hat vorgeschlagen, ihr den

Namen „Deutsche National-Stiftung“ zu geben. Damit ist die Möglichkeit gegeben, breiteren Schichten der Bevölkerung Chancen zu einer Beteiligung an dem sehr sicheren und lukrativen Vermögen der Großwirtschaft und an seiner ständigen Wertsteigerung zu ermöglichen. Die Gefahr, daß durch eine solche Stiftung eine neue wirtschaftliche Machtkonzentration geschaffen wird, muß vermieden werden, weil diese Institution ihre ganze Aufmerksamkeit auf eine solide Vermögensanlage im Interesse der Sparer richten muß. Darum sollte gesetzlich das Stimmrecht der Stiftung in den Gesellschaften, von denen sie Aktien besitzt, beschränkt werden.

4. Der „Ehrenberg-Plan“ Eigentumsformen und Denkmodelle für eine breite Streuung des Eigentums*

Eigentumsformen und Denkmodelle für eine breite Streuung des Eigentums

Diese grundsätzlichen Bemerkungen vorausgestellt, soll nun noch die Frage beantwortet werden, welche *Eigentumsformen* nach der geltenden gesetzlichen Regelung und welche sonstigen *Denkmodelle* geeignet sind, so — oder geringfügig umgestaltet — der sozialdemokratischen Forderung nach der *breiten Streuung* von Eigentum gerecht zu werden.

Die Eigentumsformen des Bürgerlichen Gesetzbuches (BGB)

Das Bürgerliche Gesetzbuch kennt drei Arten des Eigentums auf Grund und Boden:

das Volleigentum,
das Miteigentum (Bruchteilseigentum) und
das Gesamthandseigentum an Grund und Boden.

In dieses Bodeneigentum fallen kraft Gesetzes weiter die Aufbauten und eingefügten Sachen. Das Recht am Grundstück erstreckt sich sowohl auf den Raum über der Oberfläche als auch auf den Erdkörper unter der Oberfläche.

* Abdruck aus Ehrenberg „Durchbruch zum sozialen Rechtsstaat — Eigentum und Sozialdemokratie“, Bonn—Bad-Godesberg 1969.

Keine Regel ohne Ausnahme — so auch die Regelung des Bodeneigentums bzw. der Möglichkeit einer Bodennutzung nach den Vorschriften des BGB —.

a) Ausnahmen vom Grundsatz, daß Gebäude und Grundstück rechtlich eine Einheit bilden, sind in § 95 Abs. 1 BGB und der Erbbaurechtsverordnung geregelt. Nach § 95 bleiben Aufbauten dann im Eigentum des errichteten Nichteigentümers, wenn sie in Ausübung eines Rechtes an einem fremden Grundstück oder zu einem vorübergehenden Zweck mit dem Grundstück verbunden werden.

Nach der Erbbaurechtsverordnung ist der Berechtigte Eigentümer des auf fremden Boden errichteten Gebäudes.

b) Als weitere Ausnahmeregelungen des BGB seien vollständigkeitshalber erwähnt: das echte Stockwerkseigentum sowie das uneigentliche Stockwerkseigentum und das Erbpachtrecht (Büdner-Recht und Häusler-Recht). Das sind dringliche Nutzungsrechte an landwirtschaftlichen Grundstücken, die heute nicht mehr neubegründet werden können, das Deich- und Sielrecht, das Bergwerkseigentum, das Mineralabbaurecht und schließlich die Möglichkeit des Erwerbs eines dinglichen Wohnrechts.

Diese Eigentumsformen sind im wesentlichen bekannt. Sie sind für den rechtsgeschäftlichen Verkehr notwendig, eignen sich jedoch, insbesondere auch wegen ihrer individualistischen Ausgestaltung, nicht für die von der SPD angestrebte *breite Streuung* von Eigentum.

Die Eigentumsformen des Wohnungseigentumsgesetzes (WEG)

a) Immer mehr an Bedeutung gegenüber den Eigentumsregelungen des BGB gewinnen die Möglichkeiten, die das Wohnungseigentumsgesetz vom 15. 3. 1951 uns für die Eigentumserwerbsmöglichkeit breiter Bevölkerungsschichten gibt. Dieses Gesetz räumt die Möglichkeit ein, Eigentum an einzelnen Wohnungen eines Gebäudes (Wohnungseigentum) oder an einzelnen Geschäftsräumen (Teileigentum) zu erwerben. Weiter sind in diesem Gesetz das *Wohnungserbbaurecht* und das *Dauerwohnrecht* und das *Dauernutzungsrecht* an Grundstücksteilen geregelt.

b) Das Wohnungseigentumsgesetz ist eine gute Entwicklung des Gedankens vom sozialgebundenen Eigentum. Hier wird nämlich jedem Miteigentümer an Grundstück und Gebäude seine Wohnung als Bereich des Alleineigentums eingeräumt. Im übrigen erstreckt sich sein Eigentum nur noch so weit, wie sich dies mit den Erfordernissen der Gemeinschaft vereinbaren läßt. Wenn unseren Architekten noch etwas mehr als bisher bei der Gestaltung solcher Wohnungseigentumshäuser eingefallen ist, wird manches Ressentiment dagegen abgebaut werden können. Wenn sich weiter die schon jetzt vorhandenen technischen Möglichkeiten soweit in die Praxis durchgesetzt haben, daß man nicht mehr „miterlebt“, wenn Frau Schulze nebenan gurgelt oder Herr Müller mit seiner besseren Hälfte „spricht“, Hänschens „Bauchwehgeschrei“ und die Kaffeemühle von Fräulein Lotte uns nachts nicht mehr aus dem Schlaf schrecken, werden sich viele Wünsche nach den *eigenen vier Wänden* mitten in der Stadt oder an besonders geeigneter Stelle erfüllen lassen. Auf einem *einzigen Grundstück* wird es dann *viele* Eigentümer geben, die zu erschwinglichen Preisen einen realen Wert erhalten, an den sie sonst nie herankämen. Diesem sogenannten „Grundeigentum in anderer Rechtsform“ wird eine große Zukunft gehören.

Grundstücksgleiche Rechte; insbesondere Eigentumsformen des Erbbaurechts

Kein volles Eigentum an Grund und Boden, aber doch dem Eigentum vergleichbar sind die aus deutschrechtlicher Wurzel abgeleiteten sogenannten *grundstücksgleichen Rechte*, zu denen insbesondere das schon erwähnte *Erbbaurecht* gehört.

Auch das Erbbaurecht, das dem Berechtigten ein zeitlich begrenztes, aber veräußerliches und vererbliches Recht gibt, über oder unter einem fremden Grundstück ein Bauwerk zu haben, trägt zu einer breiten Streuung des Eigentums bei. Denn Baulustige brauchen bei dieser Form der Bodennutzung keinen Kaufpreis für das Grundstück zu bezahlen und können so leichter ihre Bauwünsche befriedigen. Gerade für diese Form der Eigentumsbildung sollten die Gemeinden — wie das vornehmlich schon in den nordischen Ländern der Fall ist — Gelände zur Verfügung stellen. Durch drei oder vier Generationen laufende Verträge zu besonders günstigen Erbbauzinsen müssen darüber hinaus die heute noch teilweise bestehenden Diskriminierungen dieser Eigentumsart beseitigt und weitere Anreize geschaffen werden, daß auch der weniger verdienende Mitbürger so zu Hab und Gut kommen kann.

Langfristige Nutzungsrechte

Weitere Nutzungsgelegenheiten des Grund und Bodens nach geltendem Recht ergeben sich aus der Möglichkeit, ohne Eigentumserwerb durch Vertrag das *Nutzungsrecht* zu mieten oder zu pachten, wobei eine gewisse Sicherheit des Mieters oder Pächters durch Abschluß langfristiger Verträge erreicht werden kann. Der Grundsatz der Vertragsfreiheit im geltenden Recht läßt hierbei sehr verschiedene Gestaltungsmöglichkeiten offen. So ist z. B. neuerdings aus Hamburg ein Modell unter dem Namen „Kock-Siedlung“ bekanntgeworden. Hier werden Mietverträge auf 25 Jahre abgeschlossen. Der Mieter zahlt neben der Miete ein vom Vermieter zu verzinsendes und während der Vertragsdauer zu tilgendes Darlehen an den Vermieter und erhält vertraglich das Recht zugesprochen, sein Dauermietrecht an Dritte zu veräußern. Wenn diese Nutzungsarten letztlich den Berechtigten kein Eigentum verschaffen, kann eine solche Ausgestaltung zum Beispiel älteren Menschen die nötige Sicherheit geben, einen ungestörten Lebensabend zu verbringen oder Berufsanfängern die erforderliche Unabhängigkeit und Beweglichkeit verleihen, weiterzugehen und aufzubauen.

Eigentumsformen aus der Entwicklung der Praxis

a) Eine Möglichkeit mittels langfristiger Mietverträge Eigentum an Grund und Boden zu erwerben, wurde von der *Praxis* durch sogenannte *Immobilien-Leasing-Verträge* entwickelt. Der Leasingnehmer mietet das (nach seinen Wünschen) gebaute Objekt auf beispielsweise 25 Jahre. Die dafür zu zahlende Miete entspricht in der Regel den Kosten einer Tilgungshypothek. Nach Ablauf des Vertrages hat er das ganze Gebäude und unter Umständen auch das Grundstück bezahlt. Er wird dann nicht automatisch Eigentümer, sondern hat in der Regel ein sogenanntes *Ankaufsrecht*, dem aber keine Ankaufspflicht gegenübersteht.

Bei dieser Rechtsform ergeben sich allerdings bezüglich der Absetzung für Abnutzung Schwierigkeiten im Zusammenhang mit den Steuergesetzen, die jedenfalls für Einfamilienhäuser und Mietwohnungen beseitigt werden sollten.

b) Um diese noch vorhandene gesetzliche Klippe zu umschiffen, wendet z. B. die *Neue Heimat* eine andere, eine kompliziertere Leasingform an, die sogenannten *Hausbesitzbriefe*. Auf dem Umweg über Immobiliengesellschaften — wir kommen noch darauf — werden nach Verkauf der Briefe die vereinnahmten Gelder zum Bau *bestimmter Objekte* verwendet, die meist vorher schon langfristig verpachtet sind. Die Pächterin erwirbt jedoch kein vertragliches Heimfallrecht. Das hat zur Folge, daß die Zertifikatzeichner — also die Eigentümer der Hausbesitzbriefe — auch Eigentümer bleiben und die anteiligen Abschreibungen selbst vornehmen können.

Immobilienanteilscheine; Eigentumsform der Zukunft?

Im Kreis der Überlegungen zur Eigentumspolitik spielen in der Zukunft, wenn möglichst viele Menschen auch Eigentum an Grund und Boden haben sollen, die *Immobilienfonds* wohl die größte Rolle.

a) *„Hausbesitz für 100,— DM“* überschreibt Hans Bergmann Ausführungen über die Immobilienfonds. Immobilienfonds machen Haus- und Grundbesitz heute auch kleineren Sparern zugänglich, liest man dort weiter.

Diese Form der Kapitalanlage hat in jüngster Zeit immer mehr Anklang gefunden. Die Fonds bieten einer Mehrzahl von Interessenten Gelegenheit, sich an Bauprojekten kleineren oder größeren Ausmaßes zu beteiligen. Sie sind den Hausbesitzbriefen nah verwandt. Die Unterscheidung ist für diese Ausführungen nicht von Bedeutung. Die Darstellung kann daher unterbleiben. Seit der Gründung des ersten Immobilienfonds vor etwa zehn Jahren haben sich inzwischen über 90 weitere Fonds etabliert, die nach zuverlässigen Schätzungen ein Vermögen von über zwei Milliarden DM verwalten. Weitere Fonds sind in Vorbereitung, und es ist eindeutig feststellbar: die Immobilienzertifikate kommen in Mode. Sie haben einen großen Markt.

b) Die Beliebtheit dieser Art der Kapitalanlage ist weiter darauf zurückzuführen, daß den vielen Vorteilen:

Inanspruchnahme von Steuervergünstigungen,

eine dauerhafte angemessene Rendite,

neben der gesicherten Wertbeständigkeit Aussicht auf weitere Wertsteigerungen,

viel größere Mobilität als bei individuellem Hausbesitz,

nur recht unbedeutende Risiken gegenüberstehen.

Dabei ist das nur gering zu veranschlagende Vermietungsrisiko noch am gewichtigsten.

c) Nach alledem ist sicher verständlich, daß wir Sozialdemokraten diesem *„demokratisierten Hausbesitz"* in der Form von Immobilienfonds sowohl für die vorgesehenen Sanierungs- und Erneuerungsmaßnahmen als aber auch für die Wohnungsbaufinanzierung ganz allgemein eine große Bedeutung beimessen. Wenn wir die „heilige Kuh" schlachten wollen, dem weichenden Eigentümer in Entziehungs- oder Entschädigungsfällen vornehmlich Ersatzland anzudienen, wenn wir stattdessen dazu übergehen wollen — wie es auch das Städtebauförderungsgesetz vorsieht —, die weichenden Eigentümer mit Grundeigentum in anderer Rechtsform oder mit grundstücksgleichen Rechten zu entschädigen, wird sich das Rechtsinstitut des Immobilienzertifikats dafür besonders anbieten. Das wird für alle Fälle zutreffen, in denen Ersatzland nicht ohne weiteres zur Verfügung steht oder beschafft werden kann, dennoch aber ein Verbleiben der bisherigen Eigentümer erwünscht oder aus sozialen Gründen geboten ist. Die gute Erfahrung in den Berliner Sanierungsgebieten hat diese Auffassung voll bestätigt.

Auch in Entwicklungsfällen, in denen Bauern möglicherweise größere Flächen zur Verfügung stellen müssen, könnte eine Entschädigung in Immobilienanteilscheinen neben der „realen Sicherheit" eine *nachhaltige* Rendite erbringen, die — unabhängig von den Launen der Natur — die erzielbaren Einkünfte aus der landwirtschaftlichen Nutzung weit übersteigt; selbst wenn die Entziehung des Eigentums zu Grundstückspreisen erfolgt, die nach dem Städtebauförderungsgesetz ohne die Aussicht auf die Entwicklungsmaßnahmen festgesetzt werden müssen.

d) Das alles hat zudem den Vorteil, daß die bisherige psychologische Wirkung endlich beseitigt wird, dem Eigentümer werde ein Unrecht zugefügt, wenn er sein Grundstück abgeben müsse und wenn er dafür kein adäquates Ersatzland zurückbekomme. Auch die Konservierung der bisherigen zufälligen Besitzverteilung entfällt damit.

e) Trotz eingehender Behandlung in verschiedener einschlägiger Literatur soll der Vollständigkeit wegen noch ein kurzer Überblick über die Rechtskonstruktion der Immobilienfonds gegeben werden.

Offene Fonds

Der Ein- oder Ausstieg ist jederzeit möglich. Der *Sparer* wird *indirekt* an den Liegenschaften beteiligt: dem Fonds wird eine Grundstücksgesellschaft vorgeschaltet, deren Aktien ausschließlich im Besitz des Fonds sind. Durch diese „Vorschaltung“ wurde für die Zertifikate eine Fungibilität erreicht (die Eigentumsübertragung an Hausbesitz ist sehr viel komplizierter als der Erwerb oder Verkauf von Wertpapieren), die derjenigen von Wertpapierinvestmentfonds nicht nachsteht. Der Vorteil für den Anleger: Die Rückgabe der Zertifikate ist jederzeit möglich. Die Erträge gelten bei der Einkommensteuer als Einkünfte aus Kapitalvermögen und sind für Lohnsteuerpflichtige bis zu 800,— DM steuerfrei. Der Nachteil: Für bestimmte Einkommen kann die unmittelbare Inanspruchnahme der Steuervergünstigungen durch den Anleger vorteilhafter sein.

Geschlossene Fonds

Kommandit-Immobilien-Fonds:

Die Anleger werden meist über einen Treuhänder indirekt als Kommanditisten an einer Immobiliengesellschaft für ein bestimmtes Objekt beteiligt. Die Steuervergünstigungen werden unmittelbar vom Anleger (auch einem Zweiterwerber) wahrgenommen, die Feststellung der Steuerschuld erfolgt für den Fonds einheitlich. Dadurch kann auch ein Zweiterwerber die degressiven Abschreibungen beanspruchen, sofern diese dem Fonds insgesamt zustehen. Die Fungibilität der Zertifikate ist meist begrenzt, da bei Ausscheiden eines Kommanditisten erst ein Nachfolger gesucht werden muß. Zweiterwerber haben jedoch keine Grunderwerbsteuer zu zahlen.

Bruchteileigentumsfonds

Hierbei wird für ein bestimmtes Objekt eine bestimmte Summe Zertifikatkapital zur Zeichnung aufgelegt. Die Anleger werden entsprechend ihrem Anteil an dem Fonds beteiligt. Die Steuervorteile kommen den Zeichnern wie bei echtem Hausbesitz unmittelbar zugute. Ein Zweiterwerber der Zertifikate muß bei dieser Rechtskonstruktion die siebenprozentige Grunderwerbssteuer bezahlen, so daß die Übertragbarkeit erschwert wird und eine Zeichnung nur für langfristiges Kapital in Betracht kommt. Dafür können die Zertifikate vor Ablauf der im Wohnungsbauprämiengesetz vorgesehenen Sperrfristen ohne Nachteil mit Bauspareinlagen erworben werden.

5. Der „Föhl-Plan"

a) Koordination der Lohnpolitik und aller verteilungswirksamer Maßnahmen*

Koordination der Lohnpolitik und aller verteilungswirksamen Maßnahmen

Ein Vergleich der Ergebnisse der beiden letzten Abschnitte zeigt, daß eine Erhöhung der Nominallöhne keineswegs erforderlich ist, um bei einer durch Zwang oder Förderung erhöhten Ersparnisbildung der Unselbständigen unter Einhaltung der gewählten oder durch das internationale Zinsniveau bestimmten Wachstumsrate das Gleichgewicht der Beschäftigung herzustellen. Maßgebend für die Entscheidung, ob die zu bewirkende zusätzliche Ersparnisbildung der Unselbständigen mit einer Nominallohnerhöhung gekoppelt werden soll oder nicht, ist vielmehr nur die Frage, ob gewünscht wird, daß sich die Preise auf dem vor dem Ergreifen der betreffenden Maßnahmen erreichten Niveau halten oder ob eine Hebung oder Sen-

* Auszug aus: Kreislaufanalytische Untersuchungen der Vermögensbildung — Gutachten von Carl Föhl, Tübingen 1964.

kung des Preisniveaus erstrebt wird. Der Nominallohn ist bei allen denkbaren Kombinationen verteilungspolitischer Maßnahmen diejenige Größe, welche das Preisniveau bestimmt, genauso wie er dies auch in einer Wirtschaft ohne verteilungspolitische Eingriffe ist.

Befand sich die Wirtschaft vor dem Ergreifen der verteilungspolitischen Maßnahmen im Beschäftigungsgleichgewicht, so wird man, wenn in der Leistungsbilanz kein Saldo auftrat, daran interessiert sein, die Preise auf ihrem bisherigen Niveau zu belassen. Man sollte in diesem Falle die Nominallohnerhöhung vermeiden und zur Beeinflussung der Verteilung der Vermögensbildung zusammen mit der Erhöhung der Ersparnisbildung der Unselbständigen durch Zwang oder Förderung lediglich redistributive Maßnahmen anwenden, und zwar die Steuerlastverteilung und die Gewinnbeteiligung. Die erfolgreiche Anwendung der primären steuerlichen Beeinflussung des Gewinngefälles ergibt ein sinkendes Preisniveau, wenn sie nicht durch die Erhöhung der Nominallöhne ergänzt wird.

Befindet sich die Wirtschaft dagegen im Zustand konjunktureller Überhitzung, so führt eine Erhöhung der Ersparnisbildung ohne gleichzeitige Lohnerhöhung zu einem Preisniveau, das unter dem bisherigen liegt. Das wird erwünscht sein, falls infolge des in der Überhitzung stets auftretenden Preisauftriebs ein Importüberschuß auftritt, wie das normalerweise der Fall ist. Lag jedoch trotz der Überhitzung noch ein Exportüberschuß vor, so wird man mindestens stabile, eher sogar noch steigende Preise bevorzugen, um die Notwendigkeit einer Aufwertung der inländischen Geldeinheit zur Erreichung einer ausgeglichenen Leistungsbilanz zu vermeiden. In einer solchen Situation wird man die Koppelung der zusätzlichen Ersparnisbildung der Unselbständigen mit einer Nominallohnerhöhung bevorzugen.

Es ist also keineswegs wünschenswert, daß die Nominallohnerhöhung mit der zusätzlichen Ersparnisbildung der Unselbständigen so fest gekoppelt wird, wie dies beim Investivlohn der Fall ist, da sich auf diese Weise Wirkungen auf das Preisniveau auch dann nicht erzielen lassen, wenn sie erwünscht erscheinen. Die erwünschten Wirkungen müßten dann jeweils durch eine zusätzliche geldwertorientierte Barlohnanpassung erzielt werden. Wird die zusätzliche Ersparnisbildung der Unselbständigen nicht durch Zwang, sondern durch Förderung bewirkt, so braucht man keine neue Lohnart wie den Investivlohn, sondern lediglich den Barlohn, dessen Höhe, da sie ohnehin auf die Verteilung keinerlei Wirkung ausübt, unter Berücksichtigung der Produktivitätsentwicklung ausschließlich im Hinblick auf das gewünschte Preisniveau gesteuert werden kann.

Daraus geht hervor, daß die im vorigen Abschnitt aufgezeigte Möglichkeit, den Investivlohn, falls er im Zustand des Gleichgewichts eingesetzt wird, seiner preiserhöhenden Wirkung zu berauben, indem man die indirekten Steuern ermäßigt, nur einen denkbaren, aber wenig sinnvollen Umweg darstellt. Wählt man den Weg des erzwungenen Sparens, so ist es einfacher, die vom Investivlohn auf das Preisniveau ausgeübte Wirkung zu kompensieren, indem man den Barlohn in Abweichung von der Produktivitätsentwicklung so steuert, daß das gewünschte Preisniveau resultiert.

Wählt man den Weg der freiwilligen, durch steuerliche Begünstigungen geförderten Ersparnisbildung, so bietet die bereits beschriebene Umwandlung der indirekten Steuern in eine direkte Besteuerung der Einkommen der Unselbständigen unter gleichzeitiger Erhöhung der Bruttolöhne und -gehälter den Vorteil einer sehr bedeutenden Erweiterung der Möglichkeiten einer steuerlichen Begünstigung der Ersparnisbildung der Unselbständigen. Die oft vertretene Ansicht, die erzwungene Ersparnisbildung sei der einzig gangbare Weg, um eine wesentliche Erhöhung der Vermögensbildung der Unselbständigen zu erreichen, hält der Kritik nicht stand. Es kann keinem Zweifel unterliegen, daß die freiwillige Ersparnisbildung der Unselbständigen, wenn der hier gezeigte Weg zu ihrer Förderung beschritten wird, ein im Wege des Investivlohns oder des Gleitze-Plans erzwungenes Sparen in vollem Umfange ersetzen kann. Die gesellschaftspolitischen Vorzüge einer selbstverantwortlichen Ersparnisbildung gegen die dem Steuerpraktiker so abschreckend erscheinende Komplikation der Steuererhebung abzuwägen, ist nicht Aufgabe der vorliegenden Studie.

Wir haben gezeigt, daß die Ersparnisbildung der Unselbständigen und die gleichgewichtsaktive positive oder negative öffentliche Geldvermögensbildung alternativ wählbare Mittel zur Drosselung der Verbrauchsausgaben der Unselbständigen auf das mit dem Gleichgewicht verträgliche Maß sind. Es bleibt hinzuzufügen, daß die zu dieser Drosselung erforderliche Summe aus Ersparnisbildung der Unselbständigen und gleichgewichtsaktiven öffentlichen Geldvermögensbildung automatisch unverändert bleibt, wenn die von den Unselbständigen gebildeten Ersparnisse voll von der Steuerschuld abgesetzt werden können. Das ist nicht der Fall, wenn sie nur bei der Errechnung des steuerpflichtigen Einkommens oder nur teilweise von diesem oder von der Steuerschuld abgesetzt werden dürfen. In den letzteren Fällen ist jeweils eine Anpassung der aus den Einkommen der Unselbständigen aufzubringenden Steuerlast an die Höhe ihrer Ersparnisbildung erforderlich. Die Anpassung des Steuertarifs an die Ersparnisbildung der Unselbständigen wird in der Übergangszeit schwierig sein. Auftretende Differenzen können durch eine Veränderung der Ausgaben für öffentliche Realinvestitionen zu Lasten oder zugunsten der geplanten öffentlichen Geldvermögensbildung ausgeglichen werden, bis man mit wachsender Erfahrung die Höhe der als Folge der ergriffenen verteilungspolitischen Maßnahmen zu erwartenden Ersparnisbildung der Unselbständigen zuverlässiger vorausschätzen kann.

Wir können abschließend feststellen, daß die verteilungspolitischen Ziele, die angemessene Abstufung des Lebensstandards der sozio-ökonomischen Gruppen und eine gewünschte Verteilung der Vermögensbildung in der geschlossenen Wirtschaft mit der Erhaltung der Vollbeschäftigung, mit der Stabilität des Geldwerts und mit einer gewählten Wachstumsrate vereinbar sind. In der offenen Wirtschaft können zugleich mit den verteilungspolitischen Zielen sowie die Erhaltung der Vollbeschäftigung und der Geldwertstabilität alle übrigen Postulate, nämlich wählbare Wachstumsrate, ausgeglichene Zahlungsbilanz und saldenfreie Leistungsbilanz nur dann erfüllt werden, wenn es gelingt, durch steuerliche Mittel die Investitionsneigung zu beeinflussen. Gelingt dies nicht, dann hat man bei ausgeglichener Zahlungsbilanz die Wahl zwischen einer saldenfreien Leistungsbilanz und einer wählbaren Wachstumsrate. Eine gesetzlich erzwungene Ersparnisbildung der Unselbständigen ist dazu keine unerläßliche Voraussetzung. Die genannten Postulate sind bei zweckentsprechendem Einsatz der in einer Marktwirtschaft verfügbaren Steuerungsmittel auch dann erfüllbar, wenn der Weg der steuerlich geförderten freiwilligen Ersparnisbildung nicht verlassen wird.

Soll die erstrebte Verteilung der Vermögensbildung zusammen mit der Erfüllung der übrigen Postulate erreicht werden, so muß der bei der Steuerung des volkswirtschaftlichen Gesamtprozesses einzuschlagende Weg etwa folgendermaßen aussehen:

1. Wahl der steuerlichen Beeinflussung der Preispolitik, der Steuerlastverteilung und der Gewinnbeteiligung so, daß die Investitionsneigung der Unternehmer nicht sinkt und keine Kapitalflucht ausgelöst wird.

2. Wahl der zu induzierenden Ersparnisbildung der Unselbständigen und Ermittlung der zu ihrer Verwirklichung zu gewährenden steuerlichen Begünstigungen durch Herantasten an das ausreichende Maß.

3. Anpassung der öffentlichen Geldvermögensbildung an die Ersparnisbildung der Unselbständigen durch Veränderung der steuerlichen Belastung ihrer Einkommen so, daß die gesamten Verbrauchsausgaben auf das zur Erhaltung des Gleichgewichts zulässige Maß beschränkt werden, das durch die in einer geschlossenen Wirtschaft gewählten, in der offenen Wirtschaft vom internationalen Zinsniveau abhängigen Investitionsgüterausgaben bestimmt ist.

4. Festsetzung des Nominallohns so, daß die Güterpreise auch bei steigender Produktivität konstant bleiben.

5. Wahl des Wechselkurses so, daß bei konstanten Inlandspreisen kein Saldo in der Leistungsbilanz entsteht.

6. Steuerung des Zinses so, daß sich kein Saldo in der Zahlungsbilanz ergibt.

b) Vermögensbildung in Arbeitnehmerhand zu Lasten der Unternehmergewinne*

Vermögensbildung in Arbeitnehmerhand zu Lasten der Unternehmergewinne

Wie die bisherigen Ausführungen gezeigt haben, ist das Problem der Vermögensbildung in Arbeitnehmerhand ohne Verminderung der Unternehmergewinne lösbar, sofern der Staat bereit ist, sich in jenem Umfang zu verschulden, der zur Erhaltung des binnen- und außenwirtschaftlichen Gleichgewichts notwendig ist. Würden die indirekten Steuern in einem die Wirksamkeit der steuerlichen Sparförderungsmaßnahmen sichernden Ausmaß in eine direkte Besteuerung der Einkommen aus unselbständiger Tätigkeit umgewandelt, die Bruttolöhne und -gehälter gemäß der zusätzlichen Lohnsteuer erhöht und die Ersparnisse der Arbeitnehmer durch volle Absetzbarkeit von der Steuerschuld bis zur Höhe des zusätzlichen Arbeitseinkommens begünstigt, so sänke das gesamte Steueraufkommen des Staates im Umfang des verminderten Ertrages der indirekten Steuern. Zur Aufrechterhaltung der bisherigen Höhe seiner Ausgaben und der Vollbeschäftigung müßte sich dann der Staat in dieser Höhe verschulden.

Die Befürchtung, daß die aus verteilungspolitischen Gründen herbeigeführte Staatsverschuldung eine latente Inflationsgefahr in sich berge und daß diese zum Durchbruch käme, wenn die Gläubiger des Staates plötzlich durch irgendwelche Ereignisse dazu veranlaßt würden, ihre Forderungen realisieren und die Erlöse für Verbrauchsausgaben verwenden zu wollen, ist unbegründet, wenn das Sparförderungssystem so ausgestaltet ist, daß es die Arbeitnehmer nicht nur zur Bildung von Ersparnissen stimuliert, sondern auch zur dauernden Haltung ihres Vermögens.

Die Reduzierung der Vermögensbildung der Selbständigen ist also keine Voraussetzung für das gesteckte Ziel. Nur wenn ein ausgeglichener öffentlicher Haushalt postuliert wird, muß die durch die Förderung der Vermögensbildung in Arbeitneh-

* Auszug aus: Carl Föhl — Manfred Hennies „Politik in unserer Zeit — Vermögensbildung in Arbeitnehmerhand“, Pfullingen 1966.

merhand verursachte gleichgewichtsaktive Staatsverschuldung durch das Mehraufkommen aus nicht abwälzbaren (effektiven) Gewinnsteuern gerade wieder aufgewogen werden. Eine dem möglichen Mehraufkommen aus einer zusätzlichen Gewinnbesteuerung angepaßte Sparförderung beschränkt aber die Vermögensbildung der Unselbständigen auf eine Quelle, die bei weitem nicht ergiebig genug ist. Das gleiche gilt für alle jene Vermögensbildungspläne, die darauf abgestellt sind, aus den Unternehmergewinnen möglichst große Teile in die Arbeitseinkommen zu überführen und dort für eine entsprechend hohe zusätzliche Sparförderung zu sorgen. Einmal ist der gesamte aus der unternehmerischen Investitionsfähigkeit ohne Staatsverschuldung sich ergebende jährliche Zuwachs des privaten Vermögens zu klein, um der großen Zahl der Arbeitnehmer eine befriedigende Vermögensbildung zu ermöglichen. Zum anderen ist aber auch eine Umverteilung in Anbetracht der Freizügigkeit des Kapitals in einem System konvertibler Währungen und des Einflusses der erzielbaren Nettogewinne auf die Investitionsentscheidungen der Unternehmer nur in einem sehr begrenzten Ausmaß möglich. Hier gibt es in der Tat einen sogenannten »breaking point«, bei dessen Überschreiten eine Kapitalanlage im Ausland der Investition im Inland vorgezogen wird. Dadurch unterbliebe eine im gesamtwirtschaftlichen Interesse liegende Produktivitätssteigerung, weil sie privatwirtschaftlich nicht mehr reizvoll wäre. Wo dieser Wendepunkt liegen wird, ist ungewiß und ohne sorgfältige sozialpsychologische Untersuchungen schwer vorauszusagen. Die Wirtschaftspolitik muß sich, wenn sie den Unternehmergewinn in größtmöglichem Umfange umverteilen will, an diese Größe herantasten. Dabei ist stets im Auge zu behalten, daß im Bemühen um einen sozialen Ausgleich der ökonomische Ablauf nicht gestört werden darf.

Geldwert und im Gleichgewicht mögliche Wachstumsrate bleiben nur dann erhalten, wenn der Staat das zusätzliche Aufkommen aus einer höheren, effektiven Besteuerung der Besitzeinkommen nicht zu einer Steigerung seiner bisherigen Verbrauchsausgaben verwendet, sondern zur Verminderung der bei unveränderten öffentlichen Ausgaben aus der Förderung der

Vermögensbildung in Arbeitnehmerhand resultierenden gleichgewichtsaktiven Staatsverschuldung. Die gesamte private Vermögensbildung ist dann um den Betrag der sich per Saldo ergebenden Staatsverschuldung größer als der private Realkapitalzuwachs. In der Verteilung der privaten Vermögensbildung tritt, wenn die Einkommen der Selbständigen durch die höhere Besteuerung wirksam beschnitten werden können, folgende Änderung ein. Die zusätzlichen Erträge aus der Besteuerung der Besitzeinkommen verringern in annähernd gleichem Umfange die Vermögensbildung der Besitzenden. Dafür erhöht sich die Vermögensbildung der Unselbständigen, und zwar um den Betrag der Staatsverschuldung und der verringerten Vermögensbildung der Unternehmer und der Bezieher von Kapitaleinkommen.

6. Der „Gleitze-Plan“

a) Die Bildung und Verteilung von Sozialkapital*

Ich stelle erneut die Frage: sollen wir den sich vermutlich noch verschärfenden Prozeß der Kapitalkonzentration durch die hohe großbetriebliche Kapitalakkumulation resignierend hinnehmen? Ich meinte damals in Heppenheim, das wäre nicht nötig. Steuerliche Vergünstigungen, wenn sie überhaupt gegeben werden sollen, dürfen nicht zu einer steuerlichen Privilegierung des Großkapitals führen. Wenn der Staat die Selbstfinanzierung der Großbetriebe wegen des Versagens der Kapitalmärkte begünstigen muß, so soll er seine Ansprüche entweder aufrechterhalten oder aber eine soziale Kapitalbildung ermöglichen.

Diese meine Bemerkungen, die ich in Verbindung mit der heute wieder aufgenommenen sozialkritischen Diagnose machte und die ich als Alternative formulierte, hat alle Spielarten einer möglichen Auslegung gefunden. Ich möchte mich nicht mit Verzerrungen oder Unterstellungen auseinandersetzen, sondern betonen:

* Auszug aus: „Sozialer Fortschritt“, Unabhängige Zeitschrift für Sozialpolitik, 7. Jahrgang 1958, Seite 33—36.

1. Der Prozeß der Kapitalkonzentration vollzieht sich nicht nur im privatwirtschaftlichen Bereich, sondern auch im öffentlichen. Ich halte ihn aus gesellschaftspolitischen Gründen im privatwirtschaftlichen Bereich für gefährlicher, weil er machtpolitische Positionen schafft, die bei öffentlichem Besitz neutralisiert sind.

2. Kapitalkonzentrationen können sich niemals in Klein- oder Mittelbetrieben vollziehen. Es wäre deshalb inkonsequent, die ja immer nur in sehr begrenzten Ausmaßen mögliche Selbstfinanzierung von Klein- und Mittelbetrieben zum Ansatzpunkt für die Bildung von Sozialkapital ins Auge zu fassen, um die Kapitalkonzentration eigentumspolitisch zu entspannen. Es spricht natürlich nichts dagegen, sondern wäre einer Steuerbegünstigung wert, wenn auch Mittelbetriebe Sozialkapital bilden, wenn sie dazu bereit sind.

3. Will man aber die Arbeitskraft an den Erträgen einer durch die Kapitalkonzentration besonders gewinnbringenden Produktion mit beteiligen, dann darf man nicht diejenigen privilegieren, die ihren Arbeitsplatz zufällig in einem gewinnbringenden Unternehmen haben. Die großbetriebliche Kapitalakkumulation ist ein volkswirtschaftlicher Prozeß, der sich unabhängig von der individuellen Leistung an einem Arbeitsplatz vollzieht.

4. Es liegt kein Grund vor, das in den großbetrieblichen Wirtschaftszentren gebildete Sozialkapital, auch wenn es in überbetrieblichen Sozialfonds zusammengefaßt wird, als eine Art Vorstufe von Volkseigentum anzusehen. Jeder, der Anteil an dem Sozialkapital haben soll, müßte auf ihn einen unmittelbaren individuellen Rechtsanspruch haben, der in irgendeiner Form zu verbriefen wäre.

5. Und nicht zuletzt müssen wir erkennen, daß Sozialkapital seiner Quelle nach nicht ohne weiteres konsumierbar ist. Sozialkapital, das uns hier vorschwebt, entsteht ja gerade als Anteil einer aus volkswirtschaftlichen Gründen in der Form der Selbstfinanzierung vor sich gehenden Kapitalbildung, ohne die sonst Investitionen unterbleiben müßten.

Ich darf also den Kreislauf von Vermögensbildung und Investitionen nicht unterbrechen, wenn das volkswirtschaftliche

Wachstum gesichert bleiben soll. Das schließt nicht aus, daß Konstruktionen gefunden werden können, die das Sozialkapital an den betrieblichen Erträgen künftig teilnehmen lassen und auch die Möglichkeit von Amortisation vorsehen.

6. Sozialkapital müßte aber die Freizügigkeit jedes langfristig angelegten Vermögens haben, das man unter bestimmten Voraussetzungen realisieren kann, um darüber frei zu verfügen. Seine Ansprüche auf das Sozialkapital müßte der begünstigte Arbeitnehmer wohl zumindest bei Invalidität oder bei Erreichen einer bestimmten Altersgrenze realisieren können. Mit der Stärkung des allgemeinen Kapitalmarktes wäre es aber sehr wohl denkbar, nach Ablauf einer Art Sperrfrist die volle Verfügbarkeit durch Beleihung oder Verkauf der Anteile zu ermöglichen. Dann tritt normales Sparkapital an Stelle des über den Betrieb gebildeten akkumulierten Sozialkapitals.

Ich bin auch heute nicht versucht, einen Plan zu entwickeln, denn ich habe eine Abneigung dagegen, mich um Einzelheiten zu streiten, bevor die prinzipiellen Fragen erkannt und beantwortet sind. Ich möchte aber doch einige Grundsatzfragen anschneiden.

Jede Plankonstruktion hätte zu unterscheiden zwischen dem Aufkommen von Sozialkapital für einen Sozialfonds und seiner Verwendung. Das Aufkommen würde sich, wie gesagt, auf die großbetriebliche Kapitalakkumulation beschränken, also auf solche Betriebe, die in Millionenwerten rechnen. Der laufende Zuwachs an Sozialkapital wäre voraussichtlich keine konstante Größe, denn er würde mit dem Konjunkturablauf schwanken. Es bliebe offen, ob dieses Sozialkapital dem Eigenkapital zuzurechnen oder als gegebenenfalls privilegiertes Fremdkapital zu bilanzieren wäre.

Rechtsansprüche an das Sozialkapital

Andererseits wäre es möglich, bei der Verteilung des Sozialkapitals in der Form von Rechtsansprüchen stufenweise vorzugehen und vielleicht zuerst einmal an eine branchenmäßige oder gebietliche Begrenzung zu denken, z. B. Bergbau oder Eisen- und Stahlerzeugung des Ruhrgebiets oder dergleichen. Dabei brauchte das Ziel, einst alle Arbeitnehmer an diesen Erträgen volkswirtschaftlichen Reichtums teilnehmen zu lassen, keinesfalls aus dem Auge gelassen zu werden.

Dem sozialen Charakter nach wäre dieses Sozialkapital den betrieblichen Rückstellungen für Pensionen gleichzustellen, nur daß die Angehörigen des Betriebes die Nutznießung dieser neuen Sozialrückstellung nicht allein hätten und jedenfalls ein Wechsel des Arbeitsplatzes keinen Verlust der Ansprüche an das Sozialkapital mit sich bringen würde. Der individuelle Anspruch des Betriebsangehörigen müßte grundsätzlich an den überbetrieblichen Sozialfonds gehen, der seinerseits auf die als Sozialkapital zu betrachtenden Rückstellungen des Betriebes einen schuldrechtlichen Anspruch oder ein Eigentumsrecht erhalten würde.

Die individuellen Ansprüche des begünstigten Arbeitnehmers, auch wenn man sie nicht in der Form von Zertifikaten verbrieft — was aber sehr zu überlegen wäre —, würden ein echtes Eigentum an dem produktiven Sachkapital der großbetrieblichen Wirtschaft darstellen. Sie hätten den gleichen Eigentumswert wie die Zertifikate von Investmentgesellschaften, ständen also der Aktie gleich. Besser gesagt, die individuellen Ansprüche der Begünstigten an dem Sozialkapital hätten noch einen qualifizierteren Eigentumswert als irgendeine klein gestükkelte sogenannte Volksaktie, weil sie ebenso wie die Zertifikate von Investmentbanken das spezielle Risiko eines einzelnen Unternehmens ausschließen, weil sie sich auf das Sachvermögen größerer Wirtschaftseinheiten, gegebenenfalls ganzer Branchen, beziehen.

Eine erfolgreiche Politik der Vollbeschäftigung wird Krisen erlebten Ausmaßes ausschließen. Die Gefahr der Kapitalvernichtung ist in der modernen Wirtschaft wesentlich geringer, als sie es früher mit dem Auftreten periodischer Krisen zwangsläufig war. Es tritt die Frage also deshalb in den Hintergrund, ob das Sozialkapital bei Kapitalverlusten des Aktienkapitals partizipieren müßte.

Viel wichtiger ist für uns die Feststellung, daß sehr hohe stille Reserven in den Bilanzen der Unternehmungen nicht mehr die früher nicht unbegründete Entschuldigung für sich beanspruchen können, daß sie als ein Krisenpolster notwendig sind. Ich halte es deshalb für eine Grundsatzfrage, ob man die völlige Verzerrung unserer Bilanzen durch Unterbewertungen und anomale Abschreibungen nicht möglichst beseitigen sollte. Natürlich werden sich stille Reserven bei bilanzierenden Unternehmungen niemals vermeiden lassen. Schwankungen im Ausmaß stiller Reserven entstehen allein im Konjunkturablauf. Jede Preiserhöhung bei den Investitionsgütern verändert auch den Wert bereits durchgeführter Investitionen, also den in einer Bilanz fixierten Anlagewert. Schon aus diesem Grunde ist jedes Ansteigen eines Preisniveaus unerwünscht, denn es verzerrt sofort die unternehmerische Vermögensrechnung ...

Steuerfreiheit für Sozialkapital

Wenn in der Wirtschaft steuerliche Vergünstigungen angebracht sind, dann wäre es bei der Bildung von Sozialkapital, wie das heute schon bei Pensionsrückstellungen und anderen Sozialleistungen des Betriebes geschieht, nicht unbillig, sie steuerfrei zu lassen. Dabei wird man das Ausmaß bisher gewährter betrieblicher Steuervergünstigungen gar nicht zu überschreiten brauchen. Die Vergünstigungen kämen dann nicht einseitig den Eigentümern vorhandenen Sachbesitzes zugute, sondern auch dem Produktionsfaktor Arbeit, der für die Kapitalakkumulation genauso wichtig ist wie das Kapital.

Jeder Betrieb, der Sozialkapital unter Inanspruchnahme der Steuerfreiheit bilden will, sollte das tun können, insbesondere dann, wenn die bisherigen Rückstellungsmöglichkeiten für Pensionsverpflichtungen als Mittel der Selbstfinanzierung nicht mehr möglich sind. Die jüngste Sozialreform hat ja bekanntlich die Decke für die versicherungsmathematisch möglichen Pensionsrückstellungen dadurch niedriger gezogen, daß die gesetzlichen betrieblichen Pensionsleistungen in manchen Fällen nicht mehr im bisherigen Umfange zu gewähren sind. Ich halte es für selbstverständlich, daß etwa unter diesen Umständen frei werdende bereits gebildete Pensionsrückstellungen unter der bisherigen steuerlichen Vergünstigung sofort in Sozialkapital umgeformt werden könnten, ja müßten.

Wenn ein echter Einbruch in die Kapitalkonzentration und ihre sozial ungerechtfertigte Bereicherung des großkapitalistischen Sachbesitzes erreicht werden soll, werden gesetzliche Vorschriften, die unter bestimmten Bedingungen die Bildung von Sozialkapital vorschreiben, nicht zu umgehen sein.

Ich würde es nicht für richtig halten, als *Bezugsgröße* für die Bildung von Sozialkapital etwa den Arbeitslohn zu nehmen. Die hohe Kapitalakkumulation der Großbetriebe entsteht in der Regel aus Differentialgewinnen, ist also gar nicht arbeitsplatzabhängig. Eine Belastung des Lohnes als Kostenfaktor im Betriebe führt nur dazu, dem Lohn durch Rationalisierung auszuweichen. Auf dem Wege zur vollen oder hochgradigen Automation bietet sich als entscheidende Bezugsgröße für die Befriedigung sozialer Ansprüche aus der Kapitalakkumulation die Höhe des im Betriebe tätigen Anlagekapitals selbst an. Möglicherweise wäre es die steuerlich anerkannte Abschreibungssumme, die eine bequeme Rechnungsgröße für die Ermittlung der Rückstellungen für den Sozialfonds abgäbe.

Eine andere Bezugsgröße für die Verpflichtung eines Großbetriebes, Sozialkapital zu bilden, könnten steuerfreie oder steuerbegünstigte Neuinvestitionen sein, wie sie nach § 36 des Investitionshilfegesetzes zulässig waren und jetzt über § 51 Einkommensteuergesetz dem Kohlen- und Erzbergbau gewährt werden.

Es wäre auch zu diskutieren, ob bei überdurchschnittlichen Dividendenzahlungen, besonders wenn die Bestrebungen auf Fortfall der Doppelbesteuerung Erfolg hätten, Teile des ausgewiesenen Gewinns als Sozialkapital dem Sozialfonds zuzuführen wären.

Einwände gegen das Prinzip

Es kommt mir nicht darauf an, Verfahren zu empfehlen, sondern Möglichkeiten aufzuzeigen. Mir scheint, daß dies alles aber bereits sekundäre Fragen sind. Ich möchte deshalb zum Schluß nur noch auf den Einwand zu sprechen kommen, der möglicherweise erhoben wird: Es kann eingewendet werden, daß wir die eigentumspolitische Entspannung durch Bildung von Sozialkapital lediglich über Preiserhöhungen erkaufen, indem die Großbetriebe die ihnen auferlegte Bildung von Sozialkapital einfach über die Preise abwälzen. Das ist ein ernster Einwand, der unter den Bedingungen der Marktwirtschaft besonders bei monopolistischen Betrieben gilt. Unter verschärften Wettbewerbsbedingungen ist eine Überwälzung so gut wie gar nicht möglich. Es wäre ein Gradmesser für das Funktionieren der Kartellgesetzgebung, wenn Überwälzungen über die Preise tatsächlich eintreten würden. Selten spielen Großbetriebe, die für die Bildung von Sozialkapital in Frage kommen, die Rolle von marktwirtschaftlichen Grenzbetrieben. Sie stehen deshalb wegen ihrer gewöhnlich hohen Differentialgewinne niemals unter einem Kostendruck, der eine Überwälzung erzwingen könnte.

Es ließen sich jetzt noch einige Worte sagen über die Bedeutung, die einer Entspannung der Kapitalkonzentration im Vorfeld der dramatischen Auseinandersetzung zwischen Ost und West zukommt. Man sollte diese Möglichkeit nicht überschätzen, denn die Bildung von Sozialkapital und damit die Eröffnung von Eigentum für die Arbeitnehmer an den Produktionsmitteln der kapitalintensiven oder zumindest kapitalaufwendigen Wirtschaft ist weder eine verschleierte Sozialisierung noch ein Sozialisierungsersatz. Wo ein politischer oder ökonomischer Grund für Sozialisierung besteht, wird er nicht durch Bildung von Sozialkapital aufgehoben. Auf der anderen Seite kann das Sozialkapital niemals das Eigentum aus Sachkapital verdrängen, es kann das Aktienkapital oder jede andere Form von Gesellschaftskapital oder einen persönlichen Riesenbesitz nur einengen. Darauf käme es aber gerade an, denn das ist das ausgesprochene Ziel.

Es sind gegenwärtig bereits mehr als eine Milliarde DM, die in den industriellen Aktiengesellschaften als Pensionen, aber auch an Unterstützungsfonds angesammelt sind. Das ist kein gewaltiges Kapital, aber doch schon eine nennenswerte Summe. Der jährliche Abschreibungsbetrag allein bei den industriellen Aktiengesellschaften erreicht gegenwärtig die Höhe von 5 Mrd. DM. Eine nur 10prozentige Quote würde hier allein einen jährlichen Zuwachs von einer halben Milliarde DM an Sozialkapital erbringen. Das sind Größenordnungen, die bei jährlicher Kumulierung schon zu Buche schlagen.

Ein Problem des 20. Jahrhunderts

Vielleicht wird das von uns heute diskutierte Instrument des Sozialkapitals auch eine Rolle spielen können, wenn die Wiedervereinigung der gespaltenen deutschen Volkswirtschaft uns zu einer Entscheidung über die Eigentumsordnung jener nicht definierbaren Kapitalmasse zwingt, die in einer starken industriellen Expansion in Mitteldeutschland als sogenanntes Volkseigentum entstanden ist.

Es meinte kürzlich ein amerikanischer Nationalökonom, daß die hier diskutierte Möglichkeit der sozialen Kapitalbildung kein deutsches Problem bleiben wird. Es ist ebensowenig nur ein zeitgebundenes Problem etwa der Phase der Nachkriegsentwicklung mit ihrer kurzfristigen Vermögensanreicherung. Möglicherweise bezeichnen später einmal die Historiker die soziale Kapitalbildung für die Menschen in abhängiger Arbeit als ein hervorstechendes Problem des 20. Jahrhunderts, so wie es einmal die Arbeiterfrage im 19. Jahrhundert war. Und deshalb lohnt es sich schon, das Problem gründlichst zu diskutieren. Mir scheint, es wäre sogar Zeit, Ernsthaftes zu tun.

b) Lohnpolitik und Vermögensverteilung*

Löhne und Sparquoten

... Immer wieder wird den Gewerkschaften entgegengehalten, daß hohe Löhne keinesfalls den Sparwillen fördern, sondern nur die Kapitalbildung drosseln. Eine der führenden volkswirtschaftlichen Lehrmeinungen fügt dann noch hinzu: Jede Volkswirtschaft erzwingt die Bereitstellung von Kapital notfalls über die Preisbildung. Zu hohe Löhne steigern also die Preise, denn sie zwingen die Betriebe zur Selbtsfinanzierung.

In der wechselvollen Wirtschaftsgeschichte der letzten Jahrzehnte hat es sicherlich Phasen gegeben, in denen sich ein solcher volkswirtschaftlicher Prozeß nachweisen läßt. Was aber unmittelbar nach der Währungsstabilisierung wirtschaftlich unvermeidbar war, ist unter den inzwischen normalisierten Pro-

* Auszug aus: „Sozialer Fortschritt“, Unabhängige Zeitschrift für Sozialpolitik, 6. Jahrgang 1957, Seite 54—56.

duktionsverhältnissen mit zunehmender Verflechtung der westdeutschen Wirtschaft mit dem Weltmarkt keinesfalls zwangsläufig.

Wir wollen dem gezielten Angriff gegen die jetzige Lohnpolitik der Gewerkschaften gar nicht ausweichen, sondern sehen, wie die Dinge liegen.

Es wird in der Tat aus dem Arbeitseinkommen derjenigen, die der Sozialversicherungspflicht unterliegen, relativ wenig gespart. Die Sparsummen stehen jedenfalls in keinem Verhältnis zu dem Kapitalbedarf einer expandierenden Wirtschaft. Wie kann das aber auch anders sein? Jeder Sozialversicherte trägt ja schon — neben den Steuern — seine Beitragsverpflichtung ...

Die fehlende Sparbereitschaft der Lohn- und Gehaltsempfänger ist doch ausschließlich eine Folge zu niedriger Einkommen. Bei dem Mehrfachen an Einkommen in den gehobenen Mittelschichten sind größere Sparquoten natürlich festzustellen. Auch wenn das Gehalts- und Lohnniveau weiter steigt, kann deshalb nicht mit einer sprunghaften Steigerung der Sparquote gerechnet werden, weil die durchschnittlichen Einkommen auch dann immer noch lediglich eine bescheidene — im Vergleich zur Lebensführung gehobener Bevölkerungsschichten sogar sehr bescheidene — Lebenshaltung zulassen. Eine sich wieder anbahnende verbesserte Wohnkultur auch für die breiten Schichten, die Auffüllung der durch den Krieg und Kriegsfolgen dezimierten Bestände an Hausrat und Bekleidung, die Anpassung an moderne Verkehrsgewohnheiten und den veränderten Bedarf, den allein die Freizeitgestaltung mit sich bringt, kann man durchaus als Zeichen der Hebung des Lebensstandards bewerten.

Aber all das sind schließlich nichts anderes als dringend benötige soziale Investitionen in Dauergüter, die lange genug entbehrt werden mußten, nachdem ein Jahrzehnt schrecklicher Kriegsauswirkungen die Masse der Bevölkerung ins tiefste Elend gestürzt hatte, woraus sich breite Schichten auch heute noch nicht voll befreien konnten. In diesem Sinne hat die bisherige Lohnpolitik der Gewerkschaften durchaus die breite persönliche Eigentumsbildung, die vor wenigen Tagen der Generaldirektor der Phoenix-Gummiwerke aus Hamburg, Herr *Friedrich*, forderte, zum Ziel gehabt.

Eine Lohnpolitik, die bewußt den Lebensstandard der Bevölkerung zu heben beabsichtigt, kann aber nicht — wenn man die Freiheit der Konsumwahl erhalten will — gekoppelt werden mit Auflagen, die den Lohn- und Gehaltsempfänger zum Sparen zwingen. Das ist bei den Sowjets üblich. Dort gehört es zum gewöhnlichen Instrumentarium der sowjetischen Wirtschaftspolitik, durch Zwangssparen — auch wenn man das „freiwillig" nennt — die unerwünschte Kaufkraft, die ihre geplanten Investitionen gefährden, einfach abzuschöpfen.

In der freien Wirtschaft wird die Kapitalbildung durch individuellen Konsumverzicht immer nur sehr begrenzte Ausmaße haben. Hier scheitert auch die gute Absicht aller derjenigen, die den weiten offenen Kapitalmarkt ersehnen und dabei glauben, über eine Masse von mehr oder weniger künstlich gezüchteten Kleinaktionären die Grundlage für einen breiten Kapitalmarkt zu schaffen.

Industrieexpansion im Aufschwungsjahrzehnt

In den vergangenen zehn Jahren des Wiederaufbaus einer weitgehend zerstörten Wirtschaft mögen schätzungsweise 200 Mrd. DM an neuem Sachbesitz geschaffen worden sein. Davon entfallen etwa 50 Mrd. DM auf Produktivanlagen in der Gütererzeugung, mindestens 30 Mrd. DM auf die Aufstockung der Lagervorräte, etwa 40 Mrd. DM auf den Wohnungsbau und der Rest auf öffentliche Bauten und Anlagen des Handels, der Banken, des Verkehrs und anderer Wirtschaftsbereiche.

Die gewerblichen Anlagen sind ganz überwiegend auf dem Wege der sogenannten Selbstfinanzierung, und zwar unter Ausnutzung aller steuerlichen Begünstigungen, bezahlt worden. Es ist charakteristisch, daß das Eigenkapital der großen Kapitalgesellschaften nur in Ausnahmefällen in den Jahren der eigentlichen Industrieexpansion erhöht worden ist. Die in der Selbstfinanzierung erzielte gewaltige Kapitalanreicherung der Betriebe verschwand in Rücklagen und Rückstellungen aller Art oder ermöglichte starke Anlageunterbewertungen und schaffte damit wirksame Kapitalpolster in der Form stiller Reserven.

In diesem vergangenen Aufschwungjahrzehnt der westdeutschen Wirtschaft hat sich eine Industrieexpansion vollzogen, die ungefähr den Ausmaßen der ganzen vorangegangenen einhundertjährigen deutschen Industrieentwicklung gleichkam. Mit anderen Worten, die nach dem Krieg entstandenen industriellen Neuanlagen sind mehr als doppelt so groß bzw. leistungsfähig wie die vor dem Kriege.

Die riesige Kapitalvernichtung des letzten Krieges haben also die von der Währungsreform großzügig geschonten Sachbesitzer gestärkt in ihrem Besitz und machtvoller als je zuvor überstanden. Es hat nie zuvor in Deutschland so viel Millionäre gegeben wie heute. Es haben sich aber auch nie zuvor so viele Milliarden an Sachwerten in Händen einiger Familien konzentriert wie in der Gegenwart. Das soll hier nur als Tatsache festgestellt werden, weil diese Tatsache den Hintergrund abgibt für all diejenigen Überlegungen, die die wirtschaftliche Macht des Besitzes wieder auf eine größere Zahl von Menschen verteilen möchten.

Die großen Kapitalkonzentrationen, die den Kapitalismus ebenso wie den Sowjetismus auszeichnen, sind aber etwa weder durch individuellen Konsumverzicht entstanden, noch wachsen sie weiter durch den Konsumverzicht derjenigen, die über diese riesigen Kapitalien herrschen. Wer heute über einige 100 Millionen Kapital als Besitz verfügt, kann sicher sein, daß ihm unter normalen Konjunkturverhältnissen jährlich dutzend Millionen auch ohne Konsumverzicht zufließen. Es liegt im Wesen dieser Kapitalakkumulation, bei der sich die Kapitalbildung vorwiegend über den Preis, also auf dem Wege der betrieblichen Selbstfinanzierung, vollzieht, daß die Sachwertvermögen geräuschlos wachsen, wodurch sich gleichzeitig tiefgreifende Wandlungen in unserem Sozialgefüge ergeben. Das ist die Kehrseite des westdeutschen Wirtschaftswunders, die sich oft auch sonst kritischen Beobachtern verborgen hält.

Wir müssen erkennen, daß diesem sozialpathologischen Zustand einer Marktwirtschaft auf privatwirtschaftlicher Grundlage mit den Mitteln der Lohnpolitik überhaupt nicht beizukommen ist.

Die öffentliche Wirtschaft kann in ihrem Sektor den drohenden Mißbrauch einer wirtschaftlichen Machtkonzentration, wenn der demokratische Staat parlamentarisch in Ordnung ist — aber auch nur dann — neutralisieren.

Die Mitbestimmung kann — auch wenn sie bestens funktioniert — nicht mehr als einen ordnenden Einfluß ausüben. Die Tatsache einer wachsenden Kapitalkonzentration wäre auch dann nicht zu verhindern, wenn die westdeutsche Wirtschaft nicht vor einer Periode zunehmender Kapitalintensivierung der Betriebe durch die zunehmende Automatisierung stände, was ja einige Wirtschaftsphilosophen zu der Wortprägung von der „zweiten industriellen Revolution" veranlaßt hat.

In dieser Entwicklung die Atomwirtschaft noch zusätzlich der privatwirtschaftlichen Kapitalkonzentration auszuliefern, müßte eine verhängnisvolle Potenzierung dieser schon bestehenden Machtfülle bedeuten.

Die Neuverteilung des künftigen Vermögenszuwachses

Zwangsläufigen ökonomischen Entwicklungen kann man aber nicht begegnen, indem man sie beschwört oder nur beklagt. Setzt sich die Industrieexpansion der letzten Jahre fort — und es besteht kein überzeugender Grund dafür, daß das bei einer richtigen Wirtschaftspolitik nicht möglich sein sollte —, so werden in der produktiven Wirtschaft die hierfür notwendigen Kapitalien für den Ausbau der Kapazitäten, für die weitere Aufstockung der Lager wiederum dort entstehen, wo sie bisher entstanden sind, also über die Selbstfinanzierung der Betriebe. Bei einer konstanten industriellen Zuwachsrate von nur 4—5 v. H. würde sich das gegenwärtige westdeutsche Sachvermögen innerhalb von 20 Jahren erneut weit mehr als verdoppeln.

Das ist die vor uns stehende wirtschaftliche und soziale Realität. Die Neuverteilung dieses erst noch zuwachsenden Vermögens entscheidet die gesellschaftliche Struktur der kommenden Generation. Wir können uns deshalb nichts davon versprechen, uns in einem Sachverständigenstreit sogenannter Sozialpartner um die volkswirtschaftliche Bedeutung von Bruchteilen eines Prozentes balgen zu müssen, wenn zu gleicher Zeit durch die gewaltig zunehmende volkswirtschaftliche Produktivität die jetzt schon einseitige Besitzkonzentration immer noch stärker zunimmt.

Im Schatten dieser Entwicklung steht die Diskussion um die Möglichkeit einer Gewinnbeteiligung der Arbeitnehmerschaft, um die stärkere Beteiligung des arbeitenden Volkes am produktiven Kapital der Unternehmungen.

Ich habe keinesfalls die Absicht, hier ein Programm zu entwickeln. Aber ich möchte die soziale Problematik unserer Zeit nachdrücklichst betonen. Soll die Gewinnbeteiligung etwas anderes sein als eine Gratifikation, die praktisch der Konsumtion zugeführt wird, weil sie vom Arbeitnehmer als ergänzendes Lohn- und Gehaltseinkommen betrachtet wird, also der Verbesserung seiner Lebenshaltung dient, dann kann diese Form der Gewinnbeteiligung die ihr zugedachte Aufgabe niemals lösen. Gewinnbeteiligung in der Form von Kleinstaktien oder dergleichen Anteile am betrieblichen Vermögen können gewiß Verbundenheit, aber auch Abhängigkeiten schaffen. Solche Abhängigkeiten scheinen jedoch eher im Unternehmerinteresse zu liegen als etwa im Interesse der Arbeitnehmer, wenn sie die Freizügigkeit in der Wahl ihres Arbeitsplatzes damit gefährden. Die Möglichkeit einer Gewinnbeteiligung ist übrigens immer nur auf bestimmte Betriebe und einzelne Wirtschaftszweige beschränkt. Sie verbietet sich sowieso für die Mehrzahl der Arbeitnehmer insbesondere der Mittel- und Kleinbetriebe.

Die eigentliche Quelle der Kapitalbildung in den Groß- oder gar Riesenunternehmungen ist über eine Gewinnbeteiligung überhaupt nicht zu beeinflussen, denn die Selbstfinanzierung entzieht sich ja einer Gewinnbeteiligung. Das ist der Kernpunkt der ganzen Problematik. Praktisch könnte nur der Staat an der Selbstfinanziertung der Betriebe teilnehmen, wenn er — statt auf Steuern zu verzichten — seine Ansprüche aufrecht erhielte und die gegenwärtig oft außerordentlich hohen Steuervergünstigungen in der Form der Beteiligung im Betrieb als produktives Kapital arbeiten ließe. Dieser Lösung ist bisher stets ausgewichen worden, wenn man von der Praxis der oft langfristigen Steuerstundung absieht, die ja nur eine stille Reserve des Finanzministers sind, auf die er zurückgreifen will, wenn er es einmal nötig haben sollte.

Natürlich wäre auch eine unmittelbare Beteiligung der Arbeiter und Angestellten an die Kapitalakkumulation der Großbetriebe denkbar, wobei keinesfalls nur die Form eines unmittelbaren Anspruchs der privilegierten Betriebsangehörigen denkbar wäre, sondern auch die Einrichtung eines überbetrieblichen Sozialfonds, der an der Kapitalbildung nach zu schaffenden gesetzlichen Maßstäben teilzunehmen hätte und aus dem die Erträge dieser Kapitalbeteiligung allen Arbeitnehmern, gleichgültig, ob sie Lohn- oder Gehaltsempfänger sind, zufließen könnten, auch denen, die nicht gerade im Zentrum der Wirtschaft ihren Arbeitsplatz haben.

Es kommt hier nicht auf Programme an, sondern nur auf das Problem, mit dem wir in einer wirklich sozialen Gesellschaft fertig werden müssen. Wir werden ihm nicht mehr lange ausweichen können.

Es ist sicher, daß die Bilanzen der Großunternehmungen bei einer aktiven Einschaltung der Arbeitnehmerschaft oder des Staates in den ständigen Prozeß ihrer Vermögensanreicherung, die sonst nirgends als Einkommen sichtbar wird, ihr Gesicht verändern würden. Die Unterbewertung auf der linken Seite der Bilanz wäre nicht mehr in dem Ausmaße möglich. Kapitalsummen, die heute unter mancherlei Vorwänden — besonders unter den Positionen „Rücklagen“ oder „Rückstellungen“ — ausgewiesen werden und in Wirklichkeit doch nichts weiter als ein verschleiertes Eigenkapital darstellen, müßten dann als Verpflichtungen an einen überbetrieblichen Sozialfonds — oder wie man eine derartige Investmentgesellschaft für Arbeitnehmerbeteiligungen nennen mag — deklariert werden.

Würde der Gesetzgeber einen solchen oder ähnlichen Weg gehen, wäre die Mitbestimmung auch materiell unterbaut und der Sozialfonds könnte — ebenso wie die Sozialversicherung — einer sozialen Selbstverwaltung unterstellt werden.

Es sei hier nur ein mögliches Prinzip angedeutet, das immer eine politische Entscheidung sein wird; Technik und Verfahren in der Durchführung haben dabei lediglich sekundäre Bedeutung.

7. Der „Häussler-Plan“

a) Miteigentum der Arbeitnehmer am Kapital der Wirtschaft*

(Auszug)

I. Grundsätze und Vorschläge

... a) Abschluß einer Tarifvereinbarung zwischen beiden Tarifpartnern über die Errichtung einer *Investment-Treuhand-Gesellschaft* als einer gemeinsam beauftragten Einrichtung der beiden Tarifparteien. Rechtsgrundlage hierfür ist das Tarifvertragsgesetz, das in § 4 Abs. 2 derartige Einrichtungen ausdrücklich vorsieht.

b) Dieser Investment-Treuhand-Gesellschaft sollen von den Betrieben die im Tarifvertrag vorgesehenen *investiven Lohnanteile* der Arbeitnehmer zugeführt werden und von dieser auf persönliche Einzelkonten der Arbeitnehmer gutgeschrieben werden.

c) Die Investment-Treuhand-GmbH. legt die auf diese Weise angesammelten Beträge in Eigentumsanteilen (*Aktien usw.)* zum Teil auch in Schuldverschreibungen (*Obligationen* usw.) solider und ertragsgünstiger Unternehmen an.

d) Die Auswahl dieser Werte wird von börsenkundigen Bankfachleuten nach dem Prinzip weitgehender *Risikomischung* entsprechend den Bestimmungen eines besonderen Statuts getroffen. In demselben ist u. a. festzulegen, daß

1. kein Unternehmen mehr als 5 % Anteil am Fonds haben darf,

2. nicht mehr als 5% der im Umlauf befindlichen Anteile einer Unternehmung in den Fonds gekauft werden dürfen.

* Abdruck nach Spiegelhalter „Eigentumsbildung — Pläne und Möglichkeiten“ 1959.

3. das betreffende Unternehmen mindestens 5 Jahre bestehen muß. Ein Aufsichtsrat, aus beiden Tarifparteien paritätisch gebildet, wacht über die Einhaltung dieser Sicherungsbestimmungen.

e) Auf diesen so gebildeten Wertpapierfonds gibt die Investment-Treuhand-GmbH. Anteilscheine (Zertifikate) aus. Die Stückelung dürfte normalerweise 50,— bis 100,— DM betragen. Der Kurswert dieser Zertifikate wird durch den Durchschnittsbörsenkurs der in dem Fonds befindlichen Anlagewerte gebildet. Die Dividende entspricht der Durchschnittsdividende. Der Ertrag wird damit zwar keine Höchstwerte erreichen, aber das Risiko wird doch weitgehend ausgeglichen. Da die in dem Fonds vereinigten Eigentums-Anteile der Unternehmen Sachwerte repräsentieren, sind die Zertifikate damit auch weitgehend gegen das Währungsrisiko abgeschirmt. Aus den bitteren Erfahrungen zweier Währungsverluste erwächst gerade auch den Tarifparteien die Verpflichtung, sich für eine währungsgesicherte Sparmöglichkeit der Arbeitnehmer einzusetzen.

f) Um eine ertragsgünstige und zweckmäßige Anlage der Investivrate zu ermöglichen, müßten diese Beträge für eine Mindestdauer von 18 Monaten gesperrt bleiben. Im Todesfall eines Lohnsparers oder bei Ausscheiden infolge Invilidisierung werden die eingezahlten Beträge zuzüglich der Erträge sofort ausbezahlt.

g) Nach Durchlaufen der Sperrfrist werden die Guthaben in Form eines Zertifikates an den Lohnsparer übergeben. Diesem steht es dann frei, dasselbe zu verkaufen, es sich beleihen zu lassen, oder es weiterhin im Depot der Investment-GmbH. zu belassen. Eine Kündigungsfrist ist notwendig, um vor Liquiditätsschwierigkeiten zu bewahren.

h) Die Dauer des Vertragsverhältnisses zwischen den Tarifvertragsparteien müßte auf mindestens drei Jahre bemessen werden. Von da an wäre es alljährlich zu verlängern. Damit ist die Bareinlösung der nach den ersten 18 Monaten zum Rückkauf angebotenen Zertifikate gewährleistet, denn es fließen ja laufend neue Mittel zu. Später regelt sich die Liquidität durch Verkauf bzw. Ankauf von Anlagenwerten . . .

II. Vorentwurf für ein Gesetz über die investive Verwendung von Lohnerhöhungs-Beträgen

§ 1

(1) Lohn- bzw. Gehaltserhöhungsbeträge, die auf Grund einer nach dem .... abgeschlossenen Tarifvertrags-Änderung fällig werden, sind zugunsten des Arbeitnehmers investiv zu verwenden, soweit die Erhöhung gegenüber dem Stand vor einem Jahr mehr als 6 Pfennige pro Arbeitsstunde beträgt.

(2) Der Bundes-Wirtschaftsminister kann auf Antrag der Tarifparteien die volle oder teilweise Barauszahlung von Lohnerhöhungen der in Abs. (1) bezeichneten Art zulassen. Die Zulassung kann auch befristet gegeben werden.

§ 2

(1) Als investive Verwendung im Sinne dieses Gesetzes gilt der Erwerb von Kapital-Anteilen an nichtstaatlichen Unternehmen des Produktions- und Verteilungs-Bereichs, die ihren Sitz in der Bundesrepublik Deutschland haben, außerdem der Erwerb von Anteilen an Kapitalanlagegesellschaften, die ihren Sitz in der Bundesrepublik haben.

§ 3

(1) Die Auswahl des Unternehmens oder der Kapitalanlagegesellschaft, bei der die investiven Lohnerhöhungsbeträge anzulegen sind, ist Sache des Arbeitnehmers selbst.

(2) Trifft der Arbeitnehmer innerhalb eines Monats nach dem Fälligwerden des Lohnerhöhungsbetrags keine Anlageverfügung, so tritt an deren Stelle die in dem Tarifvertrag, auf Grund dessen die Lohnerhöhung vorgenommen wurde, enthaltene diesbezügliche Anlage-Verfügung.

(3) Enthält auch der Tarifvertrag keine Bestimmungen über investive Anlage von Lohnerhöhungsbeträgen, so sind diese für Rechnung des Arbeitnehmers zum Erwerb von Hypotheken-Pfandbriefen zur Förderung des Eigenheim- bzw. Eigenwohnungsbaus zu verwenden. Das Nähere regeln Ausführungsbestimmungen, die vom Bundesminister für Wirtschaft im Einvernehmen mit dem Bundesminister für den Wohnungsbau erlassen werden.

(4) Änderungen in der Anlage-Verfügung können innerhalb eines Kalenderjahres nur einmal vorgenommen werden.

§ 4

(1) Der Arbeitgeber haftet dem Arbeitnehmer und dem Kapitalempfänger gegenüber für die rechtzeitige und weisungsgemäße Abführung der investiven Lohnerhöhungsbeträge.

§ 5

(1) Abweichend von den Bestimmungen des § 1 können Lohnerhöhungsbeträge an den Lohnempfänger bzw. Gehaltsempfänger auf dessen Antrag bar ausbezahlt werden, wenn sein Jahreseinkommen im vorhergegangenen Kalenderjahr nicht höher war als:

DM 4 500,—	bei Ledigen
DM 5 000,—	bei Verheirateten ohne Kinder
DM 5 500,—	1 Kind
DM 6 000,—	2 Kinder
DM 6 500,—	3 Kinder
DM 7 000,—	4 Kinder
usw.	usw.

§ 6

(1) Die regelmäßige investive Verwendung von Lohnerhöhungsbeträgen gilt als Kapitalsparvertrag.

(2) Für Kapitalsparverträge werden aus Bundesmitteln Sparprämien in gleicher Höhe und in gleicher Weise gewährt wie dies bei der Gewährung von Wohnungsbauprämien vorgesehen ist. Die Jahreshöchstprämie beträgt DM 400,— unbeschadet etwaiger auf Grund von Bausparverträgen gewährten Wohnungsbauprämien. In Betrieben, die regelmäßig weniger als 100 Arbeitnehmer beschäftigen, sind die investiven Lohnerhöhungsbeträge zusammen mit den gesetzlichen Sozialversicherungsbeiträgen an die zuständige Krankenkasse zu entrichten. Die Krankenkasse leitet die ihr zufließenden investiven Lohnerhöhungsbeträge weisungsgemäß an die gemäß § 2 bestimmten Stellen weiter.

§ 7

(1) Kapitalanteile, die als Gegenwert für investive Lohnerhöhungsbeträge erworben worden sind, bleiben während der Dauer von 3 Jahren nach dem Erwerb gesperrt. Sie können weder an den Eigentümer ausgehändigt noch beliehen, veräußert oder sonstwie an Dritte übereignet werden.

(2) Während der Frist des Abs. (1) sind die Besitzurkunden über die Kapitalanteile im Sperrdepot bei einem öffentlichen Kreditinstitut zu verwahren.

(3) Vor Ablauf der Frist des Abs. (1) können Kapitalanteile entsperrt werden, wenn:

a) Der Eigentümer oder sein Ehegatte gestorben ist;

b) der Eigentümer für dauernd aus dem Arbeitsleben ausgeschieden ist;

c) der Eigentümer bereits länger als 8 Wochen arbeitslos ist.

§ 8

Der Bundesminister für Wirtschaft erläßt mit Zustimmung des Bundesrates die für die Durchführung dieses Gesetzes notwendigen Ausführungsbestimmungen.

§ 9

Berlin- und Saarklausel.

§ 10

In Kraft treten.

b) Jedem sein Eigentum — Vermögensbildung in der modernen Gesellschaft*

(Auszug)

. . . .

Als Kampffeld hierzu war der Lohnkonflikt in der Metallindustrie in Nordwürtt./Nordbaden ausersehen. Mit 12 Pf. pro Stunde stellte hier die IG Metall eine für damalige Verhältnisse außerordentlich hohe Lohnforderung. Die Metallindustriellen boten 4 Pfennig. Infolge der hohen Investitions-Notwen-

* Abdruck nach Erwin Häussler, „Jedem sein Eigentum — Vermögensbildung in der modernen Gesellschaft“, Stuttgart 1965.

digkeiten seien sie nicht liquid genug, um mehr zu zahlen. Die IG Metall ihrerseits war entschlossen, diesmal auf Biegen und Brechen ihren Anspruch auf einen expansiv höheren Lohn durchzusetzen, als Ausgleich für die Milliarden-Investitionen, die laufend ausschließlich in das Eigentum der Unternehmerschaft übergegangen waren. Nach Abbruch aller Verhandlungen stand der Streik hierfür bereits unmittelbar bevor.

In dieser Situation unterbreiteten wir den beiden im Kampf stehenden Tarifparteien den Vorschlag, die strittige Lohnerhöhung von 12 Pfennig/Stunde zwar in voller Höhe zu vereinbaren, jedoch in der Weise, daß lediglich die 4 Pfennig, welche die Unternehmer als bare Lohnerhöhung angeboten hatten, in Form der üblichen Barauszahlung geleistet wird, während die strittigen 8 Pfennig „investiv" geleistet werden sollten. Der 22. Juni 1954, an dem dieser Vorschlag den beiden Tarifparteien zugestellt wurde, war die Geburtsstunde des Investivlohns. Bezüglich der „investiven" Anlage-Regelung sah dieser in der Folgezeit als „Häussler-Plan" in die Diskussion eingegangene erste Investivlohn-Tarifvorschlag folgendes vor:

Abschluß einer Tarifvertragsvereinbarung über die Errichtung einer gemeinsamen Investment-Treuhandgesellschaft. Rechtsgrundlage hierfür ist das Tarifvertragsgesetz, das derartige „gemeinschaftliche Einrichtungen" in seinem Paragraph 4 ausdrücklich zuläßt.

Dieser Investment-Treuhandgesellschaft sollten die 8 Pfennig des investiven Lohnteils zugeführt und dort auf persönliches Einzelkonto des Arbeitnehmers gutgeschrieben werden.

Diese Investment-Treuhandgesellschaft legt die sich ansammelnden Beträge in Eigentumsanteilen (Aktien usw.), zum Teil auch in Schuldverschreibungen (Obligationen usw.) solider und ertragsgünstiger Unternehmen an.

Die Anlagenauswahl wird von börsenkundigen Bankfachleuten nach dem Prinzip weitgehender Risikomischung in der Weise getroffen, daß a) von keinem Unternehmen mehr als 5 Prozent der im Umlauf befindlichen Anteile dieser Unternehmung in den Fonds angekauft werden dürfen, b) der Anteil einer AG am Fonds höchstens 5 Prozent betragen darf, c) das betreffende Unternehmen mindestens fünf Jahre bestehen muß.

Diese besondere Festlegung der Investment-Anlagestreuungsvorschriften im Tarifvertrag war damals noch erforderlich, weil entsprechende gesetzliche Vorschriften für die Investment-Gesellschaften erst zwei Jahre später, durch das „Gesetz über Kapitalanlagegesellschaften" geschaffen wurden.

Auf diesen Wertpapierfonds sollten Anteilscheine (Zertifikate) mit einer Stückelung von 50,— DM bis 100,— DM ausgegeben werden. Deren Kurswert wird durch den Durchschnittsbörsenkurs der in dem Fonds befindlichen Anlagewerte gebildet. Die Dividende entspricht der Durchschnittsdividende. Der Ertrag würde auf diese Weise zwar keine Höchstwerte erreichen, aber das Risiko würde doch weitgehend ausgeglichen.

Die Investivlohnrate sollte für eine Mindestdauer von 18 Monaten gesperrt bleiben, außer bei Todesfall oder bei Invalidisierung.

Nach der Sperrfrist solle es dem Lohnsparer überlassen bleiben, seine Zertifikate zu verkaufen, sie beleihen zu lassen, oder weiterhin im Depot der Investment-GmbH zu belassen.

Mit dem Investivlohn-Vorschlag vom 22. Juni 1954 war zunächst nur eine der vielfältigen Varianten in Vorschlag gebracht, in denen der Grundgedanke Investivlohn zur Anwendung kommen kann. Einen Überblick über das weite Feld der Abwandlungsmöglichkeiten vermittelt die systematische Übersicht „Was ist Investivlohn" im Anhang dieses Buches.

Mit diesem Vorschlag, Lohnerhöhungen künftig in eine „Konsumlohn-Rate", die wie bisher bar gezahlt wird, und in eine vermögenswirksame „Investivlohn-Rate" aufzugliedern, um auf diese Weise eine höhere Gesamt-Lohnerhöhung zu ermöglichen, trat ein neues Moment in die Tariflohnpolitik. Nicht nur die Höhe einer Lohnerhöhung ist nun Gegenstand des Tarifvertrags, sondern auch deren Verwendung.

Kerngedanke ist einmal die Überlegung, daß eine „investive" Lohnerhöhung als langfristig bereitgestelltes Investitionskapital wirkt, das dann — zur Produktivitätssteigerung eingesetzt — kostensenkend wirken kann und hierdurch wiederum Mittel für die nächstfolgende Lohnerhöhung entstehen läßt.

Kerngedanke ist weiter die Überlegung, daß die investiven Lohnteile dem Unternehmen vom Kapitalmarkt her wieder in gleicher Höhe als langfristiger Investitionskredit zur Verfügung stehen. Das Investitionsvolumen des Unternehmens wird somit nicht tangiert. Es kann nach wie vor in vollem Umfang finanziert werden, nur daß die Investition dann nicht mehr allein für den Unternehmer „vermögenswirksam" wird, sondern — zu dem vereinbarten Teil — nun auch für den Arbeitnehmer. Der Arbeitnehmer würde auf diese Weise auf dem Weg über die Lohnpolitik an der Wirtschaft mitbeteiligt, sei es als Miteigner, wenn er seinen Investivlohn zum Erwerb von Aktien oder Investment-Anteilscheinen bestimmt, sei es als Darlehens-Geldgläubiger bei Verwendung zum Erwerb von Obligationen usw., sei es als indirekter Darlehensgeber über die Sparkasse bei Verwendung zu einfachem Kontensparen.

Kerngedanke ist schließlich die Überlegung, daß die in dem Investment-Fonds vereinigten Eigentumsanteile der Unternehmen Sachwerte repräsentieren und damit weitgehend gegen das Währungsrisiko abgeschirmt sind. Aus den bitteren Erfahrungen zweier Währungsverluste erwächst gerade auch den Tarifparteien die Verpflichtung, sich für eine währungsgesicherte Sparmöglichkeit der Arbeitnehmer einzusetzen.

8. Der „Krelle-Plan"
Überbetriebliche Ertragsbeteiligung der Arbeitnehmer*

. . . .

Die Ertragsbeteiligung der Arbeitnehmer soll die *Vermögensverteilung* in der Bundesrepublik gleichmäßiger gestalten. Man muß zwischen dem *laufenden Einkommen*, das eine Stromgröße darstellt, und dem *Vermögen*, das eine Bestandsgröße ist, unterscheiden. Zwischen beiden bestehen gewisse definitorische Beziehungen, wie im *1. Kapitel* im einzelnen dargelegt. Ebenso findet sich dort ein Vorschlag, wie die Volkswirtschaftliche Gesamtrechnung der Bundesrepublik ausgestaltet werden sollte,

* Abdruck nach: „Überbetriebliche Ertragsbeteiligung der Arbeitnehmer", Tübingen 1968.

damit man nicht nur die Entwicklung und Verteilung der Einkommen, sondern auch diejenige der Vermögen laufend verfolgen kann. Dies ist bisher nur sehr unvollkommen möglich.

Ist eine Ertragsbeteiligung der Arbeitnehmer ein Unrecht an den Kapitalbesitzern oder die Vorenthaltung einer Ertragsbeteiligung ein Unrecht an den Arbeitnehmern? Wem gehört der Gewinn? Damit beschäftigt sich das 2. *Kapitel*. Es wird gezeigt, wie und warum sich das Privateigentum an den Produktionsmitteln auf der vorigen Stufe der historischen Entwicklung herausgebildet hat und daß ein absolutes Privateigentum an gemeinsam genutzten Produktionsmitteln von größerer, gesamtwirtschaftlicher Bedeutung der jetzigen Produktionsweise und Gesellschaftsordnung nicht mehr entspricht. Eine typische Großunternehmung des Industriezeitalters ist ein soziales Gebilde eigener Art und der Lebens- und Arbeitsraum vieler Menschen und kann nicht einem einzelnen als vererbbares Privateigentum überlassen werden, über das er frei verfügen kann „wie über einen Regenschirm“ (v. Gierke). Gemeinsame Angelegenheiten dürfen nicht als Privatsache einzelner behandelt werden. Das ist im Grunde so selbstverständlich, daß die formale „Unbeschränktheit des Eigentums“ in Wirklichkeit durch eine Fülle von Beschränkungen stark reduziert ist, ohne daß allerdings bisher daraus Folgerungen für den Rechtsanspruch auf den gesamten Gewinn gezogen wurden. Es widerspricht aber dem Geist der Rationalität einer Industriegesellschaft ebenso wie der austauschenden Gerechtigkeit, eine funktionslose Rentnerschicht ähnlich wie Adel und Geistlichkeit im ancien régime herauszubilden. Die Folgerung ist aber nun nicht die Aufhebung des Privateigentums an den Produktionsmitteln; eine solche Regelung würde den Verhältnissen in der Klein- und Mittelindustrie und in fast allen nichtindustriellen Bereichen nicht gerecht; ganz abgesehen von den bekannten sonstigen, zum Teil katastrophalen wirtschaftlichen und politischen Nachteilen. Ein vernüftiger Ausweg ist die Neuregelung der Entscheidungsbefugnisse in Großunternehmen und die gleichmäßigere Vermögensverteilung. Beides kann und sollte miteinander verknüpft werden. Ein möglicher Weg dorthin ist die Ergebnisbeteiligung. Sie beraubt niemand eines ihm gerechterweise zustehenden Anspruchs, sondern entspricht dem kooperativen Charakter der heutigen Produktion und ist daher ein Schritt hin zu größerer Gerechtigkeit in den sozialen und wirtschaftlichen Beziehungen.

Damit ist aber noch kein endgültiges Urteil über die Ergebnisbeteiligung gefällt. Die wirtschaftlichen, politischen und sozialen Folgen der Einführung einer Ergebnisbeteiligung müssen überdacht werden. Das geschieht im *3. Kapitel*. Das Ergebnis der Überlegungen dort ist, daß man bei Einführung einer Ergebnisbeteiligung der Arbeitnehmer im größeren Stil (also nicht nur bei einigen wenigen Unternehmungen) und bei freier Verwendung dieser Beträge kurzfristig (das heißt für etwa ein Jahr) eine Produktions- und Preissteigerung zu erwarten hat (der positive Effekt auf den Konsum überkompensiert zunächst den negativen Effekt auf die Investition), langfristig aber ein geringeres Produktionsniveau und eine etwas geringere Wachstumsrate des realen Sozialprodukts. Das Preisniveau würde langfristig dann nicht mehr beeinflußt werden. Die Bruttogewinne (vor der Ertragsbeteiligung) würden steigen, die Netto-Einkommensverteilung sich relativ wenig ändern, die Vermögensverteilung würde kaum beeinflußt. Das wäre vom Gesichtspunkt der gleichmäßigeren Vermögensverteilung aus ein Schlag ins Wasser; im übrigen auch gesamtwirtschaftlich keine gerade empfehlenswerte Lösung.

Anders sieht es aus, wenn man die Beteiligungsbeträge der Arbeitnehmer in irgendeiner Form den Unternehmungen als Finanzierungsmittel beläßt. Die Wirkung auf Beschäftigung und Wachstumsrate wäre dann zwar auch noch negativ, aber so gering, daß sie im Rahmen der üblichen Schwankungen nicht fühlbar wäre. Dagegen würde sich die Verteilung für die Arbeitnehmer verbessern. Nur dieser Weg kommt also in Frage. Aber auch hier müßten (zumindest zu Anfang) gewisse kompensierende investitionsfördernde Maßnahmen ins Auge gefaßt werden, um unerwünschte Struktureffekte auszugleichen.

Nehmen wir an, eine gesetzliche Regelung der Ertragsbeteiligung würde bewirken, daß von jetzt ab ein größerer Teil des Vermögenszuwachses den Arbeitnehmern zufließt als bisher schon auf Grund ihrer normalen Sparneigung. Nehmen wir weiter an, daß die gesetzliche Regelung so beschaffen ist, daß diese Aufteilung des neugebildeten Vermögens zwischen den alten Kapitaleignern und den bisherigen Nichteigentümern konstant ist. Dann ist es klar, daß das Gesamtvermögen am Ende zwischen den alten und neuen Kapitalbesitzern so aufgeteilt sein wird wie die Zuwächse aufgeteilt werden. Wie lange dauert es aber, bis sich diese neue Verteilung einstellt? Im *4. Kapitel* und *5. Kapitel* ist gezeigt, daß dieser Neuverteilungsprozeß recht langsam geht und mindestens eine Generation in Anspruch nimmt. Die Schnelligkeit der Neuverteilung hängt dabei vor allem von der realen Wachstumsrate des Sozialprodukts ab; je schneller das Sozialprodukt wächst, um so schneller vollzieht sich auch die Umverteilung. Zum Beispiel wird 80 % des endgültigen Verteilungssatzes erst in 80 Jahren erreicht, wenn die reale Wachstumsrate 2 % ist, dagegen schon in 27 Jahren, wenn sie 6 % beträgt. Aus dem *6. Kapitel* kann man die voraussichtliche zukünftige Vermögensverteilung aufgeteilt nach unselbständig Beschäftigten, Selbständigen und Rentnern unter der Voraussetzung verschiedener, aber konstanter Umschichtungsprozentsätze ersehen, wenn man als Ausgangspunkt die Vermögensverteilung zwischen ihnen im Jahr 1963 nimmt. Zum Beispiel würde bei einer 30 %igen Umlenkung, begonnen 1963, der Vermögensanteil der Arbeitnehmer bis zum Jahre 1990 von 43 % auf 55 % gestiegen, derjenige der Selbständigen von 44 % auf 35 % und derjenige der Rentner von 13 % auf 10 % gesunken sein, und dies sind praktisch auch die Endwerte. Direkt revolutionäre Umwälzungen sind also, selbst bei einem so bedeutenden Umlenkungssatz wie 30 %, selbst nach einer Generation nicht zu erwarten, wenn der Umlenkungssatz konstant bleibt.

Wie hoch der Umlenkungssatz tatsächlich sein wird, hängt einmal vom Ergebnisbeteiligungssatz und zweitens vom Kreis der erfaßten Unternehmen ab. Das *7. Kapitel* steuert die hierzu notwendigen Abschätzungen bei. Sicher wird man (schon aus verwaltungstechnischen Gründen) eine Unternehmensgröße festsetzen müssen, unterhalb deren die Ergebnisbeteiligung entfällt. Außerdem wird man ganze Teile der Wirtschaft, nämlich Landwirtschaft oder Teile davon, freie Berufe und Wohnungswirtschaft, für die andere Verhältnisse vorliegen, von der Ergebnisbeteiligung ausnehmen wollen, so daß die Ergebnisbeteiligung die eigentliche gewerbliche Wirtschaft betrifft. Nimmt man nun (was zweckmäßig ist) den Bruttogewinn als Bezugsgröße der Ergebnisbeteiligung, so erfaßt man bei einer Untergrenze von Unternehmen mit mehr als 1000 Beschäftigten rund 1400 Unternehmen und etwa 25 % des gesamten Bruttogewinns; bei einer Untergrenze von 500 Beschäftigten rund 3250 Unternehmen und 32 % des Bruttogewinns; bei einer Untergrenze von 100 Beschäftigten rund 19 400 Unternehmen, aber erst 49 % des Bruttogewinns. Niedriger zu gehen, kommt wegen des rasch zunehmenden Verwaltungsaufwandes einer Ertragsbeteiligung kaum in Frage. Man sieht hieraus, daß eine Erfassung nur der größten Unternehmen einen recht geringen Gesamteffekt hat, weil ungefähr die Hälfte aller Gewinne in Unternehmen unter 100 Beschäftigten anfällt. Man muß also schon die mittleren und kleineren Unternehmungen einschließen, wenn man eine fühlbare, gesamtwirtschaftliche Wirkung haben will.

Bei einem Ertragsbeteiligungssatz (auf den Bruttogewinn) von 10 % (was eine Belastung des Nettogewinns von im Durchschnitt etwa 20 % bedeuten würde) und einer Untergrenze von 1000 Beschäftigten wären 1961 rund 1,3 Mrd. DM an Ergebnisbeteiligung aufgekommen; bei einer Untergrenze von 500 Beschäftigten 1,7 Mrd. DM; bei einer Untergrenze von 100 Beschäftigten 2,6 Mrd. DM — alles keine gerade überwältigenden Ziffern, wenn man bedenkt, daß das Bruttoeinkommen aus unselbständiger Arbeit 1961 157 Mrd. DM betrug. Wie spätere Abschätzungen zeigen, wird man mit dem Bruttobeteiligungssatz vernünftigerweise nicht über 20 % hinausgehen und möglicherweise darunter bleiben; die obigen Ziffern ließen sich also im Höchstfall verdoppeln. Aber auch das gibt im gesamtwirtschaftlichen Rahmen keine sehr eindrucksvollen Beträge.

Im *8. Kapitel* findet man Angaben über Gewinne nach Unternehmensgröße und Branche als Unterlage für weitere Abschätzungen des Aufkommens und der Belastung bei verschiedenen Beteiligungssätzen.

Im *9. Kapitel* wird die Wirkung der Ertragsbeteiligung auf die Finanzstruktur untersucht. Bei den jetzigen Steuergesetzen ist die Fremdfinanzierung günstiger als die Eigenfinanzierung. Durch die Ertragsbeteiligung wird diese Tendenz noch verschärft. Soll die Ertragsbeteiligung in bezug auf die Finanzierungsform neutral sein, so müßte sich der Beteiligungssatz auf den Bruttogewinn zuzüglich der Fremdkapitalzinsen, also das gesamte Besitzeinkommen beziehen (dafür aber dann natürlich niedriger sein).

Bei den Abschätzungen der zeitlichen Entwicklung der Vermögensverteilung war bisher immer angenommen worden, die gesetzliche Regelung einer Ergebnisbeteiligung sei derart, daß nach ihrer Einführung ein größerer, aber fester Bruchteil des neugebildeten Vermögens den Arbeitnehmern zufließen würde. Das würde aber ziemlich komplizierte oder für die Arbeitnehmer diskriminierende Regelungen notwendig machen. Es ist ja unumgänglich, das durch die Ergebnisbeteiligung den Arbeitnehmern übereignete, aber im Unternehmen verbleibende Kapital wie Unternehmerkapital zu behandeln und zu verzinsen. Wenn der Satz der Ergebnisbeteiligung konstant ist, so erhalten die Arbeitnehmer im nächsten Jahr einerseits die Verzinsung für ihr im Unternehmen arbeitendes Kapital, andererseits wiederum einen neuen Betrag aus der Ergebnisbeteiligung, der in den Unternehmungen verbleibt. Dadurch ergibt sich ein kumulativer Effekt: ein immer größerer Bruchteil des Gesamtkapitals der Unternehmungen geht in das Eigentum der Arbeitnehmer über. Welches ist die obere Grenze, die diese Beteiligung der Arbeitnehmer bei einem vorgegebenen Bruttobeteiligungssatz und bei einer Gleichstellung des Arbeitnehmerkapitals mit dem Unternehmerkapital erreicht? Werden die bisherigen Eigentümer am Ende durch die Ergebnisbeteiligung verdrängt? Das ist der Untersuchungsgegenstand des *10. Kapitels.* Das Ergebnis ist verschieden für Personalfirmen und für Kapitalgesellschaften. Nehmen wir an, die Beträge der Ergebnisbeteiligung werden an einen Fonds abgeführt. Bei den Personalfirmen kommt es darauf an, ob die Entnahmequote der privaten Gesellschafter höher ist als die des Fonds oder nicht. Ist sie höher, so erhält der Fonds asymptotisch in jedem Fall 100 % des Firmenkapitals; nur der Zeitverlauf des Prozesses wird durch die sonstigen Modalitäten der Ertragsbeteiligung beeinflußt. Das ist offenbar ein nicht tragbares Ergebnis. Also muß man dafür sorgen, daß dieser Fall nicht eintritt. Die einfachsten Mittel hierzu sind, einmal den mitarbeitenden Inhabern einen Unternehmerlohn zuzubilligen, der vom Bruttogewinn (eventuell zuzüglich Fremdzinsen), auf den sich die Ertragsbeteiligung bezieht, abgezogen wird und den Fonds für die nicht ausgeschütteten Gewinnanteile mit einer Gewinnsteuer (ähnlich der Körperschaftsteuer) zu belasten. Das würde genügen, die Entnahmequote des Fonds über die der privaten Gesellschafter anzuheben.

Im 10. Kapitel sind Beispielsrechnungen zu finden, die Zeitverlauf der Kapitalanteile und Endbeteiligungsquoten des Fonds unter verschiedenen Voraussetzungen angeben. Wenn zum Beispiel das Arbeitsentgelt der mitarbeitenden Gesellschafter 20 % vom Bruttogewinn beträgt und der Rest des Gewinns nach Kapitalanteilen verteilt wird; wenn die Ertragsbeteiligung zu 50 % in Kapitalanteilen, der Rest in Schuldscheinen abgeführt wird; wenn ferner die Entnahmequote des Fonds für die Bedienung der Fondspapiere 50 %, die der privaten Gesellschafter 60 % beträgt, der Fonds aber noch 50 % des zunächst nicht entnommenen Gewinns versteuern muß, so wäre bei einem Bruttosatz der Ertragsbeteiligung von 10 % der Grenzwert der Beteiligungsquote des Fonds 30 %; bei einem Satz von 15 % bereits 48 %. Man sieht, daß Sätze dieser Größenordnung schon kritisch werden. Allerdings läuft dieser Prozeß sehr langsam: erst in 100 Jahren wird der Grenzwert annähernd erreicht; etwa in 25 Jahren ist die Hälfte des Grenzwertes realisiert. . . .

9. Der „Leber-Plan“ Das Programm zur Vermögensbildung der Arbeitnehmer im Baugewerbe*

DAS PROGRAMM

zur Vermögensbildung der Arbeitnehmer im Baugewerbe

Die beabsichtigte Vereinbarung hat zum Ziel, die Vermögensbildung der Arbeitnehmer im Baugewerbe zu fördern, um allen Beschäftigten zusätzliche Sicherheit durch persönliches Eigentum zu geben.

Zur Verwirklichung dieses Zieles sollen die Aufgaben der Zusatzversorgungskasse des Baugewerbes als bereits bestehender gemeinsamer Einrichtung erweitert werden.

Vorschlag für eine tarifliche Regelung

A. Aufbringung der Mittel

In einem Tarifvertrag wird vereinbart, daß die Arbeitgeber zum Zwecke der Vermögensbildung der Arbeitnehmer 1,5 Prozent der Lohnsumme aufbringen. Diese Beiträge werden von der Zusatzversorgungskasse eingezogen und an eine zu bildende Einrichtung, im folgenden Fonds genannt, weitergeleitet. Diese Mittel unterscheiden sich aber von sonstigen Beiträgen dadurch, daß sie nicht in bar abgeführt werden müssen, sondern für betriebliche Investitionen im Unternehmen verbleiben können.

Der Arbeitgeber hat für die Form der Aufbringung mehrere Wahlmöglichkeiten.

1. Die Summe der Beiträge kann als Fremdkapital dem Unternehmen zur Verfügung stehen, das heißt, es entsteht ein Gläubiger-Schuldner-Verhältnis zwischen Fonds und Unternehmen. Das dem Unternehmen eingeräumte Darlehen ist zu verzinsen.

2. Der Unternehmer kann dieses Fremdkapital in Eigenkapital umwandeln. Damit würden dem Fonds Gesellschaftsanteile des Unternehmens übertragen werden. Die Ertragsbeteiligung

* Auszug aus: Leber, Georg, „Vermögensbildung in Arbeitnehmerhand, Ein Programm und sein Echo, Bd. 1, Frankfurt 1964.

hätte im Rahmen der üblichen Gewinnausschüttungen zu erfolgen.

3. Der Arbeitgeber kann die Beiträge in bar an die Zusatzversorgungskasse zugunsten des Fonds abführen. Diese Möglichkeit ist vorgesehen, um insbesondere Personalfirmen Gelegenheit zu geben, den Fonds weder als Gesellschafter noch als Gläubiger in das Unternehmen einzubeziehen.

B. Aufgabe des Fonds

Der Fonds hat die Aufgabe, Forderungen und Beteiligungen ähnlich wie ein Investmentfonds zu verwalten. Diejenigen Beiträge, die der Fonds in bar einnimmt, legt er vermögens- und bauwirksam an. Er hat dafür insbesondere folgende Möglichkeiten:

1. Die Gelder können Baubetrieben für zusätzliche Investitionszwecke als Kredit oder Gesellschaftskapital zur Verfügung gestellt werden.

2. Zur Durchführung von Gemeinschaftsaufgaben — wobei gleichzeitig eine ausgeglichene Baukonjunktur und damit die ganzjährige Vollbeschäftigung des Baugewerbes zu fördern wäre — können zweckgebundene Anleihen vergeben werden.

3. Die Gelder können als Kredite zu günstigen Bedingungen an Bauarbeiter zur Verfügung gestellt werden, die eigene Bauabsichten verfolgen, um auf diese Weise auch den Eigenheimbau des Bauarbeiters fördern zu helfen.

C. Ansprüche der Arbeitnehmer

Der Arbeitnehmer erhält, wenn die für ihn bestimmten Beiträge eine bestimmte Summe erreicht haben, einen Anteilschein in Höhe der für ihn angesammelten Mittel. Dieser Anteilschein stellt seinen Anspruch an den Fonds dar.

Bei Erreichung der Altersgrenze oder Gewährung einer Sozialversicherungsrente wegen Erwerbs- oder Berufsunfähigkeit kann der Arbeitnehmer seine Anteilscheine an den Fonds zurückgeben, und er erhält dann das angesammelte Kapital mit Zins und Zinseszinsen ausgezahlt. Er hat aber auch die Möglichkeit, die weiterhin zinstragenden Anteilscheine zu behalten und sie sogar gegebenenfalls zu vererben.

In Ausnahmefällen kann eine frühere Auszahlung des bis dahin angesparten Anspruchs des Arbeitnehmers erfolgen. Diese Fälle werden in der Geschäftsordnung des Fonds im einzelnen geregelt.

10. Beispiele für eine betriebliche Gewinnbeteiligung

a) Das „Pieroth-Modell"*

Leitwort:

Ungleichheiten der Vermögensverhältnisse vor Augen, um den sozialen Frieden der Zukunft besorgt, die Verantwortung des Besitzes erkennend und von dem Willen erfüllt, beispielgebend zu wirken, haben die Gesellschaft der

„Weingut Ferd. Pieroth GmbH"

in gemeinsamer Überlegung mit Mitarbeitern das Modell der „Pieroth-Vermögensbeteiligung" entworfen.

Die Pieroth-Vermögensbeteiligung ist der Versuch, einen greifbaren Beitrag zu leisten zur Lösung eines der wesentlichen Probleme unserer Gesellschaft.

Sie will mithelfen, die wirtschaftliche Existenz des einzelnen dauerhaft zu sichern, Chancengleichheit zu erringen und Abhängigkeiten abzubauen.

Um die Verwirklichung dieser Ziele wollen sich Eigentümer und Mitarbeiter gemeinsam bemühen.

I. Der Mitarbeiter als Mitbeteiligter

Der Betriebserfolg ist das Ergebnis der Zusammenarbeit von Kapitalgeber und Arbeitnehmer. Der Arbeitnehmer hat einen Anspruch auf Beteiligung an diesem Betriebserfolg.

Der Beteiligungsvertrag sichert dem Berechtigten den rechtlichen Anspruch auf diese Erfolgsbeteiligung. Die Mitarbeiter werden zunächst Partner im Rahmen des Arbeitsvertrages sein. Dadurch werden die im Unternehmen verbleibenden Gewinn-

* Auszug aus: Falthauser, „Miteigentum — Das Pieroth-Modell in der Praxis, Düsseldorf 1971.

anteile der Mitarbeiter zwar verzinst, aber nicht gewinnbeteiligt.

II. Der Mitarbeiter als Miteigentümer

Ist ein Mitarbeiter fünf Jahre am Erfolg der Firma beteiliegt, wird er automatisch Mitgesellschafter. Der Mitarbeiter gibt seinen Vermögensanteil als stille Beteiligung dem Unternehmen. Er erhält dann als Miteigentümer wie jeder andere Gesellschafter in Höhe seiner Einlage einen Gewinnanteil. Ab diesem Zeitpunkt ist die Erfolgsbeteiligung in eine echte Vermögensbeteiligung übergegangen.

III. Der Mitarbeiter als Mitbestimmender

Da der Mitarbeiter einen Anspruch auf den gemeinsam erarbeiteten Erfolg hat, muß er auch Anspruch auf Mitbestimmung über den Umfang und die Art der Erfolgsbeteiligung haben.

Die Funktionen dieser permanenten Mitbestimmung müssen von einem demokratisch gewählten Partnerschaftsausschuß wahrgenommen werden.

1. Zusammensetzung des Partnerschaftsausschusses:
Der Partnerschaftsausschuß setzt sich aus je drei Mitgliedern des Außendienstes, des Innendienstes und der Geschäftsleitung zusammen.

2. Wahl des Partnerschaftsausschusses:
Der Ausschuß wird in freier und geheimer Wahl von allen erfolgsbeteiligten Mitarbeitern bestellt. Für die Wahl ergeht eine gesonderte Wahlordnung.

3. Aufgaben des Partnerschaftsausschusses:
Prüfung der Bilanz.

Mitbestimmung der zur Verteilung kommenden Gewinnsumme.
Prüfung der Aufnahmebedingungen für die Stamm-Mitarbeiter.
Prüfung von Sonderfällen, z. B. von vorzeitiger Auszahlung der Vermögensanteile.

Beim Gewinn vor Steuern wird vom vorläufigen Bilanzergebnis ausgegangen. Nachträgliche Differenzen werden mit dem Ergebnis des nächsten Jahres verrechnet.

Übernahme all der Funktionen, die der Wirtschaftsausschuß des Betriebsverfassungsgesetzes von 1952 erfüllen muß. Informationen der Mitarbeiter, insbesondere in allen die Erfolgsbeteiligung berührenden Fragen.

Mitbestimmung bei geschäftspolitischen Entscheidungen, die für das Unternehmen von existentieller Bedeutung sind. Mitarbeit bei der Institutionalisierung des Pieroth-Bildungs- und Sozialwerkes.

IV. Die Stammbelegschaft

Alle erwachsenen Mitarbeiter, die mindestens seit 1. 1. 1966 in der „Weingut Ferd. Pieroth GmbH.“ oder einer der Tochtergesellschaften beschäftigt sind, gehören zur Stammbelegschaft und werden für 1967 am Betriebserfolg beteiligt.

Beteiligungsberechtigt sind alle im festen Arbeitsverhältnis befindlichen Mitarbeiter. Heimarbeiter, Halbtagskräfte, Aushilfskräfte, Lehrlinge, Mitarbeiter unter 21 Jahren, VIN und TIN, sollen in der Regel ausgeschlossen sein. Es liegt jedoch im Entscheidungsbereich des Partnerschaftsausschusses, gute Lehrlinge vom 3. Lehrjahr an, qualifizierte Heimarbeiter, Halbtagskräfte und Mitarbeiter unter 21 Jahren ebenfalls zu beteiligen.

V. Höhe des gesamten Beteiligungsbetrages

1. Die Errechnung des Gesamtbetrages:

Die Vermögensbeteiligung errechnet sich nach dem Erfolg der „Weingut Ferd. Pieroth GmbH.“. Oberster Grundsatz ist, daß die Hälfte des Gewinnes unter den Arbeitnehmern verteilt wird. Grundlage für die Errechnung des „verteilungsfähigen Gewinns“ ist der Gewinn vor Steuern. Davon werden die Ertragssteuern (tatsächlich zu zahlende Beträge mit Berücksichtigung der Erfolgsbeteiligung), die Verzinsung der Vermögensanteile der Mitarbeiter, die Verzinsung einschließlich Risikoprämie des Eigenkapitals der Gesellschaft und eine evtl. Marktreserve in Abzug gebracht.

Der sich daraus ergebende „verteilungsfähige Gewinn“ wird im Verhältnis 1 : 1 auf Unternehmen und Mitarbeiter aufgeteilt.

Die Risikoprämie für das Eigenkapital soll 3 % betragen.

Die Marktreserve soll in konjunkturstarken Jahren niedrig, in konjunkturschwachen Jahren hoch sein. Entscheidung hierüber trifft der Partnerschaftsausschuß. Die Obergrenze für eine Marktreserve beträgt 10 %.

Für 1967 wird keine Marktreserve angerechnet. Die durch Risikoprämie und die Marktreserve sich ansammelnden Beträge verbleiben im Betrieb. Sie werden nicht aufgelöst.

2. Leistungskraft:

Die Grundlagen der Vermögensbeteiligung — Bestand und Leistungskraft des Unternehmens — dürfen durch sie nicht gefährdet werden. Daher beraten Partnerschaftsausschuß und Geschäftsleitung gemeinsam darüber, ab welchem Jahresgewinn Vermögensbeteiligung gewährt werden kann.

3. Verzinsung:

Die im Betrieb verbleibenden Erfolgsanteile der Mitarbeiter sind Darlehen an die Firma. Als solche sind sie Fremdkapital und werden verzinst. Diese Zinsen werden als gewinnmindernder Faktor vorweg abgezogen. Insofern ist die Verzinsung von der Vermögensbeteiligung zu trennen.

Der Zinssatz liegt generell 3 % über dem Diskontsatz, der am 31. 12. des Beteiligungsjahres gültig war. Die Verzinsungsobergrenze ist 8 %, d. h., ein Diskontsatz über 5 % bleibt unwirksam. Der Zinsanspruch beginnt nach dem 1. 1., der nach dem Beteiligungsjahr folgt. Im Verlustjahr werden die Anteile nicht verzinst.

4. Betriebliche Sozial-Leistungen:

Die Erfolgsbeteiligung ist Bestandteil einer Gesamtkonzeption betrieblicher Sozialpolitik. Insofern müssen die betrieblichen Sozialleistungen mit der Erfolgsbeteiligung gemeinsam gesehen werden. Daher sind in der Gewinnhälfte, die die Mitarbeiter erhalten, die freiwilligen Sozialleistungen des jeweiligen Jahres enthalten.

Das Urlaubsgeld wird weiterhin denen gezahlt, die nicht an der Vermögensbeteiligung teilhaben. Sollte auf Grund eines zu geringen Gewinns in einem Jahr keine Vermögensbeteiligung gezahlt werden, wird an alle Mitarbeiter Urlaubsgeld bezahlt.

5. Verlustbeteiligung:

In Verlustjahren wird keine Vermögensbeteiligung bezahlt, sondern der Verlust genau wie beim Gewinn berechnet und pro Mitarbeiter auf die künftigen Jahre vorgetragen bzw. mit den zukünftigen Gewinnen verrechnet.

VI. Höhe der Teilbeträge pro Mitarbeiter

1. Errechnung des Teilbetrages pro Mitarbeiter:

Vom gesamten zur Verteilung kommenden Ergebnisanteil werden 50 % auf alle beteiligten Mitarbeiter gleichmäßig verteilt. Die restlichen 50 % werden entsprechend der Jahreslohnsumme des einzelnen aufgeteilt.

Das Weihnachtsgeld, Überstundenzahlungen und allgemeine Prämien gehören mit zur Lohnsumme. Bei den Außendienstmitarbeitern wird das Autogeld nicht einbezogen.

Für 1967 wird das gezahlte Urlaubsgeld im Innendienst bei der Lohnsumme nicht berücksichtigt. Die einzelnen Beteiligungsbeträge werden jeweils auf 1,— DM aufgerundet.

2. Zeitpunkt für die Übergabe der Anteile:

Einmal im Jahr, jeweils etwa Mitte Juli, werden die Verträge an die neuen Partner übergeben und die hinzukommenden Vermögensbeteiligungsanteile in die Kontoauszüge eingetragen. Zur gleichen Zeit erfolgt auch die Auszahlung der Zinsen.

Die Übergabe der Anteilscheine soll jeweils im Rahmen einer Betriebsvollversammlung stattfinden, deren äußerer Rahmen der Bedeutung der Sache angemessen ist.

3. Verwendung der Anteile:

Die Erfolgsbeteiligung ist nicht lediglich eine Lohnzahlung in anderer Form. Vielmehr ist die Bildung von Vermögenssubstanz der Kernpunkt dieser Vermögensbeteiligung.

Die Anteile werden deshalb nicht in bar ausgeschüttet, sondern bleiben als Darlehen im Betrieb.

Durch diese Vermögensansammlung wird der Mitarbeiter im Laufe der Jahre zu beträchtlichen Zinserträgen kommen.

Da der auszuzahlende Zinsbetrag im ersten Jahr sehr niedrig wäre, wird im ersten Jahr der dreifache Zinsbetrag und im zweiten Jahr der 1,5fache ausgezahlt. Ab dem dritten Jahr gibt es die normale Zinszahlung. In Ausnahmefällen können die angesammelten Darlehen vorzeitig in bar ausgezahlt werden. Über jeden einzelnen dieser Anträge ist eine Entscheidung des Partnerschaftsausschusses notwendig. Der Ausschuß kann auch entscheiden, daß nur ein Teil des Darlehens ausgezahlt wird.

VII. Kündigung der Partnerschaftsverträge

1. Kündigung aller Verträge:
Die Kündigung aller Verträge ist jedes Jahr bis zum 30. 9. für das laufende Jahr möglich. Die dann fällig werdende Auszahlung des Darlehens soll über einen Zeitraum von fünf Jahren maximal erfolgen.

2. Kündigung einzelner Verträge:
Kündigungsmöglichkeit besteht jeweils alle drei Monate zum Monatsende. Die Auszahlung erfolgt in zwei Raten: Die erste Hälfte sofort, die 2. Hälfte ein Jahr später.

3. Unterbrechung der Verträge:
Bei einzelnen Verträgen ist auch eine Unterbrechung von maximal zwei Jahren möglich. In diesem Fall erhält der Mitarbeiter nur die laufenden Zinsen. Nur im 1. Punkt kann die Geschäftsführung allein entscheiden, im Falle des 2. und 3. Punktes muß der Partnerschaftsausschuß entscheiden.

4. Scheidet ein Mitarbeiter vor der alljährlichen Verteilung der Zertifikate aus, oder ist das Arbeitsverhältnis zu diesem Zeitpunkt gekündigt, hat er keinen Anspruch auf Erfolgsbeteiligung des abgelaufenen Jahres.

VIII. Auflösung des Partnerschaftsverhältnisses

In folgenden Fällen wird das Partnerschaftsverhältnis aufgelöst:

1. Bei Erreichung einer gewissen Altersgrenze: 55. Lebensjahr, männlich; 50. Lebensjahr, weiblich. Die Auszahlung erfolgt in zwei Jahresraten: Die 1. Rate wird sofort bezahlt, die 2. Rate ein Jahr später. Es ist auch möglich, daß der ausscheidende Mit-

arbeiter seine Vermögensanteile an im Betrieb verbleibende Angehörige vererbt.

2. Beim Tode des Mitarbeiters:
Auszahlung in zwei Jahresraten: Die Auszahlung der 1. Rate erfolgt sofort. Die 2. Rate wird ein Jahr später ausgezahlt. Auch hier können Vermögensanteile an im Unternehmen tätige Angehörige übergehen.

3. Bei Kündigung des Mitarbeiters:
Die Auszahlung erfolgt in fünf Jahresraten zu gleichen Teilen. Die 1. Rate wird ein Jahr nach Ausscheiden bezahlt, die übrigen jeweils jährlich.

4. Bei Kündigung durch den Arbeitgeber:
Die Auszahlung erfolgt in zwei Jahresraten: Die 1. Rate sofort, die 2. Rate ein Jahr später.

5. Bei fristloser Kündigung:
Die Auszahlung erfolgt in fünf Jahresraten. Die 1. Rate ein Jahr nach dem Ausscheiden, danach jeweils jährlich. Gekündigte Darlehen werden nur mit dem gesetzlichen Zinssatz von 4 % verzinst. Die durch Kündigung oder durch Ausscheiden freiwerdenden Vermögensanteile dürfen von einem Mitarbeiter nicht an einen Kollegen abgegeben werden.

b) Das „Porst-Modell“*

Beteiligung

Vom Gesamtergebnis der Gewinne der Porst-Gruppe (PHOTO PORST, eurocop, exdata, Deutscher Supplement Verlag) gehen zunächst 3 v. H. Zinsen über dem jeweiligen Diskontsatz an den früheren „Kapitalisten“ Hannsheinz Porst selbst, der sich so sein bis 1986 im Unternehmen festgelegtes früheres Kapital verzinsen läßt. Der Rest, also die künftigen Gewinne, werden nach Abzug der neuen Investitionskosten von der MAB nach Abzug von weiteren 3 v. H. über Diskont direkt ausgezahlten Zinsen zu 25 v. H. pro Kopf und zu 75 v. H. nach

* Abdruck nach: Soziale Ordnung Nr. 1, Januar 1973.

Leistung an die stillen Gesellschafter verteilt, und zwar nicht in bar, sondern in Form der Gutschrift auf deren Kapitalkonten. Dieses Kapital wird den Mitarbeitern bei Invalidität, Tod oder Rentenfall sofort und voll ausbezahlt. Bei Ausscheiden eines Mitarbeiters werden seine Gewinne in ein Darlehen umgewandelt, das mit einem Prozent über Diskont verzinst und nach fünf Jahren in drei gleichen Jahresraten ausbezahlt wird. Bei ausreichender Kapitalausstattung werden die Gewinne auch teilweise schon vorher ausgeschüttet.

Entstehen Verluste, so reduzieren sich auch die Kapitalkosten der stillen Gesellschafter. Als Kommanditisten haften sie jedoch nicht mit ihrem Lohn oder privaten Vermögen.

Selbstbestimmung

Alle in den Unternehmen der Porst-Gruppe Tätigen sollen gleichberechtigt sein und die uneingeschränkte Bestimmung über die dort zur Verwendung kommenden Produktionsmittel besitzen. Die Möglichkeit, diese Selbstbestimmung auszuüben, soll dadurch sichergestellt werden, daß

jedem Mitarbeiter das Recht auf Information und Anhörung zusteht,

jeder Mitarbeiter im Rahmen seines Verantwortungsbereiches selbständig entscheiden kann,

die Mitarbeiter ihre Vorgesetzten bestätigen oder ablehnen können,

jeder Mitarbeiter eine Stimme auf der Vollversammlung hat,

von der Vollversammlung gewählte Mitarbeiter-Ausschüsse Vorschläge an die Geschäftsführung machen,

ein gewählter Beirat die Geschäfte der Unternehmensführung, die ebenfalls demokratisch gewählt wird, kontrolliert.

Eine gewählte neutrale Schiedsstelle entscheidet über Streitigkeiten, die sich aus der Betriebsverfassung ergeben.

Interview mit Hannsheinz Porst

Was waren Ihre Motive, auf Ihren Status als Unternehmer zu verzichten und als Mitarbeiter in Ihr früheres Unternehmen einzutreten?

Mein Ziel war es, ein Modell der Selbstbestimmung zu realisieren, ich wollte den einzelnen Arbeitnehmer mit seiner Arbeit „versöhnen“, die Entfremdung am Arbeitsplatz aufheben.

Wo sehen Sie den wesentlichen Unterschied Ihres Modells zu den bereits realisierten Mitbeteiligungsmodellen, z. B. von Philipp Rosenthal und Elmar Pieroth?

Bei uns wurde *Selbst*bestimmung bis zur letzten Konsequenz realisiert. Dagegen mutet das Modell z. B. von Philipp Rosenthal wie ein Witz an: Die Verteilung einiger Zertifikate ist noch keine Mitbeteiligung. Pieroth ist da materiell etwas besser. Aber auch hier wurde — wie bei nahezu allen anderen Modellen — die unternehmerische *Macht* nicht aus der Hand gegeben. Und das ist der qualitative Unterschied zu unserem Modell der Selbstbestimmung.

Sehen Sie Ihr Modell nicht auch nur als Fremdkörper im kapitalistischen System, der den Gesetzen des Marktes gehorchen muß und nichts dazu beitragen kann, die bestehenden Wirtschafts- und Gesellschaftsstrukturen zu überwinden?

Nein, es ist sicherlich kein Fremdkörper und paßt sich erstaunlich gut in das bestehende System ein, da es nach außen kapitalistisch arbeitet. Ob es die richtige Taktik zur Systemveränderung ist, ist fraglich. Auf jeden Fall besitzt das Modell eine Signalwirkung und trägt auf vielen Ebenen zur Bewußtseinsbildung bei. Es kann nur ein Einzelfall sein, und als solcher nicht der entscheidende Schritt zur Veränderung unserer Gesellschaftsordnung. Es ist aber ein Schritt bis zum Ziel, dem gesamtgesellschaftlich noch andere Schritte folgen müssen: So muß z. B. auch der bei uns erzielte Mehrwert einmal der gesamten Gesellschaft zukommen.

Der DGB kritisiert stark Ihr Modell und bezeichnet es als rückschrittlich, weil es hinter die Bestimmungen des Betriebs-

verfassungsgesetzes zurückgehe und weil es die Arbeitnehmerschaft aufspalte.

Damit bin ich nicht einverstanden. Grundsätzlich gesehen, sollen meiner Meinung nach die Gewerkschaften auf Systemveränderungen ausgehen

. . . .

. . . . Sie haben an anderer Stelle einmal gesagt, die Gewerkschaften sollten „etwas mehr über die historische Funktion des Klassenkampfes nachdenken“

. . . .

Richtig, ich glaube nämlich, daß die Arbeitnehmer zur Veränderung dieses Systems fähig sind — und das kann ohne Gewalt geschehen —, wenn sie sich nur ihrer Macht bewußt werden. Was die konkreten Kritikpunkte angeht: Ich glaube, daß unser Modell der Selbstbestimmung über die bloßen Mitbestimmungsrechte nach dem BetrVG hinausgeht. Ebensowenig trifft der Vorwurf der Spaltung der Arbeitnehmerschaft zu: Gerade unsere in der Selbstbestimmung geschulten Mitarbeiter können dazu beitragen — solidarisch mit den anderen Arbeitnehmern —, den gesellschaftlichen Fortschritt voranzutreiben.

Glauben Sie, daß Ihr Beispiel Nachahmer finden wird, stehen Sie im Kontakt mit vergleichbaren Unternehmen, z. B. der Süssmuth? In wem oder in welcher Institution sehen Sie außerdem einen möglichen Bündnispartner?

Wir stehen in ständigem Kontakt mit denen, die einigermaßen vernünftige Modelle realisiert haben. Wir haben hier im Augenblick darüber hinaus noch etwa 500 Anfragen von interessierten Unternehmen liegen, wobei ich nicht genau sagen kann, aus welchen Motiven sich diese Unternehmen für mein Modell interessieren.

Und wenn Sie mich nun fragen, wen ich als meinen besten Verbündeten ansehen kann, dann dürfen Sie sich nicht wundern, wenn ich sage, das kann ausschließlich die Gewerkschaft sein. Denn ich glaube nicht, daß sich irgendeine der politischen Parteien hier so weit vorwagen kann. Wir werden weiterhin mit der Gewerkschaft in Verbindung stehen und echt versuchen abzubauen, was dort an Fehlmeinung vorherrscht. Und wir werden auch Einwände, die von dort kommen, berücksichtigen, wenn sie uns vernünftig erscheinen. Und falls es bei den Gewerkschaften Dogmatiker geben sollte, die mit uns aus Prinzip nicht zusammenarbeiten wollen, dann werden wir halt versuchen, mit denen zu reden, die nicht zu diesem Lager zählen.

Was kommt aus Ihrer Sicht für den einzelnen Mitarbeiter Ihres Modells „unter dem Strich" heraus?

Neben den materiellen Vorteilen, die dem einzelnen Mitarbeiter aus unserem Modell erwachsen, soll er sich wieder mit seiner Arbeit identifizieren können: Die Arbeit soll ihm mehr Spaß machen.

FSC
www.fsc.org
MIX
Papier | Fördert gute Waldnutzung
FSC® C083411

Kolibri 360 GmbH
Ferdinand-Jühlke-Straße 7
99095 Erfurt, Deutschland
produktsicherheit@kolibri360.de